U0452434

千载浩然苏东坡

汪维宏 著

中国方正出版社
译林出版社

序

近年来,苏东坡热经久不衰,有关他的传记和研究专著不胜枚举,相关史料可谓汗牛充栋。不仅国人研究,也有外国人关注和研究这位中国历史名人,可见苏东坡留下的文化遗产是多么丰盈,给今人带来的精神启迪是多么深邃、多么有意义。

苏东坡是北宋时期集思想家、文学家、政治家于一身的思想巨人、文化巨匠和政治精英。作为思想巨人,他在政治、哲学、经济、军事、外交、教育、文学艺术、社会伦理学、博物学等领域,都有很深的建树;作为文化巨匠,他在诗词歌赋、书法绘画、文艺理论等领域均有卓越的贡献;作为政治精英,他以民为本,勤政为民,敢作善为,廉洁自律,堪为人范。

但我注意到一种现象,很长时间以来,研究苏东坡的著作,大多聚焦他在文学艺术上的非凡造诣与杰出贡献,而对作为官员的苏东坡,其致君尧舜的抱负、济世安民的理想、为民务实的作为和清正廉洁的品德,往往缺少集中、系统的关注与探讨。其实,苏东坡作为古代官吏的杰出代表,其忧国忧民、履职尽责,其初心如磐、奋楫笃行,表现同样卓越非凡、垂范青史,堪称为官从政者的楷模和典范。

2000年，法国《世界报》评出公元1001—2000年间的"千年英雄"，全世界共评出十二位，苏东坡是唯一入选的中国人。该报认为，苏东坡的从政生涯与他的诗文书画一样，都是属于全人类的宝贵的文化遗产。

2019年年底，水利部公布第一批"历史治水名人"，苏东坡与大禹、孙叔敖、西门豹、李冰等历史治水名人并列其中，以此肯定他在水利建设方面作出的卓越贡献。

虽然相隔近千年，世事迭变，但苏东坡为官从政的德贤绩能，在今天仍有研究借鉴的价值。如果能从中挖掘出于今人有益的内容，即便是一鳞半爪，也是值得尝试的。这也正是笔者写作本书的初衷。

是为序。

目 录

第一章 | **早岁便怀齐物志** | 001

第一节 来自异乡的眉山苏家 | 006
第二节 郁然千载诗书城 | 009
第三节 耳濡目染，润物无声 | 016

第二章 | **立志读尽人间书** | 023

第一节 诘问老师的"童子" | 025
第二节 父亲是个好老师 | 029
第三节 求学之路成姻缘 | 033

第三章 | **"三苏"誉满京城** | 037

第一节 "致君尧舜，此事何难？" | 039
第二节 "读轼书，不觉汗出" | 043
第三节 科举百年第一人 | 048

第四章　世事无常，天涯踏进红尘　　057

第一节　凤翔来了个"苏贤良"　　059

第二节　一舟两棺归故里　　068

第三节　饱受争议的王安石变法　　075

第四节　苏王之争，岂止在变法　　091

第五章　以民为本，夙夜在公　　101

第一节　三年走吴越，踏遍千重山　　104

第二节　密州喜迎苏太守　　114

第三节　惟愿一识"苏徐州"　　127

第六章　"乌台诗案"：至暗时刻　　137

第一节　湖州谢表惹祸端　　139

第二节　欲加之罪，何患无辞　　150

第三节　多方施救，终逃一劫　　160

第七章　从苏轼到苏东坡的人生蜕变　　173

第一节　黄州的"缥缈孤鸿"　　175

第二节　"东坡居士"的由来　　186

第三节　儒释道的融会与兼收　　199

第四节　文学创作的巅峰期　　211

目　　录　　003

第八章　何妨吟啸且徐行　225

第一节　神宗皇帝的救赎　227
第二节　相逢一笑泯恩仇　237
第三节　休将白发唱黄鸡　251

第九章　彪炳史册在四州　261

第一节　只争朝夕在杭州　263
第二节　政绩斐然在颍、扬　273
第三节　山雨欲来风满楼　282

第十章　千古风流人物　301

第一节　不辞长作岭南人　303
第二节　九死南荒吾不恨　317
第三节　灵魂不朽，光照千秋　330

参考文献　350
后记　356

第一章

早岁便怀齐物志

宋景祐三年（1036年），对于北宋政坛和文坛，都是不平凡的一年。

这一年，"先天下之忧而忧，后天下之乐而乐"的范仲淹、"醉翁之意不在酒，在乎山水之间也"的欧阳修，先后被贬。两位名吏贤臣因何同年被贬呢？时为吏部员外郎、权知开封府的范仲淹，因不满宰相吕夷简把持朝政、培植亲信，而向仁宗皇帝进献了自己绘制的《百官图》，对吕夷简任人唯亲提出尖锐批评。他认为官员的晋升、降黜应由皇帝亲自掌握，而不应由宰相操控。吕夷简则全力诋毁范仲淹，攻击他"越职言事、荐引朋党、离间君臣"[1]。

范仲淹被贬饶州（今江西省上饶市鄱阳县）后，谏官、御史都畏惧吕夷简的权势，不敢进谏，当时并不是谏官的余靖冒死上书，为范仲淹鸣冤叫屈。不久，余被贬为监筠州（今江西省宜春市高安市）酒税。太子中允尹洙上疏说："仲淹忠亮有素，臣与之义兼师友，则是仲淹之党也。今仲淹以朋党被罪，臣不可苟免。"[2] 于是尹洙被贬，落校勘，复为掌书记、监唐州酒税。

当年五月，时为馆阁校勘的欧阳修写信给谏官高若讷，说范仲淹刚直不阿，亘古未有，自己无权替其辩解，而高若讷身为谏官，却不履职尽责，居然在范仲淹被贬后不劝谏皇帝。高若讷将欧阳修的信转呈仁宗皇帝，欧阳修因此被贬为夷陵（今湖北省宜昌市夷陵区）县令。

二十五岁的蔡襄，刚刚结束五年的地方工作，前往京师等待吏部的人事安排。他路见不平，愤然写下题为《四贤一不肖》的长诗，高度赞扬范仲淹、余靖、尹洙、欧阳修，称他们为"四贤"，而将趋炎附势的高若讷称为"不肖之

---

[1] （宋）杨仲良撰，李之亮校点：《皇宋通鉴长编纪事本末》卷三十七，哈尔滨：黑龙江人民出版社2006年版，第639页。
[2] （元）脱脱等撰：《宋史·尹洙传》卷二百九十五，北京：中华书局1985年版，第9831页。

徒"。此诗一出，朝野轰动，蔡襄也一鸣惊人。原以为蔡襄是要与"四贤"一样被赶出京师的，所幸的是，另一位政坛新星韩琦拯救了他。蔡襄非但没有被贬，反而在此次人事变动中任西京洛阳留守推官。蔡襄和韩琦因此成为政治盟友和终身朋友。

（元）赵孟頫　苏东坡立像

这一年,朝廷采纳陕西转运使王沿的建议,迅速派兵修复了关乎民生的白渠。白渠建于西汉太始二年(公元前95年),长约二百里,是汉武帝时在关中平原修筑的连接泾水和渭水的人工灌溉渠,因是采纳赵中大夫白公的建议开挖,故名白渠。据《汉书·沟洫志》记载,汉朝时,白渠可以灌溉四万五千多亩农田,衣食京师,亿万之口。唐朝永徽年间,白渠仍可以灌溉一万多亩农田,到了宋朝,白渠仅可灌溉三千亩。朝廷采纳了王沿的建议,白渠得以修复。

这一年,对于野心勃勃的李元昊而言,也是历史性的转折点。经过三代人的努力,党项人终于控制了整个河西地区,使得西夏的统治地域"东尽黄河,西界玉门,南接萧关,北控大漠"[1],而河西地区也成为西夏后来立国的军事屏障和经济来源。

这一年,对中国文化史而言,也发生了一件大事。十二月十九日(1037年1月8日)[2]卯时,成都以南约一百五十里眉山纱縠行的苏家诞下了一个男婴,这就是后来成为中国文坛巨匠的苏东坡。不过,那个时候他还不叫"东坡"。十二岁时,父亲苏洵为他取名为轼,字子瞻。而"东坡"则是他因"乌台诗案"被贬黄州后,在城外的东坡上开荒种地,自号"东坡居士"而得名。为叙事方便,本书以下皆称苏东坡。

---

[1] (清)吴广成撰、龚世俊等校证:《西夏书事校证》,兰州:甘肃文化出版社1995年版,第145页。

[2] 本书均采用我国古代的农历纪年法,书中苏东坡的年岁计算也以1036年12月19日起始,皆为虚岁。

第一节 来自异乡的眉山苏家

蜀道之难,难于上青天。巴蜀,位于中国的西南地区,为崇山峻岭所环抱。据说四川因境内有岷、泸、雒和巴四大河流而得名。也有一说,唐代剑南道仅分东西二川,至宋代时则分为益州路、梓州路、利州路和夔州路,谓之川峡四路,后遂以此名为四川。

据史料记载,苏东坡的祖籍不在四川眉山,而是河北赵郡(今河北省石家庄市栾城区),那里有举世闻名的赵州桥。苏家先祖苏章,字儒文,东汉扶风平陵(今陕西省咸阳市)人,博学多才,善著文章。汉安帝时,举贤良方正,为议郎,曾任武原(今江苏省徐州市邳州市西北)县令,冀州(今河北省衡水市)、并州(今山西省太原市)刺史。在冀州,他公正廉明,执法如山,有"铁面州官"之称;在并州,他因得罪豪强而被免官,隐居赵郡。其后代苏则,为曹魏大臣,少以学问品行闻名于世,家族繁衍,逐渐形成赵郡苏氏。

赵郡的苏氏,是如何来到眉山的呢?这得从苏章后人苏味道说起。苏味道,唐贞观二十二年(648年)生,少有文名,二十岁进士及第,唐代著名文学家,与李峤、崔融、杜审言合称"文章四友"。成语"火树银花",就出自苏味道《正月十五夜》诗句:"火树银花合,星桥铁锁开。"[1]

历史上的苏味道颇具争议性。武则天时代,他亲附佞臣张昌宗,时来运转,

---

[1] (清)彭定求等编:《全唐诗》卷六十五,北京:中华书局1960年版,第753页。

官运亨通。苏味道做人圆滑，明哲保身，宰相数年，毫无建树。为避免得罪各方，说话处事总是模棱两可，时有"苏模棱"之称，成语"模棱两可"就出于此。《旧唐书·苏味道传》记载："处事不欲决断明白，若有错误，必贻咎谴，但摸棱（模棱）以持两端可矣。"[1]

唐神龙元年（705年），苏味道跟着张昌宗倒台，被贬为眉州刺史，复为益州大都督府长史，未行而卒，归葬于原籍河北栾城的苏邱村。据《栾城县志》记载，苏邱村置于唐代，因苏味道的墓而得名"苏丘"，也就是苏氏坟墓所在地的意思。清朝雍正初年改名为"苏邱"，传说为避圣人孔丘名讳。清朝道光、同治年间的史料明确记载：唐苏鸾台味道墓在城北十八里苏邱村。应该说，"模棱两可"反映了苏味道的政声，而"火树银花"则体现了他的才学。

苏味道的世孙苏洵，字明允，眉州眉山（今四川省眉州市眉山市）人，北宋文学家，与其子苏东坡、苏辙以文学并称于世，世称"三苏"，均被列"唐宋八大家"。苏洵追认苏味道为其始祖，他在《苏氏族谱引》中写道："苏氏出于高阳，而蔓延于天下。唐神龙初，长史味道，刺眉州，卒于官。一子留于眉，眉之有苏氏自此始，而谱不及者，亲尽也。"[2] 相传苏味道共有四个儿子，长子、三子、四子都子承父业为官，唯有次子苏份特立独行。苏味道去世后，苏份就留在眉山，娶妻生子，繁衍后代，自此眉山始有苏氏，传二百余年到苏泾。

苏洵在《族谱后录》中写道：苏氏迁于眉而家于眉山，泾以前，皆不详。泾生钊，钊生五子，少子苏祜为苏洵的曾祖父。苏洵说他的高祖钊和曾祖祜"以侠

---

[1] （后晋）刘昫等撰：《旧唐书》卷九十四，北京：中华书局1975年版，第2991页。
[2] 叶玉麟选注，董婧宸校订：《三苏文》，北京：商务印书馆2019年版，第49页。

气闻于乡间"1，而苏祜又"以才干精敏见称"2。据说眉山苏氏的家底大致奠定于苏祜时期。苏祜生有六子，其中苏洵的祖父苏杲乐善好施，在乡里以孝友著称。他曾说："多财而不施，吾恐他人谋我；然施而使人知之，人将以为我好名。"3 有财不施舍，怕人惦记；而施舍了让人知道，又怕别人误解自己是为了名声。所以他总是默默地帮助他人。苏杲之子苏序也继承了父亲的品德。总之，苏氏家族中的人，似乎都有任侠尚义的气质。而这气质和侠义行为，在后来的子孙身上清晰可见。

苏东坡的爷爷苏序，字仲先，生于开宝六年（973年），他为人朴实，任侠尚义，乐善好施。为避其名讳"序"，"三苏"作品中的"序"字，都用"引"或"叙"来替代。

从唐神龙元年（705年）到宋景祐三年（1036年）苏东坡出生时，眉山苏氏已有三百多年的家史。苏家在当地虽算不上是名门望族，却也是殷实之家。苏东坡在《送表弟程六知楚州》诗中是这样描述的："炯炯明珠照双璧，当年三老苏程石。里人下道避鸠杖，刺史迎门倒凫舄。"4 说明从百姓到当地官吏对苏家都十分敬重。

苏洵所编《苏氏族谱》和《族谱后录》记载了眉山苏氏的家世。苏东坡在为其祖父苏序而作的《苏廷评行状》中更明确地说："公讳序，字仲先，眉州眉山

---

1 （宋）苏洵著，邱少华点校：《苏洵集》，北京：中国书店2000年版，第34页。
2 同上。
3 同上，第35页。
4 （宋）苏轼撰，（清）王文诰辑注，孔凡礼点校：《苏轼诗集》卷二十七，北京：中华书局1982年版，第1433—1434页。

人，其先盖赵郡栾城人也。"[1] 欧阳修为苏洵撰写的墓志铭亦云："有蜀君子曰苏君，讳洵，字明允，眉州眉山人也。"[2] "苏显唐世，实栾城人。以宦留眉，蕃蕃子孙。"[3]

从战国起栾城就属于赵郡。因此，现存的苏东坡墨迹和石刻中常常可以看到署名或印章为"赵郡苏轼"，而苏辙直接将其文集命名为《栾城集》，由中可看出苏氏兄弟对祖籍地的追怀之意。

第二节 | 郁然千载诗书城

自唐代起就有以都市的繁华程度排序的习惯。"扬一益二"，是对唐代东南、西南两大都市——扬州、益州（成都）工商业经济繁荣程度的流行说法。眉山距离成都约一百五十里，是一座舒适典雅又富有诗意的县城，气候温润，风光秀丽，民风淳朴。岷江有条支流由北而南，纵贯眉山全境，因水色清澈，像玻璃一样透明，人称"玻璃江"。苏东坡在《凤翔八观·东湖》诗中写道："吾家蜀江上，江水清如蓝"[4]，说的就是这条江。沿江两岸土地肥沃，桃红柳绿，人称眉山为"小桃源"。

---

[1] （宋）苏轼撰，（明）茅维编，孔凡礼点校：《苏轼文集》卷十六，北京：中华书局1986年版，第495页。
[2] （宋）欧阳修著，李逸安点校：《欧阳修全集》卷三十五，北京：中华书局2001年版，第512页。
[3] 《欧阳修全集》卷三十五，第514页。
[4] 《苏轼诗集》卷三，第112页。

宋代的眉山与青神、丹棱、彭山三县同属眉州，眉山是州治所在地。眉州历史悠久，人文荟萃，为中国贡献了多位历史文化名人。据清嘉庆时编《眉州属志·凡例》所记："天下以文名者六，而眉得其三；以史名者三，而眉得其一。"[1] 天下以文名者六，是指"唐宋八大家"中的宋六家，其中"三苏"来自眉州；"以史名者三"，是指《新唐书》的主要撰稿人、《新五代史》的作者欧阳修，《资治通鉴》的主编司马光和《续资治通鉴长编》的作者李焘，其中李焘是眉州丹棱人。宋代留存至今的重要文献中，出自眉州人之手的不胜枚举。两宋间，眉州有进士八百八十六人，史称"八百进士"。不仅如此，眉州还是彼时我国三大雕版印刷中心之一。南宋陆游游历眉州后，在《眉州披风榭拜东坡先生遗像》诗中，称赞眉州"孕奇蓄秀当此地，郁然千载诗书城"[2]。

陆游对眉山的赞美是恰如其分的。自古以来，四川，尤其是成都及其附近地区，就是我国文化高度繁荣的区域。明代何宇度在《益部谈资》中写道："蜀之文人才士，每出皆表仪一代，领袖百家。"汉赋四大家，其中司马相如、扬雄是四川人；开唐代诗歌之风的陈子昂是四川人；李白的青少年时代、杜甫的晚年，都是在四川度过的。其他许多唐代诗人也都到过四川，如初唐四杰王勃、杨炯、卢照邻和骆宾王，因此有"自古诗人皆入蜀"之称。晚唐、五代十国时期，许多文人学士都到相对安定的西蜀避乱，进一步促进了当地的文化繁荣，使得西蜀成为当时中国的文化中心之一。宋初，由于征伐蜀王孟昶和平定全师雄为首的叛乱，给四川带来极大的破坏，西蜀文化暂时处于低潮。后经数十年的休养生息，

---

[1] （清）涂长发修，（清）王昌年等纂：《眉州属志》，清嘉庆五年（1800）刻本，凡例页十六。

[2] （宋）陆游著，钱仲联校注：《剑南诗稿校注》，上海：上海古籍出版社1985年版，第768页。

经济逐渐复苏，文化又开始繁荣起来。到苏东坡参加科举考试时，仅眉山一县就有四十五人参加礼部考试。

苏东坡的故居位于眉山城南的纱縠行，三面环水，占地数十亩，屋前屋后茂林修竹，绿树成荫。院落西边是一个大池塘，长满莲花，每年五六月间，莲花次第开放，花香四溢，花如海洋。苏东坡在《答任师中、家汉公》一诗中回忆道："门前万竿竹，堂上四库书。高树红消梨，小池白芙蕖。"[1] 给眉山的人杰地灵、钟灵毓秀作了一个俊逸的注脚。

三苏祠（莫愁/摄）

---

[1] 《苏轼诗集》卷十五，第754—755页。

苏东坡出生时，祖父苏序尚健在。苏序的妻子史氏，为眉州大户人家的女儿。生有三子：长子苏澹、次子苏涣和三子苏洵。

苏序身材魁梧，天性淳朴，为人豁达，乐善好施，喜好饮酒，满是侠义之气。他喜欢吟诗，用诗来表达自己心中的喜怒哀乐，且下笔很快，不过品质一般。"吾欲子孙读书，不愿富"[1]，他的这一理念，成就了苏家子孙。为了实现其家族理想，他倾其财力，购置了大量书籍。苏东坡在给友人的信中说他祖父购置的书汗牛充栋。苏门连出多位享誉千年的大家，与苏序重视教育不无关系。苏家为殷实小康之家，衣食无忧，生活中的苏序优哉游哉，常常与三朋四友席地而坐，把酒言欢。应该说苏东坡的达观豪放与好酒之风，多少受到了祖父的影响。

苏序给人以豁达粗豪的印象，同时又是个粗中有细之人。苏序出门从不骑马，有人问他为何，他回答道："路上有比我年长的还在步行，若我骑马了怎么见他们？"苏家田地不多，但不像周边乡邻种植稻谷，田里大都种植粟米，有时还把稻谷置换成粟米，然后精心贮藏起来，几年下来约有四千石。起初，乡民不知其中的原委。有一年，眉州遭遇饥荒，苏序毫不犹豫打开粮仓，慷慨接济亲友和灾民，帮助大家度过了灾年。苏家种植、置换和贮藏粟米的奥秘，此时也就真相大白了，因为粟米比稻谷更利于储存。苏序未雨绸缪，居安思危，深得好评。平日里，苏家院落周围，都种上芋魁，也就是薯类作物，每年收获颇丰。寒冬腊月，苏家就将热腾腾的芋魁摆在大门外，任凭食不果腹的路人取食。"苏门六君子"之一的李廌（方叔）在《师友谈记》中记录了此事。

苏序性格豪放，行侠仗义，在他身上发生过不少趣事。

蜀人比较迷信，不知从何时起，眉山当地开始将茅将军奉为神。城里也就有

---

[1] 丁传靖辑：《宋人轶事汇编》卷十二，北京：中华书局2003年版，第585页。

了一座不伦不类的茅将军庙,庙祝,也就是寺庙的管理人员,将茅将军吹得神乎其神、法力无边,并借机敛财骗钱,这让家有病人或遭遇灾难的家庭雪上加霜。苏序对此早就深恶痛绝。一日,苏序趁着酒醉,领着村里二十多人进入庙里,砸碎神像,并将这座新庙夷为平地。事后,村民们都替他担心。然而,苏序不仅没有遭遇一点不顺和灾祸,三年后,他的儿子苏涣还中了进士。

另一则趣事发生在天圣二年(1024年)的一天,苏序正在城外与人把酒言欢时,有人兴冲冲地来报:恭喜老爷,二少爷高中了。官帽、官服和上朝用的笏板都已送到。当时,苏序已酩酊大醉,手上还拿着一大块牛肉。他拿起喜报的同时,顺手将啃着的牛肉丢进了装喜报的行李袋里。随后,他请村童为他挑担,自己骑着毛驴一同进城去了。路人看着这个如醉如梦、滑稽可爱的老头儿,忍俊不禁。

与苏东坡的伯父苏涣同榜中进士的,还有苏东坡外祖父程家的儿子程濬,也就是苏东坡的舅舅。程家是当地的首富,也很讲究排场,本想联手苏家一起大操大办庆祝一番,可苏序却无此意,程家只好作罢。

严格意义上说,苏家在苏澹、苏涣、苏洵这一辈之前,还算不上是书香门第。苏澹早逝,苏涣二十四岁时考取了进士。苏东坡在《苏廷评行状》中对伯父登科赞誉有加:"自五代崩乱,蜀之学者衰少,又皆怀慕亲戚乡党,不肯出仕。公始命其子涣就学,所以劝导成就者,无所不至。及涣以进士得官西归,父老纵观以为荣,教其子孙者皆法苏氏。自是眉之学者日益,至千余人。"[1]

苏东坡认为伯父苏涣给眉山甚至蜀中人士离乡出仕带了个好头。类似的说法,在苏辙的《伯父墓表》和曾巩为苏序所作的墓志铭中,均有所记。但朱刚在《苏轼十讲》中指出:这不符合事实,苏涣并不是宋时眉州第一个登科出仕的进

---

[1] 《苏轼文集》卷十六,第497页。

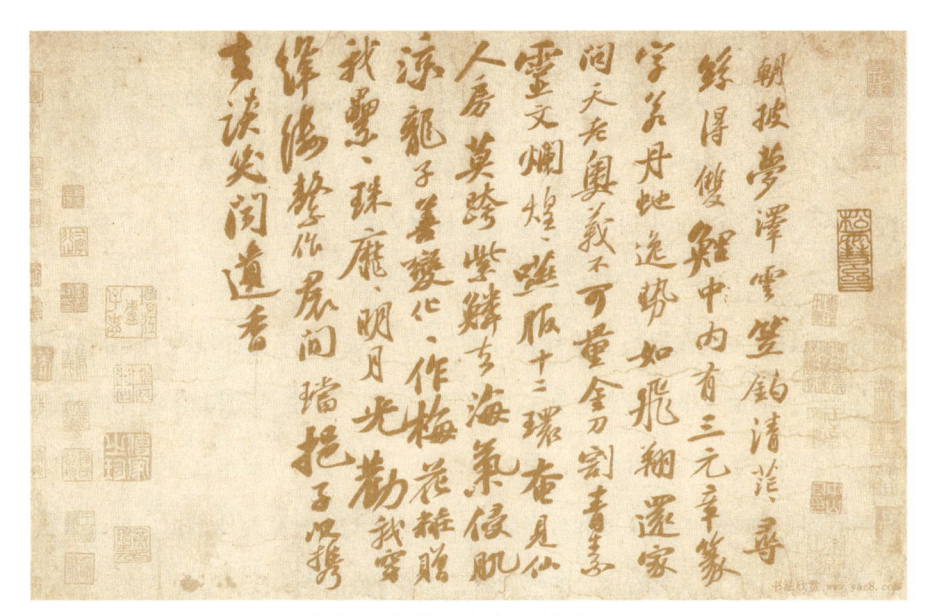

（北宋）苏轼　李太白仙诗卷-1

士，更不是第一个登科出仕的蜀人。那么，苏东坡为什么这么写？应该是信息不对称所致。

苏洵自幼聪明过人，七岁时开始识文断字，但很快就放弃了，二十七岁之前，基本没好好读过书。少年苏洵无养家之累，且是家中幼子，又有父母疼爱，人称"终日嬉游，不知有生死之悲"。也有人说，苏洵的青少年时期有点像李白和杜甫的任侠和壮游。苏东坡在《苏廷评行状》中也毫不讳言，父亲年轻时并不潜心读书，热衷于到处游历，遍交天下奇人。

苏序对苏洵采取的是放养式教育，"纵而不问"。在父亲苏序眼中，苏洵的性格有些倔强孤傲。当有亲朋好友关切地询问他，儿子不用心读书他为什么也不严厉管教时，苏序回答说：这个我不发愁。他的话里话外充满了自信和笃定。

"眉山出三苏，草木为之枯。"这是眉山当地流传的歌谣。相传苏东坡出生的那一年，附近原本郁郁葱葱的彭老山，无缘无故地树木枯萎、花草凋零，这种状况持续了六十多年。直到苏东坡去世后，山水灵气才得以复苏，花草树木才逐渐变得茂盛。世人将这种巧合编为歌谣，彰显了苏东坡的生而不凡。而歌谣的世代流传，应该与元代欧阳玄"眉山昔日生三苏，一山草木为之枯"[1]的诗句有一定的关系。

天圣五年（1027年），苏洵娶妻成家。夫人为名门之后，岳父是眉山富豪、大理寺丞程文应。程夫人自幼饱读诗书，聪慧过人，嫁到苏家后，相夫教子、勤俭持家，温良贤淑。苏家原来也就是一个中产之家，由于这些年家里添丁，经济上逐渐捉襟见肘。程夫人对夫君不取功名及信天游式的生活态度很是不满，希望他积极进取，也能为孩子树立榜样。

苏洵在《祭亡妻程氏文》中写道："昔予少年，游荡不学。子虽不言，耿耿不乐。我知子心，忧我泯没。"[2]贤良内敛的妻子形象跃然纸上。《三字经》中更有"苏老泉，二十七，始发奋，读书籍"的描述。但据李一冰在《苏东坡新传》中的考证：老泉，实是沿袭的误称。所谓"老泉"者，是苏家祖坟在蟆颐山之东二十余里，有地名曰"老翁泉"。此外，苏东坡"宝公骨冷唤不闻，却有老泉来唤人"[3]的诗句，也验证了李一冰的观点。如果老泉是父亲的名号，苏东坡在诗文中是要避讳的。

受二哥苏涣和内兄科举成名的激励，加之程夫人的劝学，特别是在苏东坡出生后，苏洵幡然醒悟，决定走科举之路，为儿子作出表率。程夫人以其行事果

---

[1] （元）欧阳玄著：《题山庄所藏东坡画古木图》，（清）陈邦彦选编：《康熙御定历代题画诗（下）》，北京：北京古籍出版社1994年版，第151页。

[2] 《苏洵集》，第150页。

[3] 《苏轼诗集》卷三十七，第2032页。

敢、办事干练的风格,决定从三世同堂的大家庭中搬到城中,义无反顾地典当嫁妆和金银首饰,在纱縠行街上租了一座宅子,不仅用于居住,还在庭院里经营布帛和织物的生意。搬出大家庭,对当时的人来说是需要很大勇气的。

苏家在纱縠行宅院的堂屋中央挂着八仙之一张果老的画像。说来这幅画像是有故事的。苏洵与程夫人婚后,连着生了两个女儿,可不久都夭折了。苏家很是郁闷。一天,苏洵在城中的玉局观道院晃悠时,无意中看见一家卜卦的店堂里挂着一幅画像,便上前询问,卜师无碍子说是"张仙",非常灵验,有求必应。苏洵颇为心动,当即解下身上的玉佩,换得了这幅画像。回家后,苏洵将画像挂在房里,每天早晨都虔诚地上香求子,如此这般供奉了好几年。

苏洵二十六岁时,长子景先出生,遗憾的是不久夭折在襁褓中。第二年又生一女,也就是后来嫁给表兄程之才的八娘。宋景祐三年(1036 年),苏东坡出生。苏东坡的出生,让苏家如愿以偿。苏洵在《题张仙画像》中写道:"每旦必露香以告,逮数年,既得轼,又得辙,性皆嗜书。乃知真人急于接物,而无碍子之言不妄矣。"[1]

在程夫人的精心操持下,几年的光景,苏家成了眉山的大户。如此看来,程夫人不仅是位贤妻良母,还是经商理财的高手。

第三节 | 耳濡目染,润物无声

苏东坡出生后,二十七岁的苏洵心性大变,脱胎换骨。他重读《论语》《孟

---

[1] 《苏洵集》,第 146 页。

子》等诸子百家经典。苏东坡八岁至十岁间,苏洵进京赶考。但他的发奋努力,并没有如愿给他带来功名。多次名落孙山后,他在江淮一带游历。操持家务、教育孩子和经商理财的任务自然也就落在了夫人程氏的肩上。

程氏大家闺秀,蕙质兰心。她不仅非常重视苏东坡兄弟俩的文化学习,更注重家风家学和个人品德的养成。她常对两个儿子说:我教你们读书写字、识文断字,不仅仅是为了求取功名,更主要是要让你们明白事理,学会辨别善恶。后人从苏东坡和苏辙的诗文中,可以看出程夫人早期的言传身教,对兄弟二人产生的影响是非常深远的。

程夫人虽然擅长经营和理财,却不爱非分之财。苏东坡童年时,眉山苏家纱縠行的宅子曾发生一件奇怪的事情。一天,两个婢女在庭院中熨烫绸缎时,一个婢女忽然大叫一声,原来她的双脚陷进了泥土中,泥土下面是个洞,洞里有一大瓮,瓮中有物,并发出回声,众人非常兴奋,都认为瓮里一定藏有财宝。正当人们打算开挖之时,程夫人立即制止,作出了出人意料的决定,让人在大瓮上面盖上一块乌木板,用土填埋起来。她对大家说:这些东西是前人埋下的,不归苏家所有,非义不取。苏东坡在《记先夫人不发宿藏》中记述了此事。

程夫人的言传身教,给幼小的苏东坡兄弟俩上了极其生动的一课,对他们人生观、价值观的形成产生了积极的影响。苏东坡在《赤壁赋》中这样写道:"且夫天地之间,物各有主。苟非吾之所有,虽一毫而莫取。"[1] 这种态度,应该与童年时期所受到的耳濡目染是分不开的。

出仕后的苏东坡亲民爱民,心系民生,夙夜在公,堪称古代官吏的楷模,而他的仁爱之心始于母亲程夫人。程夫人宅心仁厚,大爱无疆。她认为,一个人如

---

[1] 《苏轼文集》卷一,第6页。

（北宋）苏轼　《赤壁赋》卷（部分）

果没有仁爱之心，即便学问再多，官位再高，也不可能为江山社稷作贡献、为天下苍生谋福祉。在程夫人看来，仁爱之心不应仅仅局限于人与人之间，对小动物和花草树木也要以仁爱之心相待。

　　苏东坡少年时，书房前面的翠竹松柏郁郁葱葱，许多鸟儿喜欢在树上筑巢。母亲程氏非常憎厌杀生行为，严令家里的孩子婢仆，不得捕捉鸟雀。几年下来，鸟雀的巢穴越筑越低，低得人们弯腰都能看到待哺的雏鸟。群鸟在此，无忧无虑，繁衍后代，人鸟和谐共处，各得其乐，苏家院子自然而然成了百鸟天堂。就连警惕性非常高的珍禽桐花凤，也前来攀枝栖枞，陶乐其间。桐花凤为蓝喉太阳鸟，珍异难见，很少到近地面活动，能够落户苏家庭院，被乡人认为是不可思议的事情。之所以能招来群鸟，究其原因，不外乎不伤害百鸟的善意，取得了鸟类的信任。

后来，苏东坡在《记先夫人不残鸟雀》一文中记载了此事。"少时所居书堂前，有竹柏杂花丛生满庭，众鸟巢其上。武阳君恶杀生，儿童婢仆，皆不得捕取鸟雀……有野老言：'鸟雀巢去人太远，则其子有蛇、鼠、狐狸、鸱鸢之忧。人既不杀，则自近人者，欲免此患也。'由是观之，异时鸟雀巢不敢近人者，以人为甚于蛇鼠之类也。苛政猛于虎，信哉！"[1]

程夫人在子女教育方面颇有见解，她非常重视记载古今成败的历史知识的学习教育，认为学习历史不仅能增长知识，更是培养品德、增强明辨是非能力的重要途径。苏东坡兄弟俩聪慧过人，每每能将古往今来历史成败的关键问题分析得头头是道，这让母亲颇感欣慰。

《宋史·苏轼传》记载了苏东坡童年时期的一则故事。一天，程夫人正在辅导两个儿子学习《后汉书》，读到《范滂传》时，苏东坡不禁慨然太息。

范滂，字孟博，汝南征羌（今河南省漯河市召陵区）人，是东汉时期的大臣、名士。他刚正不阿，铁面无私，令人敬仰。当时宦官弄权，奸佞当道，法度混乱，朝纲不振，范滂被卷入党锢之祸。汝南督邮吴导奉旨缉拿范滂，但他于心不忍，抱着诏书痛哭。范滂获悉后，便主动到县衙投案。县令郭揖大为惊讶，意欲弃官与范滂一同亡命天涯，范滂坚决不从。

范滂的母亲前来诀别时，他对母亲说道："仲博（滂弟）孝敬，足以供养，滂从龙舒君（龙舒，汉代侯国名，范滂之父范显，曾为龙舒侯相）归黄泉，存亡各得其所。惟大人割不可忍之恩，勿增感戚（悲伤）。"范母却深明大义地说："汝今得与李、杜齐名，死亦何恨！既有令名，复求寿考，可兼得乎？"[2] 范母的

---

[1] 《苏轼文集》卷七十三，第2374页。
[2] （南朝宋）范晔撰，（唐）李贤等注：《后汉书》卷六十七，北京：中华书局1965年版，第2207页。

意思是说，既要好名声，还想要长寿，二者能兼得吗？李、杜是指李膺和杜密，二人为东汉时期的名臣。

范滂拜过母亲，又回过头对自己儿子说："吾欲使汝为恶，则恶不可为；使汝为善，则我不为恶。"意思是，我想让你做坏事，但坏事是不能做的；想让你做好事，但我可没有做坏事，（却落得如此下场）。听到此话的人，无不同声哭泣。范滂死时，年仅三十三岁。

苏东坡读完《范滂传》后，无比感慨地对母亲说："轼若为滂，夫人亦许之否乎？"程夫人欣慰地答道："汝能为滂，吾顾不能为滂母耶？"1

苏辙在《颍滨遗老传》中也曾这样评价自己的母亲："母成国太夫人程氏，亦好读书，明识过人，志节凛然，每语其家人：'二子必不负其志。'"2 而程夫人也对两个儿子信心满满。

家庭环境对于孩子的成长，起着决定性的作用。健康的童年可以滋育一生，而不堪的童年需要一生来治愈。父母是孩子的启蒙老师，家庭是孩子最好的学校。母亲程夫人的博爱、善良和正直，深深影响了童年的苏东坡。正是母亲这种循循善诱、潜移默化、以史为鉴的教育，助力苏东坡的性格养成。如果说苏东坡从苏洵的性格中遗传了正直刚强的基因，而程夫人则用慈善博爱之心滋润着苏东坡幼小的心灵，让他从小养成悲天悯人的济世情怀。

父亲苏洵与苏东坡相比，似乎有些孤傲、冷苛。虽然发奋较晚，且屡试不中，但丝毫没有影响他的治学、修身与济世之心。他的兼济天下和独善其身，在苏东坡身上留下深深的烙印。苏东坡出仕后，能始终恪守民为邦本、天人合一、

---

1 《栾城集墓志铭》，《苏轼诗集》附录一，第 2803 页。
2 （宋）苏辙著，陈宏天、高秀芳点校：《颍滨遗老传上》，《苏辙集》，北京：中华书局 1990 年版，第 1014 页。

厚德载物、亲仁善邻等中华优秀传统文化的精髓，与其早年受到的潜移默化的家庭教育和影响，是密不可分的。

苏洵去世，司马光前来吊唁。苏东坡和弟弟恳请他为早先去世的母亲程夫人撰写墓志铭。司马光在《武阳县君程氏墓志铭》中写道："夫人喜读书，皆识其大义。轼、辙之幼也，夫人亲教之。常戒曰：'汝读书，勿效曹耦，止欲以书生自名而已。'每称引古人名节以厉之，曰：'汝果能死直道，吾亦无戚焉。'"[1] 最后，司马光高度评价了程夫人的一生："贫不以污其夫之名，富不以为其子之累，知力学可以显其门，而直道可以荣于世。勉夫教子，底于光大。"[2] 一位贤良的母亲，足以深远地影响一个家族的风貌。正是遵循母亲的教诲，苏东坡自幼以古代先贤为榜样，让自己的心中激荡着浩然正气。

---

[1] 《苏洵集》，第181页。
[2] 《苏洵集》，第182页。

第二章

立志读尽人间书

"致君尧舜上,再使风俗淳",出自唐代杜甫《奉赠韦左丞丈二十二韵》一诗,意谓辅助君王成为尧舜那样的贤明君主,使社会政通人和,风气变得敦厚淳朴。科举制度自隋朝设立以来,既是朝廷选拔人才的最直接办法,也是寒门子弟进阶的重要途径。宋朝崇文抑武,文臣治国,特别是第三任皇帝赵恒的《劝学诗》:"书中自有千钟粟""书中自有黄金屋"和"书中自有颜如玉",更是把读书考取功名视为人生的最高追求和绝佳出路。在这样的社会环境下,苏东坡当然也不例外,而与众不同的是,他把勤奋学习、取得功名上升到济世安民的高度。

第一节 | 诘问老师的"童子"

古往今来,中国的父母多有一个共同的期许,那就是把自己的全部希望,特别是自己未能实现的愿望,寄托在儿孙身上。苏洵就是千千万万父母中的典型,他反思自己少年时期的经历,痛定思痛,和程夫人一道,在两个儿子的教育上抓早抓小,因势利导。

苏东坡八岁时,便进入眉山天庆观北极院,师从道士张易简。私塾规模不小,学生人数有百十来人,但先生只有一人,是典型的"校长兼教工,上课带打钟"的私塾教学模式。

在天庆观读书期间,苏东坡就已脱颖而出。他和同学陈太初经常受到张易简的夸奖,被称为最聪明的两个学生。但后来,陈太初就没有苏东坡那么幸运了。他也参加过科举考试,都没有考中,不知是不是受到道士先生的影响,后来成了一名道士。在苏东坡被贬黄州时,好友来信告知,陈太初在大年初一拜访汉州太守吴师道后，在城外的金雁桥下羽化登仙了。

庆历三年（1043年）三月，仁宗因讨伐西夏李元昊久未见效，决然改革朝政，起用了晏殊、范仲淹、韩琦、富弼、欧阳修、余靖等十一人，朝廷面貌焕然一新。北宋散文家、国子监直讲石介（守道）写下名篇《庆历圣德诗》，颂扬朝廷的用人政策和庆历新政。

据苏东坡《范文正公文集叙》记载：京师来人，以鲁人石守道所作《庆历圣德诗》示乡先生。轼从旁窥观，问先生文中所颂十一人者为何人。先生说："童子何用知之？"轼曰："此天人也耶，则不敢知；若亦人耳，何为其不可？"[1] 如是天人，则不敢知；假如也是人的话，为什么不可以问？先生非常惊讶，就耐心地告诉他：韩、范、富和欧阳四人者，人杰也。时年八岁的苏东坡就立志将来也要成为这样的栋梁之材。谁也没有料到，日后除了没有亲眼见到范仲淹外，韩琦、富弼和欧阳修与他的人生历程，都有过非常重要的关联。

立志对于一个人的成长至关重要。少年苏东坡就胸怀大志，《张安道见示近诗》中说："少年有奇志，欲和南风琴。"[2]《次韵和王巩六首·其二》中写道："少年带刀剑，但识从军乐。"[3]《和陶拟古九首·其四》中也说："少年好远游，荡志隘八荒。九夷为藩篱，四海环我堂。卢生与若士，何足期渺茫。"[4] 从上述诗文中不难看出，苏东坡一生的成就，与他少年立志不无关系。

虽然张易简是位道士，值得庆幸的是，他并未把他的学生都当作道士来培养。但苏东坡兄弟俩在天庆观学习期间，或多或少还是受到道士先生的影响。

---

1 《苏轼文集》卷十，第311页。
2 《苏轼诗集》卷十七，第874页。
3 《苏轼诗集》卷二十一，第1128页。
4 《苏轼诗集》卷四十一，第2261—2262页。

苏东坡年少读《庄子》，曾说："吾昔有见于中，口未能言，今见《庄子》，得吾心矣。"1 意思是说：从前，我心里也有很多的奇思妙想，但总是找不到适当的语言来表述，读了《庄子》后，我发现书中完全表达了我想说而又说不出来的话，此书深得我心。苏东坡与庄子相隔千年，但他与庄子精神契合，思想相通。

苏东坡成年以后，对道教兴趣浓厚，他不仅践行道教的养生之术，还在文学作品中多次提到仙人、道士。他的《后赤壁赋》就是以梦见道士结尾的。苏东坡晚年谪居惠州、儋州后，常和道士书信往来。一天夜里，他梦见自己回到了家乡眉山儿时的学堂，像往昔一样遇见了恩师张易简。梦后不久，他就收到了广州道士何德顺的来信，请他为自己的庙堂作记。苏东坡欣然应允，记录下了这次梦幻，题为《众妙堂记》：

> 眉山道士张易简教小学，常百人，予幼时亦与焉。居天庆观北极院，予盖从之三年。谪居海南，一日梦至其处，见张道士如平昔，汛治庭宇，若有所待者，曰："老先生且至。"其徒有诵《老子》者曰："玄之又玄，众妙之门。"予曰："妙一而已，容有众乎？"道士笑曰："一已陋矣，何妙之有。若审妙也，虽众可也。"……广州道士崇道大师何德顺，学道而至于妙者也。作堂榜曰"众妙"。以书来海南，求文以记之。予不暇作也，独书梦中语以示之。2

苏东坡在《众妙堂记》中记载了梦见回到天庆观的情景。显然，五十多年前的学习经历给他的心灵留下了美好而深刻的记忆。人们从这篇散文中可以体会到

---

1 《亡兄子瞻端明墓志铭》，《苏辙集》，第 1126 页。
2 《众妙堂记》，《苏轼文集》卷十一，第 361—362 页。

他对道家和先生张易简的看法。无独有偶，苏辙也深受道家思想的影响，他在《龙川略志》这部笔记体小品文集中，谈到治平初在京师时曾梦见自己和哥哥在天庆观读书的往事。

虽然兄弟俩从小都对道教有浓厚的兴趣，但他们最终还是选择了济世安民的道路。

十一岁那年，苏东坡进入位于眉山城西的寿昌书院，接受系统的儒家教育，师从眉山学者刘巨。刘巨，字微之，不仅饱读诗书，精通经史，且治学有方，学生达百人。苏东坡兄弟俩非常刻苦，苏辙在《张恕寺丞益斋》一诗中，曾这样描述他们如何不分昼夜地学习："我家亦多书，早岁尝窃叩。晨耕挂牛角，夜烛借邻牖。经年谢宾客，饥坐失昏昼。堆胸稍蟠屈，落笔逢左右。"[1]

一分耕耘，一分收获。苏东坡很快在寿昌书院崭露头角，甚至对刘老师的诗词也能"品头论足"。有一天，刘微之作诗一首，自觉不凡，便在同学们面前吟诵："鹭鸟窥遥浪，寒风掠岸沙。渔人忽惊起，雪片逐风斜。"[2] 就在同学们拍手叫好、赞不绝口之时，苏东坡站了起来，天真无邪地说：先生好诗，不过，我怀疑末两句断章没有归宿。他建议将"雪片逐风斜"改为"雪片落蒹葭"。刘微之先是一愣，转而幽默大度地说：改得真好，看来我是没有资格做你的先生了。从教以来，刘微之还从没见过如此敏而好学又个性鲜明的学生。当时，他就预见苏东坡的前程不可限量。

尽管苏东坡兄弟俩在书院学习，但苏洵夫妇从未放松过家庭教育。十一岁时，苏东坡就写出了文采动人、超越凡品的佳作《黠鼠赋》。年幼的他以小见大，点面结合，用一只老鼠通过装死而得以逃生这样一件小事，来告诫人们，切勿被

---

[1] 《苏辙集》，第136页。
[2] （宋）叶寘撰，孔凡礼点校：《爱日斋丛抄》，北京：中华书局2010年版，第83页。

表象所迷惑，一定要透过现象看本质。

由于经常受到称赞，儿时的苏东坡偶尔也会自命不凡、恃才傲物。有一天他又受到先生的夸奖，放学回家后便取出笔墨纸砚，欣然写下"识遍天下字，读尽人间书"的对联，并贴在书房门上。学而后知不足，随着见识的增多，知识的积累，有一天，苏东坡拿起笔，在对联上加了四个字，改为："发奋识遍天下字，立志读尽人间书。"

第二节 | 父亲是个好老师

苏洵曾多次参加科举考试，皆名落孙山，铩羽而归。失意之中，他游览了岷山、峨眉山、嵩山、华山、终南山等名山大川，结交了不少侠义之士。庆历七年（1047年）五月，苏东坡的爷爷苏序去世，在虔州（今江西省赣州市）游历的苏洵回到眉山守孝。屡试不中的经历，让他以科举博取功名的梦想慢慢破灭。他甚至怀疑自己的人生，认为屡试不中应该是命中注定。苏洵将自己多年努力不能完成的宏愿，全部寄托在两个聪慧过人的儿子身上，从这个时候起，他便正式接手了两个儿子的家庭教育之责。

中国古代对子女的取名非常重视。回到眉山后，苏洵做的第一件事就是给两个儿子取名。他眼光独具，早就看出兄弟俩的性格迥异，取名时有的放矢，寄予期望。兄名轼，字子瞻，一字和仲；弟名辙，字子由，一字同叔。兄弟俩的名字，都有"车"旁，都与古代的马车有关。苏洵曾作《名二子说》，详细叙述了自己为两个儿子取名的原委。

"轮、辐、盖、轸,皆有职乎车,而轼独若无所为者。虽然,去轼则吾未见其为完车也。轼乎,吾惧汝之不外饰也。"[1]

"轼"是古代马车上乘车人手扶的横木,与车轮、支撑轮圈的辐条、车盖、车后的横木相比,"轼"似乎并没有那么重要。但是,如果一辆马车没有那根横木当扶手的话,还是一辆完整的马车吗?

苏洵用心良苦,他深知苏东坡性格开朗,不平则鸣,容易吃亏。取名"轼",是希望他凡事不要太过直接,要学会外饰,隐藏自己的锋芒。

接着苏洵又说:"天下之车,莫不由辙,而言车之功者,辙不与焉。虽然,车仆马毙,而患亦不及辙。是辙者,善处乎祸福之间也。辙乎,吾知免矣。"[2]

"辙"是马车走过留下的印迹,而天下的马车莫不循辙而行。虽然论功行赏,车辙没份,但如果车翻马毙,也不可能责怪到车辙的头上。因此,"辙"能够在祸福之间保持一种奇妙的平衡。取名"辙",是期望他能避免灾祸,逢凶化吉。

知子莫若父。纵观苏东坡的一生,跌宕起伏,百转千折,他心直口快、才华外露的性格,让他吃尽了苦头。而苏辙老成持重,谨言慎行,凡事谋定而后动,避免了很多劫难。每每哥哥落难、穷困潦倒之时,总是弟弟伸出援助之手。

为了勉励两个儿子好学上进,苏洵回到眉山后做的第二件事,就是将后园的书斋"南轩者"更名为"来风轩"(一说"来凤轩"),作为兄弟俩的书房,并对家中数千卷藏书,"手辑而校之,以遗子孙"[3]。关于"来凤轩"的由来,有几个传说:一说是源于眉山的桐花凤;一说是源于梅尧臣写给苏洵的"日月不知老,家有雏凤凰"的诗句;还有一说是苏洵期许羽翼未丰的兄弟俩,来日金榜题

---

1 《苏洵集》,第 145—146 页。
2 《苏洵集》,第 146 页。
3 《苏辙集》,第 1238 页。

名，光宗耀祖，如金凤展翅，翱翔九天。

元祐年间，苏东坡写于京师的《梦南轩》对轩名作了注释："元祐八年八月十一日，将朝，尚早，假寐，梦归毂行宅，遍历蔬园中。已而坐于南轩，见庄客数人，方运土塞小池。土中得两芦菔根，客喜食之。予取笔作一篇文，有数句云：'坐于南轩，对修竹数百，野鸟数千。'既觉，惘然怀思久之。南轩，先君名之曰'来风'者也。"[1] 显然，这里的学习经历给他留下了深刻的记忆。

书斋名虽有"来风"和"来凤"两个版本，但从苏东坡的《梦南轩》和其书法作品来看，书斋名应该叫"来风轩"。"来风"比"来凤"意境也更显高远。

苏洵虽然"少不喜学，壮岁犹不知书"[2]，但幡然醒悟后，便苦读十载，大器晚成，终成一家。他吸取自己少年时"以懒钝废于世"[3] 以及科举屡败的教训，殚精竭虑地陪读，辅导两个儿子。在这段时光里，苏洵对苏东坡兄弟俩的教育呈现三个特点：

一是苛刻严厉。苏洵要求两个儿子每天都要背诵和抄阅古籍经典、熟记经史。苏洵之所以这样要求，主要是性格使然和望子成龙心切。他在两个儿子的学习上，有辅导、有布置、有检查。苏东坡被贬海南时已年过六十，还时常梦见父亲给他布置和检查功课时的严苛场景。当他梦见自己没有按时读完《春秋》，只读到齐桓公部分时，生怕父亲责罚。其在诗中这样写道："夜梦嬉游童子如，父师检责惊走书。计功当毕《春秋》余，今乃始及桓庄初。怛然悸寤心不舒，起坐有如挂钩鱼。"足见苏洵教育儿子时的威严。

二是涉猎广泛。诸子百家、诗词歌赋，苏洵要求他们全部涉猎。在"来风

---

[1] 《苏轼文集》卷七十一，第2278页。
[2] （宋）王辟之撰，吕友仁点校：《渑水燕谈录》，北京：中华书局1981年版，第41页。
[3] 《苏洵集》，第117页。

轩"，父子三人读经、读史、读百家。苏洵还带着两个儿子讨论史实、练习写作。一次，苏洵布置苏东坡就三国时期魏国重臣夏侯玄事迹写篇作文，很快《夏侯太初论》一蹴而就。当苏洵在《黠鼠赋》中读到"人能碎千金之璧，不能无失声于破釜；能搏猛虎，不能无变色于蜂虿"这两个联句时，他知道儿子已开始在文章中运用想象力了，于是连连称赞。还有一次，苏洵要求苏东坡模仿欧阳修的《谢宣诏赴学士院，仍谢赐对衣、金带及马表》写作文。苏东坡交卷后，苏洵非常满意，他认为儿子这篇文章将来一定会派得上用场，也能和欧阳修一样誉满天下。此外，我们也可以从弟弟苏辙《初发彭城有感寄子瞻》一诗中，见到兄弟俩涉猎广泛的端倪。"念昔各年少，松筠闷南轩。闭门书史丛，开口治乱根。文章风云起，胸胆渤澥宽。"[1]

三是不吝赞扬。对于两个儿子学业上取得的进步，苏洵和程夫人总是及时夸赞。除了口头表扬，苏洵还把苏东坡和苏辙写得好的《却鼠刀铭》《缸砚赋》等文装裱后挂在墙上，以激励他们刻苦学习。

此外，苏东坡和苏辙的成长还得到伯父苏涣的激励和教诲。从懂事时起，苏东坡和苏辙就一直以进士出身的伯父为骄傲，并将其视为楷模。多年后，兄弟俩分别在文中记述了伯父回乡的情景。苏东坡在《谢范舍人书》中云："天圣中，伯父解褐西归，乡人叹嗟，观者塞途。"[2] 苏辙则在《伯父墓表》中写道："明年登科，乡人皆喜之，迓者百里不绝。"[3] 由此可见，这位进士出身的伯父，在兄弟俩幼小的心灵中留下了刊心刻骨的印象。

苏序去世后，苏涣一家也回到眉山守制。其间，兄弟俩经常向伯父求教。苏

---

[1] 《苏辙集》，第130页。
[2] 《苏轼文集》卷四十九，第1425页。
[3] 《苏辙集》，第414页。

涣对两个侄子也是关爱有加，他非常恳切地告诉两位侄儿：自己少年时读书很自觉；稍大些后学写文章，每天都设定好学习任务，不完成绝不罢休；出门在外时言行规规矩矩，回到家中，也不懒散；因此，别人还没听说过我有什么不好的品行。他告诫侄儿：你们才不如人，不妨学学我的但求寡过。

中国人向来对人格的培养要重于知识教育，伯父语重心长，侄儿刻骨铭心。苏辙在《伯父墓表》中对此事有详细记载。

随着时间的推移，兄弟俩的学业日益精进，让屡次落榜的苏洵看到了黎明的曙光，受伤的心灵也得到极大的安慰。父亲传道授业、不时释疑解惑，母亲操持家务、偶尔投以目光，儿子诵读经典、时而奋笔疾书，成为苏家一道温馨的风景。"玻璃江"边，彭老山上，竹林丛中，月光之下，也留下父子三人研读的身影。

第三节 | 求学之路成姻缘

皇祐三年（1051年），十六岁的苏东坡沿岷江而下，来到眉山镇南约十五里的青神县中岩书院求学，师从青神乡贡进士王方。"乡贡进士"的称谓，最早出现在唐朝科举史料中，即地方的州县官吏依据私学养成的士人，经乡试、府试两级的选拔，合格者被举荐参加礼部贡院所举行的进士科考试，而未能擢第者则称为"乡贡进士"。

中岩书院坐落于依山傍水、富有灵气的千年古刹——中岩寺，苏东坡在这里度过了三年的美好时光。与前两任先生张易简、刘微之一样，王方也觉得苏东坡前途不可估量。

中岩寺位于岷江东岸,分上、中、下三寺,始建于东晋,为我国早期的著名佛教圣地之一。佛法宏大,古与峨眉山齐名,有"先游中岩,后游峨山"一说,"岩壑胜景,不减峨眉"。陆游称之为"川南第一山"。

一天,王方带着苏东坡和其他学子游览中岩寺。来到下寺时,首先映入眼帘的是一块壁面垂直、面积巨大的岩石。悬崖峭壁之上是慈姥岩,之下是形如月牙、清洌可鉴的一泓泉水。潭水深不可测,水中通常看不见鱼儿,但奇妙的是,只要游人在池边拍拍手,一群鱼儿便会从岩石间闻声游来,仿佛在向游人示意问好,学子们非常惊奇。

面对碧波荡漾的一池泉水,当获悉此池尚未取名时,苏东坡对先生说:"如此美景灵泉,当有美名,老师何不赐名?"王方也觉得此池无名乃为憾事,何不集思广益,为池起名?于是王方盛邀当地名流,相约投笺荐名。有的说"藏鱼池",有的说"引鱼池",但王方和中岩寺的住持都不满意。当王方看到苏东坡笺荐"唤鱼池"时,便拍手叫好,说"清新高雅,有声有色"。

几乎就在同时,王方亭亭玉立、聪灵秀美的女儿王弗,也让丫鬟送来了她起的名字。王方看后,会心一笑。原来女儿与苏东坡不谋而合,取名也是"唤鱼池"。

缘分自有天注定。王方喜上眉梢,唤鱼联姻,此乃天作之合。不久,王方便请人到苏家说媒欲将女儿许配给苏东坡。

苏东坡确实也到了谈婚论嫁的年龄了,是在出川前完婚,还是科举中第后成为乘龙快婿?在苏洵和程夫人看来,儿子还是娶个本地姑娘为好,风俗文化相同,生活习惯相近,彼此知根知底。至和元年(1054年),苏东坡与王方那秀外慧中的女儿结婚,王弗时年十六。

王弗不仅温婉可人，而且饱读诗书。苏东坡曾这样评价自己的爱妻："其始，未尝自言其知书也。见轼读书，则终日不去，亦不知其能通也。其后轼有所忘，君辄能记之。问其他书，则皆略知之。由是始知其敏而静也。"[1] 王弗从来没有说她读过书，当苏东坡背书有时忘记时，王弗竟然可以给他提示。而苏东坡随意问及其他书时，她也能说出个大概。这时苏东坡才知道王弗除了谨慎恭肃的性格外，还有敏而静、慧而谦的优点。

苏洵和程夫人为何在科考前为儿子成亲呢？原来自科举制度实行后，唐宋就有"榜下捉婿"的习俗。宋代崇文抑武，文臣治国，"榜下捉婿"几乎成为宋代的一种婚姻文化。那时，京城的达官显贵和各地的富绅们，大凡有女待字闺中的，都非常关注科举考试的张榜，争相挑选登第士子做女婿，那个场景，有时不是在挑，简直就是在抢。

"榜下捉婿"现象，在当下看来匪夷所思，在宋代却有着深刻的社会背景。宋真宗赵恒的《劝学诗》给出了答案。"富家不用买良田，书中自有千钟粟。安房不用架高梁，书中自有黄金屋。娶妻莫恨无良媒，书中自有颜如玉。出门莫愁无人随，书中车马多如簇。男儿欲遂平生志，五经勤向窗前读。"[2] 汪洙的"万般皆下品，惟有读书高"，诠释了《劝学诗》的要义。

宋人把"择婿"说成"捉婿"。宋朝的科举制度最为完善，考试取士是朝廷选拔官吏的主要途径，一旦金榜题名，成为富贵人家的乘龙快婿也就指日可待了。在这样的社会背景下，"榜下捉婿"也闹出了不少笑谈。

传说曾有一位刚刚中举的年轻人，体貌不凡，被一权势之家相中，家里十多个

---

[1] 《苏轼文集》卷十五，第472页。
[2] 李寅生著：《中国古典诗文精品读本》（下），北京：国家行政学院出版社2012年版，第384页。

壮丁将其簇拥至府上。该青年明知何故，既不拒绝，也不逃避。不多时，一位身着高官袍服的长者来到年轻举人面前，问道：我只有一个女儿，长得并不丑陋，愿意嫁与公子为妻，不知可否？年轻人深鞠一躬，接着说道：我出身寒微，如能高攀，固然是件幸事，要不您等我回家和妻子商量一下，如何？围观者哄堂大笑。

为了"榜下捉婿"，有时女方连年龄差都可以忽略不计。相传有一人名叫韩南老，成为新科进士后不久，便有人来提亲。韩并未直接拒绝，而是作了一首绝句回复：读尽文书一百担，老来方得一青衫。媒人却问余年纪，四十年前三十三。

宋朝的高官在"榜下捉婿"上，还常常"以权谋私"、捷足先登。宋真宗时，范令孙登甲科，当时的宰相王旦立刻就把他选作女婿。还是宋真宗时，宰相寇准将自己的侄女嫁给了新科进士高清。寇氏去世后，宰相李沆又让自己的女儿做了高清的继室。

苏东坡完婚的次年，苏辙也和史氏喜结连理。苏辙在《寄内》中这样描述："与君少年初相识，君年十五我十七。"[1] 如此早婚，皆与苏洵要带两个儿子一同进京赶考有关。

嘉祐元年（1056年）三月，苏洵信心满满地带着苏东坡和苏辙向京师出发，踏上赶考之路。从眉山到汴京，长路漫漫。由于时间关系，"三苏"选择了崇山峻岭、险阻重重的旱路。这是苏东坡兄弟俩怀揣梦想第一次离开眉州。他们启程北向，先到嘉陵江畔的阆中，从阆中登终南山，一路上过蜀道、穿剑阁、越秦岭，经过两个多月的长途跋涉，终于来到了北宋王朝最为繁华的都市——汴京，寄宿于兴国寺。

---

[1] 《苏辙集》，第915页。

第三章

"三苏"誉满京城

第三章 | "三苏"誉满京城

科举考试是中国古代封建统治者选拔人才的一种考试制度。从宋代开始,科举考试不论出身、贫富,皆可参加。这不仅扩宽了朝廷选人用人的范围,也促进了社会阶层的有序流动。正所谓"天子重英豪,文章教尔曹","满朝朱紫贵,尽是读书人"。显然,对出身普通家庭的苏东坡来说,科举考试是他实现人生理想的不二法门。

第一节 | "致君尧舜,此事何难?"

莘莘学子十年寒窗,悬梁刺股,多为有朝一日一举成名,光宗耀祖,而像苏东坡那样,以天下为己任,心系江山社稷、百姓苍生的,寥若晨星。熙宁七年(1074年),苏东坡在《沁园春·孤馆灯青》中曾追忆自己参加科举考试时的政治抱负:"当时共客长安,似二陆初来俱少年。有笔头千字,胸中万卷;致君尧舜,此事何难?"[1] 初来时风华正茂,如同陆机、陆云兄弟。是啊,有妙笔在手,文思敏捷,诗书万卷在胸,辅佐圣上使其成为堪与尧舜比肩的圣明君主,此事有什么难的?

嘉祐元年(1056年)五月,"三苏"来到了汴京,寄宿僧舍,复习迎考。汴京,又称东京。公元960年,后周禁军统帅赵匡胤陈桥兵变,建立宋朝,定都东京,史称北宋。北宋有四个都城,简称"四京",即东京开封府(今河南省开封市)、西京河南府(今河南省洛阳市)、南京应天府(今河南省商丘市)、北京大

---

[1] (宋)苏轼著,邹同庆、王宗堂校注:《苏轼词编年校注》,北京:中华书局2007年版,第134页。

名府（今河北省邯郸市大名县）。由于平原建都，几乎无险可守，四个都城的设立，主要用于防范四个方向的外敌入侵。

当然，每个都城在北宋的国家治理和社会生活中，都发挥了各自不同的作用。如西京洛阳是当时全国的文化中心，北宋以前，已有十三个王朝在此建都。在这里设有全国最高学府国子监，名相大儒云集。朝中重臣也多居洛阳，其中有北宋"四贤"富弼、吕公著、司马光和程颢，仅洛阳籍名相就有吕蒙正、张齐贤、温仲舒等。这里还有著名的"洛阳耆英会"。司马光在洛阳历时十余年，完成了《资治通鉴》的编撰，神宗觉得这套书"有鉴于往事，以资于治道"，赐"资治通鉴"为书名。欧阳修等在此写就了《新唐书》。洛阳以园林之美著称，苏辙赞美洛阳园林"实甲天下"，李格非撰有《洛阳名园记》。

四个都城中汴京为首，是当时全国的政治、经济和文化中心。汴京的城市布局分为外城和内城。外城为长方形，南北长而东西窄，城墙周长为五十多里，有南薰门、新宋门等十二座城门。内城墙周长为二十多里，有朱雀、望春等十座城门。内城中央建筑对称整齐，庄重肃穆，金碧辉煌，尽显皇家气象。

北宋时期的汴京，土地肥沃，交通便利，物产丰富，风光秀丽，孕育了上承汉唐、下启明清，影响深远的"宋文化"，是当时世界人口最多、经济文化最为繁荣的国际大都会，被人赞誉为"汴京富丽天下无"。著名的《清明上河图》便是当时汴京繁华的写照。

苏东坡兄弟俩虽然是第一次来到魂牵梦绕的京师，但无缘欣赏大都会的繁华。此时的京师，已成泽国，全无往日的风采，城南全部浸在水中。是年四月，河北发大水，商河泛滥成灾。五月，开封又大雨不断，致京畿的蔡河决堤，大水涨到与安上门的门关不相上下。七月时，大雨虽停，但京城繁华的路上，却见不着车马的影子，取而代之的是一艘艘小船。这或许冥冥之中给了苏东坡一个暗示,他一辈子都将与水结缘。

北宋的科举考试分为三个阶段:乡试、省试、殿试。乡试,又称解试,即由州、府主持的考试,限于本地考生参加,由于考试时间安排在秋季八月,故称"秋闱",考试场所为贡院。省试,即由尚书省的礼部主持的考试,只有通过乡试的举子,才有资格参加来年的省试,由于考试时间安排在春季,又称为"春闱"、"礼闱"。殿试,又称御试,即由皇帝亲自主持的考试,只有通过省试的考生,才有资格参加殿试。唯有殿试合格者,才能算是登科,赐进士及第或赐进士出身。

由于没有参加眉州的乡试,苏东坡和苏辙必须先通过礼部的秋季初试,方有资格参加来年春天的省试。金秋送爽,丹桂飘香,在开封的景德寺,兄弟俩迎来了人生的第一次大考。苏东坡小试牛刀,名列第二,苏辙也榜上有名,兄弟二人同时中举。眉州共有四十五人参考,除苏东坡和苏辙外,还有十一名考生也顺利过关。

苏东坡兄弟俩都顺利通过了科举考试的第一关,让屡考屡败的苏洵宽心不少。此时,他才有心思为自己的仕途而奔波。苏洵精心挑选了《史论》《洪范论》等七篇自己的文章,带上张方平和雷简夫的介绍信,拜谒了一代文宗欧阳修。交谈中,欧阳修虽然觉得苏洵不善言辞,但对他的文章大加赞赏,并作《荐布衣苏洵状》,将苏洵所作二十二篇上奏朝廷。不仅如此,欧阳修还利用不同场合将苏洵介绍给朝廷重臣韩琦、富弼、文彦博等。由于欧阳修的力荐,在京城士大夫中,苏洵的文名遂起,据说由于富弼的排斥,苏洵后来仅得试衔初等官,心里很不满意。

嘉祐二年(1057年)正月,诏以礼部侍郎兼翰林侍读学士欧阳修知贡举,作为省试的主考官,梅挚、王珪、范镇、韩绛、梅尧臣等同为考官。二月,礼部考试如期举行。

对于苏东坡兄弟二人来说十分幸运的是，苏洵一向秉持文章的淳朴写作风格，反对当时盛行的华美靡丽的八股陋习。而本次考试的主考官欧阳修和被誉为宋诗"开山祖师"的梅尧臣，恰好打算联手发起一场文风改革运动，欲借此次科举考试的机会，对那些过于注重雕琢文句、思想空泛而卖弄华丽辞藻的学子，概不录取。

苏东坡兄弟俩学习刻苦，准备充分，且文风对路，哪有不得高分之理。那年科举考试阅卷过程中还出了个美丽的"乌龙"。梅尧臣阅到苏东坡《刑赏忠厚之至论》的策论文章后，赞不绝口，区区六百字，思路清晰，有理有据，博古通今，纵论天下，可以说这篇文章完美展现了该考生以仁治国的政治主张。梅尧臣便立即将此文呈主考官欧阳修。欧阳修读后更是惊喜万分，大为赞赏，这不正是自己一直倡导的文风吗？几位考官都认为这篇文章无疑是本场考试的第一名。

就在欧阳修提笔圈定这篇文章为第一名的时候，却又犹豫了。他把有好感的考生在心中过了一遍，从文风文采来看，感觉这篇文章出自自己的学生曾巩的可能性最大。因为当时的考卷不仅实行糊名制度，看不到考生的名字，就连考生的笔迹也看不到，考试文章都是经他人抄写后，由考官阅卷的。于是欧阳修为了避嫌，将这篇文章列为第二。

金榜一发，考官们大吃一惊，风评第一的这篇文章竟然出自名不见经传、来自西蜀的毛头小伙之手。在接下来的礼部复试中，苏东坡再次崭露头角，以《春秋》对义，夺得第一名。

四月，崇政殿金殿御试，也就是科考的最后一关。考官是仁宗皇帝，以应答天子策问为主，考题为《民监赋》《鸾刀诗》《重申巽命论》。仁宗时期，录取进士分为五等，上二等为及第，三等为进士出身，四等、五等为同进士出身。仁宗皇帝对来自四川眉山的两位才子印象深刻，对苏东坡和苏辙治国安邦、兴盛社稷的宏论和对策非常满意。几天后，仁宗皇帝钦点苏东坡为进士及第，赐苏辙为进士出身。屡试不中的苏洵，听到两个公子登第的喜讯后，非常喜悦地自嘲道："莫道登科易，老夫如登天。莫道登科难，小儿如拾芥。"[1]

第二节 | "读轼书，不觉汗出"

科举制度自设立以来，既是朝廷选拔人才的最直接办法，也是寒门子弟进阶的重要途径。嘉祐二年（1057年）苏东坡考取进士的那场科举考试，欧阳修和梅尧臣等考官独具慧眼，一批杰出人才脱颖而出，群星璀璨，被称为"千年科举第一榜"。与苏东坡同榜的进士中，竟有数十位后来成为政坛叱咤风云、名传千古的精英，其中二十四人《宋史》有传。

"唐宋八大家"中有苏东坡、苏辙和曾巩；曾布、吕惠卿、章惇三位先后出任宰相；北宋五位哲学家创立了影响深远的理学，被尊称为"北宋五子"，这科进士又占了两位：张载、程颢；这科进士中还出了一位名将：王韶，曾率军击溃西夏军队，收服西北五州，开拓宋朝大片疆土，官至枢密副使，死后追赠燕国公。《宋史·欧阳修传》对其发现和培养人才给予高度赞扬：奖引后进，如恐不及；赏识之下，率为闻人。

非常有趣的是，上述这些人中没有一人考试成绩进入甲科，而甲科的状元章衡、榜眼窦卞、探花罗恺，后来都没有太大成就，因而名气不大。此外，从家族

---

[1] 《宋人轶事汇编》卷十二，第588页。

的角度来看，这科进士中其实最耀眼的也不是苏家两兄弟，而是太常博士曾易占一家四人同榜，曾巩、曾允、曾布和曾阜。

科举考试张榜后，"三苏"异军突起，誉满京城。"三苏"之所以很快名声大噪，风头正劲，除了成绩优异、兄弟二人同科进士外，还有一个重要原因，就是文坛领袖欧阳修的赞许和推介。正如他后来在《故霸州文安县主簿苏君墓志铭》中所写："当至和、嘉祐之间，（苏洵）与其二子轼、辙偕至京师，翰林学士欧阳修得其所著书二十二篇，献诸朝。书既出，而公卿士大夫争传之。其二子举进士，皆在高等，亦以文学称于世。眉山在西南数千里外，一日父子隐然名动京师，而苏氏文章遂擅天下。……自来京师，一时后生学者皆尊其贤，学其文以为师法。"[1]

唐宋时期有个约定俗成的规矩，考生一经录取，就与主考官之间形成了"门生"和"恩师"的关系。考中的门生要写信感谢"恩师"的知遇之恩，并登门致谢。苏东坡在拜谒欧阳修之前，《谢欧阳内翰书》已先行呈送府上。苏东坡的感谢信，再次深深打动了欧阳修。他不仅赞赏苏东坡的文学立场，也认可他对朝廷深感忧虑的文坛新弊的成因分析。去除新弊的途径是真正学会先秦两汉的朴实文风，深刻领悟韩愈文章的精髓。欧阳修在给梅尧臣的信中说："读轼书，不觉汗出，快哉，快哉！老夫当避路，放他出一头地也。"[2] 这也是成语"出人头地"的由来。欧阳修的这段话很快传遍了京师。一天，欧阳修甚至对儿子欧阳奕（一说是儿子欧阳棐）说：汝记吾言，三十年后，世上人更不道着我也。

那天，苏东坡拜见欧阳修时，梅尧臣恰好也在，更为巧合的是，两位考官还在议论苏东坡的那篇《刑赏忠厚之至论》。

---

[1]《故霸州文安县主簿苏君墓志铭》，《欧阳修全集》卷三十五，第512、153页。
[2]《与梅圣俞》，《欧阳修全集》卷一百四十九，第2459页。

苏东坡在文中写道："当尧之时，皋陶为士。将杀人，皋陶曰杀之三，尧曰宥之三。"[1] 这段对白不仅用得恰到好处，而且可以佐证明主贤君的用人之道。欧阳修和梅尧臣阅卷时，对尧与皋陶的这段对白都曾存疑，但又不便公开提出，以免显得自己不够博学。欧阳修当时就询问苏东坡：尧和皋陶这段对话，典出何书？他坦然答道："想当然耳。"接着他说是从《三国志·孔融传》中借用过来的。曹操灭掉袁绍后，将其子袁熙之妻甄氏赐给曹丕，孔融对此不满，就对曹操说：武王伐纣，以妲己赐周公。曹操不解其意，问他此事出于何典。孔融答道：以今度之，想当然耳。尧帝和皋陶一事，是他以此推之。

欧阳修和梅尧臣听到苏东坡这样出人意料的回答，不但没有责怪，反而赞赏有加。欧阳修看着苏东坡离去的背影，意味深长地对梅尧臣说："此人可谓善读书，善用书，他日文章必独步天下。"[2] 梅尧臣看到苏东坡兄弟俩年纪虽小，却崭露头角，后作《老翁泉诗》赠苏洵："岁月不知老，家有雏凤凰。百鸟戢羽翼，不敢呈文章。去为仲尼叹，出为盛时翔。"[3] 对兄弟俩既是赞誉，也是期许。

文坛盟主欧阳修不仅不遗余力地提携助力苏东坡这位新科进士，还把苏东坡引荐给韩琦、富弼等重臣。他们都对苏东坡非常友善，并寄予厚望。据《范文正公文集叙》记载："皆以国士待轼，曰：恨子不识范文正公。"[4] 苏东坡进京考试之时，范仲淹已去世。欧阳修等希望苏东坡能成为像范仲淹那样的政治文化新星，践行"先天下之忧而忧，后天下之乐而乐"的政治抱负，成为济世安民的贤官能吏。

---

1 《省试刑赏忠厚之至论》，《苏轼文集》卷二，第33页。
2 《宋人轶事汇编》卷十二，第591页。
3 《书圣俞赠欧阳阅诗后》，《苏轼文集》卷六十八，第2159页。
4 《范文正公文集叙》，《苏轼文集》卷十，第311页。

就在"三苏"名动京师之际，五月底，老家眉山传来噩耗，程夫人于四月初七（一说四月初八）病逝。据说这天恰好是苏东坡兄弟俩金榜题名之日。更为遗憾的是，程夫人离开人世时，还不知道她含辛茹苦、颇费心血抚育的两个儿子，就在当天已金榜题名、出人头地了。

父子三人悲痛欲绝，即刻离京。按照出川时的线路，"三苏"披星戴月，日夜兼程，仅用一个多月的时间就回到了眉山。离家一年有余，家里一片凄凉破落，篱墙倾倒，屋顶穿漏，有如难民家园。

按照大宋礼制和儒家孝道，无论是一品大员，还是新科进士，只要家中有父母去世，都必须立即退隐，回到家乡丁忧，也称守制，时间名为三年，实际是两年又三个月，丁忧期满才能返回复职，违者不仅被视为大逆不道，还可能被治罪。如苏东坡后来的政敌李定，就是因为隐匿母丧不报而受到他人攻讦的。

丧礼结束后，苏洵在武阳县（今四川省眉山市彭山区）安镇山下的"老翁井"附近，挑选了一块地作为苏家的茔地。这里曾经是他发奋读书的地方。（据说他自号"苏老泉"也源于此。）对于程夫人，苏洵心中有愧。当年程夫人以富家千金的身份下嫁苏家，不仅相夫教子，还在他科举考试屡试不中时，给了他理解和抚慰，苏洵感激不已。他为亡妻写下满怀深情、催人泪下的祭文："与子相好，相期百年。不知中道，弃我而先。我徂京师，不远当还。嗟子之去，曾不须臾。子去不返，我怀永哀……昔予少年，游荡不学。子虽不言，耿耿不乐。我知子心，忧我泯没。感叹折节，以至今日……有蟠其丘，惟子之坟。凿为二室，期与子同……"[1] 九年后，苏洵在京城去世，苏东坡兄弟俩按照父亲的遗愿，扶灵回眉山与母亲合葬。

---

[1] 《祭亡妻程氏文》，《苏洵集》，第150页。

丁忧期间的蛰居生活，对于已中进士的苏东坡兄弟俩来说，是他们青年时期最放松的一段时光。这期间，苏东坡常去青神县的岳父家，他喜欢那里的山色、溪流和佛寺，也留恋那里的亲情和人文。岳父王方家是个大家庭，妻子王弗有两个叔叔、婶娘及一群堂兄妹，共计三十多口人。其中，就包括小堂妹王闰之。

苏东坡自幼奋厉有当世志，即便丁忧期间，他也关注江山社稷和百姓民生，与时任益州太守王素探讨治蜀之道。王素，莘县（今山东省聊城市莘县）人，宋真宗时期名相王旦之子，以直言敢谏而著称。

因有孝在身不便前去拜访，苏东坡就给王素写信，他在《上知府王龙图书》[1]中说：养兵和爱民是地方政府治理的两大关键，需要统筹兼顾。军费不足，祸患马上就会临头，但容易解决；而百姓的赋税过重，其隐患不仅深远，而且很难救治。因此，小问题往往由军心离散而起，而天下大乱则由民怨沸腾所致。他还认为，百姓心中之所以忧愤烦闷，是因为没有可以告状的地方。况且天底下不可能没有贪婪暴虐的官吏，所幸的是上级官吏不仅贤明，而且百姓可以控告，这正是百姓有所依仗而不害怕的。这封书信，不仅是苏东坡地方治理方略的初步显现，更是他爱民安民思想的萌芽。

王素不仅采纳了苏东坡的建议，在其职权范围内尽可能减轻赋税，还让他的幼子王巩（定国）向苏东坡问学，从而开启了他们一生的真挚友谊。后来"乌台诗案"中受到牵连的官吏众多，而与案件本关系不大的王巩，却责罚最重，都因王是李定等人的政敌、三朝元老张方平的女婿，成为无辜的牺牲品。

苏东坡从小受到儒家、佛家和道家思想的熏陶。母丧解除重返汴京前，苏东坡兄弟俩再次来到成都大慈寺，拜访惟度、惟简两位法师，彼此投缘，相谈甚

---

[1] 《上知府王龙图书》，《苏轼文集》卷四十八，第1388—1389页。

欢，两位法师也成为苏东坡最初的僧侣朋友，也是终身的知心朋友。元丰三年（1080年），"乌台诗案"后，在众多亲朋好友避之唯恐不及之时，惟简委派他的徒孙悟清前来探望刚到黄州不久的苏东坡。

第三节 | 科举百年第一人

嘉祐四年（1059年）九月，苏东坡兄弟俩守孝期满。按例，朝廷会很快安排他们的职位。苏洵综合考虑，举家迁徙京都，听候朝廷的安排。

这一次进京自然和上次赶考情况大不相同，一是心绪不同，上次是参加考试，前景未卜，而现在苏东坡兄弟俩已金榜题名，"三苏"已是京城文坛响当当的名人；二是线路不同，上次是进京赶考，时间紧迫，走的是陆路，而这次时间宽裕，心情放松，为了沿途赏景，走的是水路；三是目的不同，上次是谋求功名，进京赶考，而这次是举家搬迁，听候佳音。

迁居，不是苏洵的一时冲动，而京城也不是他的目的地。早在嘉祐元年（1056年），也就是苏东坡兄弟俩进士登第的前一年，苏洵带着苏东坡和苏辙到京城时，就打算在中原地区找一个地方作为新的居住地。显然，迁居与两个儿子金榜题名没有必然联系，因为苏洵当时并不确定两个儿子能在次年一举登科。苏洵在一首诗中讲述了苏家迁居的理由：一是四川盆地虽然比较富庶，但相对闭塞，"恐我后世鄙且愚"[1]；二是河南嵩山之下风土人情、人物均好，适宜定居；三是

---

[1] 《赠陈景回》，《苏洵集》，第162页。

同乡陈景回已先行一步迁居河南，对苏洵起到了示范作用。但由于兄弟俩高中进士、程夫人去世等原因，苏洵的迁居计划一直没有落实。后来苏辙远赴嵩山之下的颍昌（今河南省许昌市）买田置业，应该在很大程度上受到父亲迁居计划的影响。

这年十月，苏家一行取岷江水路，在以乐山大佛而闻名的古嘉州（今四川省乐山市）登船，入嘉陵江出川。刚从古嘉州出发不久，苏东坡便在《初发嘉州》中抒发了凌云壮志："故乡飘已远，往意浩无边。"[1] 这既有对家乡的眷念和不舍，也有对未来的向往和抱负。此时的苏东坡正英姿勃发，怀揣理想向京师进发。

三峡雄伟险峻，风景壮丽，水流湍急，险象环生。船行忠州时专门停靠，"三苏"凭吊了屈原塔。苏东坡非常惊讶，屈原的故乡在下游的秭归，而屈原也从未来过忠州，这里却建有他的纪念塔。一到塔前，苏东坡心潮澎湃，思绪万千，他被屈原宁死不折的崇高品质深深感染。立志要干出一番经世济民伟业的苏东坡，在《屈原塔》中写道："楚人悲屈原，千载意未歇。精魂飘何处，父老空哽咽……古人谁不死，何必较考折。名声实无穷，富贵亦暂热。大夫知此理，所以持死节。"[2]

这首诗借楚地百姓对屈原的深切怀念，来表达自己对这位伟大诗人的无比景仰之情，也寄寓着作者的人生志向。

举家进京，其乐融融。一舟行于三峡奇境与绮丽的风景之中。父子三人时而把酒言欢，时而吟诗唱和，时而写景寄情。十二月八日在江陵（今湖北省荆州市）驿站，苏东坡将父子三人途中的百篇诗作编为《南行集》，其中有苏东坡诗四十二首。他在序中写道："舟中无事，博弈饮酒，非所以为闺门之欢，而山川

---

[1] 《初发嘉州》，《苏轼诗集》卷一，第6页。
[2] 《屈原塔》，《苏轼诗集》卷一，第22—23页。

之秀美,风俗之朴陋,贤人君子之遗迹,与凡耳目之所接者,杂然有触于中,而发于咏叹。"1

苏东坡在这里提出了关于艺术创作的一个重要认知:文学艺术创作源于丰富的生活感受。因"耳目之所接",而"杂然有触于中"时,便是文学艺术创作的重要契机,犹如"山川之有云雾,草木之有华实,充满勃郁,而见于外,夫虽欲无有,其可得耶!"2

江上两个月的行程,途经十一个郡、二十六个县,大家都疲惫不堪。年关将近,苏洵决定在荆州稍事休整,等过了年再继续行程。"禹划九州,始有荆州。"荆州历来是兵家必争之地,从春秋战国到五代十国,先后有三十多位帝王在此建都。苏东坡在此创作了《荆州十首》,这是苏东坡青年时期五言律诗的代表作。此诗从不同侧面反映出他的政治理想、人生追求及出仕前的雄心壮志。其实,《荆州十首》也隐然预示了他未来的政治命运和人生遭遇。

嘉祐五年(1060年)正月初五,一家人离开荆州,陆行北上。二月到达许州(今河南省许昌市)时,苏东坡结识了范仲淹次子、时任许州签判的范纯仁,范盛情邀请他们游览许州西湖。正值春光明媚,西湖游人如织,热闹非凡。为了方便城里人游玩,太守宋莒公正动用大批民工开挖沟渠,引湖水入城。即将出仕的苏东坡联想到一路上民生凋敝,不禁有感而发。他在《许州西湖》一诗中写道:"西湖小雨晴,滟滟春渠长。来从古城角,夜半传新响。使君欲春游,浚沼役千掌……但恐城市欢,不知田野怆。颍川七不登,野气长苍莽。谁知万里客,湖上独长想。"3 这是苏东坡出仕前首次在作品中表露同情百姓疾苦的民本情怀,也

---

1 《南行前集叙》《苏轼文集》卷十,第 323 页。
2 同上。
3 《许州西湖》,《苏轼诗集》卷二,第 81—82 页。

为其后来坎坷不平、命运多舛的为官之路埋下伏笔。

经过四个多月的舟车劳顿，二月中旬，苏家一行顺利抵达京师。稍事安顿后，父子三人静候朝廷的任命，并将从江陵到京师途中所写的诗文编为《南行后集》，而将前面的《南行集》更名为《南行前集》。很遗憾，两本集子如今都已散佚。

苏东坡兄弟俩考取进士，只是获得出仕的资格，要做官，还要通过吏部的典选和注拟。吏部选人用人从身言书判四个方面考量：身以体貌丰伟为合格；言以言词辨正为合格；书须楷法遒美为合格；判须文理优长为合格。四项之中以书、判为主，身、言类似于当下的面试。兄弟俩顺利通过考试，不久，吏部任命苏东坡为河南福昌县（今河南省洛阳市宜阳县）主簿，任命苏辙为河南渑池县（今河南省三门峡市渑池县）主簿。两人均辞不赴，原来兄弟俩瞄准了来年的制科考试。

制科考试，是我国古代为选拔"非常之才"，在常规科举考试之外临时设置的考试科目，始于汉文帝。制科，又称制举、大科、特科，是由皇帝下诏临时设置，并由皇帝直接命题、亲自主持的考试，目的在于选拔各类特殊人才。因此，制科考试的科目和时间是不确定的，且制科考试的次数也很少，两宋三百余年只开考二十二次。

为了通俗易懂地说明制科考试与常规科举考试的差异，有人曾这样说："如果说常规科举考试是选拔人才，那么制科考试就是选拔人杰。"所以，制科考试的等级和难度都要远远高于常规科举考试，是古代含金量最高的朝廷选拔人才的考试。

这年八月，仁宗下诏举行制科考试，而制科考试的前期程序非常严格。首先，应试者要有近臣奏荐，苏东坡和苏辙二人分别由欧阳修和杨畋推荐。欧阳修乐于推荐，毋庸赘言。另一推荐人杨畋，是吏部官员，苏辙去吏部报到时，杨畋善意地说：听说你们有志于报考制科，不知我有没有这个荣幸成为你们的推荐人呢？如此看来，杨畋青史留名是自己主动争取到的。其次，应试者要向朝廷提交由五十篇策论构成的"贤良进卷"，由朝廷进行考评，排出名次，确定进入下一步考试的人员名单。再次，进卷考试合格者被召集到京师，到秘阁应试，写六篇命题作文，也就是所谓"秘阁六论"，秘阁考试是制科考试最关键也是最难的一轮，不仅范围宽泛，而且时间紧、答题要求高。只有通过"秘阁六论"的考生，才有资格参加"御试对策"。

苏东坡参加制科考试所上的《进策》《礼以养人为本论》《御试制科策》等，集中代表了苏东坡青年时期的政治主张，甚至可以说代表了他一生的主要政治主张。而苏东坡的这些变革主张与王安石的变法主张大相径庭，尤其是他《进策》中的有些论点，与几年前王安石的《上仁宗皇帝书》可谓针锋相对。在变与不变的问题上，苏东坡和王安石的观点是一致的，但变革与变法毕竟是两个既有关联又有很大区别的概念。苏东坡参加制科考试的这些政治主张，正是他后来在神宗朝和哲宗朝屡遭贬谪的思想根源。

为了安心复习迎考，应对没有范围、包罗万象、无所不问的考试，翌年正月，兄弟俩便从租居地西冈搬至京城丽景门外、汴河南岸的怀远驿居住。怀远驿为官署，专门接待外国使节和高官。尽管居住条件比先前大有改善，但兄弟二人的生活非常艰苦，每日三餐，桌上只有"三白"：白盐、白饭和白萝卜。苏东坡赞许朋友董传的诗句，"粗缯大布裹生涯，腹有诗书气自华"[1]，也恰是他和弟弟备考生活的写照。

据宋朝朱弁《曲洧旧闻》记载：苏东坡曾和刘攽聊起读书怀远驿时兄弟二人生活艰辛，每日三餐都是"三白饭"。刘攽，字贡父，《资治通鉴》的副主编。一

---

[1] 《和董传留别》，《苏轼诗集》卷五，第221页。

天，刘发出请柬，邀苏东坡去他家品尝"皛饭"。苏东坡早已忘记前面说过的"三白饭"一事，心想刘贡父博学，"皛饭"之中必定有个典故。等到苏东坡满怀好奇赴约，见到刘家桌子上只有白饭、白盐和白萝卜时，他才恍然大悟，知道自己被刘贡父好好地调侃了一把。不过，他依旧吃得津津有味。

苏东坡岂是等闲之辈，他也礼尚往来请刘贡父到家吃了一顿"毳饭"。刘贡父虽曾怀疑为戏言，但确实不知"毳饭"为何物。如期而往，两人谈笑风生。不知不觉早就过了饭点，刘贡父说：饥不可忍矣！苏东坡一本正经地慢慢道来："盐也毛，萝蔔（萝卜）也毛，饭也毛。"[1] 刘贡父捧腹大笑说：知道来而不往非礼也，但没想到你是如此来着。"毳"为"三毛"，"毛"通"无"。

其实，"皛饭"与"毳饭"故事的主人公，还有另外一个版本。据宋朝曾慥《高斋漫录》所记，故事的主人公为钱勰（穆父）。

时光荏苒，转眼间兄弟俩在怀远驿一心苦读，已半年有余。八月的北方，昼夜温差很大。苏辙自幼体弱，曾得肺病。一个风雨交加的夜晚，当他起身想找件外衣加上时，苏东坡读《韦应物集》刚好读到《示全真元常》一诗，当读到"宁知风雨夜，复此对床眠"这两句，兄弟俩深受触动，想到一旦为官，就要各奔东西，宦游四方，不免有些伤感。就在这晚，兄弟俩做了"风雨对床"（一说"夜雨对床"）的约定。此后四十年间，无论他们的人生如何跌宕起伏，彼此都念念不忘，遗憾的是终身未能实现"风雨对床"的夙愿。

嘉祐六年（1061年）七月，仁宗下诏起居舍人知谏院司马光、同知谏院杨畋、知制诰沈遘为秘阁考官。秘阁六论考试非常严格，每篇不得少于五百字，须二十四小时内完成。本次秘阁考试合格的只有苏东坡、苏辙和王介。是年八月二

---

[1] （宋）朱弁撰，孔凡礼点校：《曲洧旧闻》，北京：中华书局2002年版，第172页。

十五日，苏东坡和苏辙顺利步入崇政殿，来到了仁宗皇帝的面前。考官为胡宿、沈遘、范镇、司马光、蔡襄，胡宿起草了策问考题。

苏东坡的题目是"贤良方正"，而苏辙的题目是"直言极谏"，策题五百余字，要求对策在三千字以上，当日完成。苏东坡学养深厚，文采飞扬，论点独到，纵论国是，一口气写下了五千五百多字，自己也甚是得意。登科后，苏东坡感慨道："敢以微躯，自今为许国之始。"[1] 这句话昭示了苏东坡以身报国的赤子之心。

据《宋史·苏轼传》记载，仁宗在看过苏东坡和苏辙的试卷后，大为赞赏，欣喜不已，回到后宫对曹皇后说："朕今日为子孙得两宰相矣！"[2] 可见仁宗皇帝对兄弟二人的考场表现有多么满意。这一年，苏东坡二十六岁。

制科取士，非常严格，考官确定考试成绩后，御史、谏官等言官还得复核。复核的结果为苏东坡得第三等，王介得第四等。王介本是王安石的好友，后因反对变法被罢官。王家书香世家，一门进士，从他祖父、父亲到儿子、侄子，共有九人中过进士，史所罕见。在苏辙录取与否、定为几等的问题上，考官们发生了不小的争执。司马光非常肯定，主张定为第三等，而覆考官胡宿认为苏辙出言不逊，对皇帝不敬，坚持黜落。（一说胡宿为主考官，司马光为覆考官。）司马光征求范镇意见时，范主张降等录取。意见争执不下，闹到了仁宗皇帝面前。尽管苏辙在试卷中言辞激烈、文风泼辣地批评了仁宗皇帝，但仁宗还是非常大度地谕曰："其言切直，不可弃也。"[3] 最终降一等，以第四等录取。

虽然胡宿坚决反对录取苏辙，但此事并未影响两个家族的关系。胡宿的侄子胡宗愈也是"元祐党人"，是苏东坡兄弟俩的好友；欧阳修的次子欧阳奕是胡宿

---

1 《谢制科启二首》，《苏轼文集》卷四十六，第1324页。
2 《宋史·苏轼传》卷三百三十八，第10819页。
3 《苏颍滨年表》，《苏辙集》附录，第1375页。

的女婿，与苏东坡关系甚密；苏辙的外孙女，即文同（与可）的孙女还嫁到了胡家。胡宿的孙女胡淑修饱读诗书，精通文史，是苏东坡的超级粉丝。苏东坡定州赴任时，向朝廷奏辟了两个好友同行，其中之一就是李之仪（字端叔）。奏辟，是指向朝廷荐举征召为官。苏东坡保荐李端叔为签书判官，而胡淑修是李的夫人。当苏东坡在绍圣元年（1094年）闰四月一个月内接二连三被贬时，胡淑修亲手为苏东坡缝制棉衣。更有甚者，当有不少人因受苏东坡的牵连而被戴上枷锁示众时，胡淑修竟然主动站出来，挂上一块牌子加入其中。她边走边说：苏公是个好人，我愿与其同罪。

大家可能会不以为然，苏东坡才得了第三等，有什么值得大惊小怪的？这得从宋朝的制科考试制度说起。宋朝的制科考试成绩共有五等，自有制科考试之后，第一等和第二等都是虚设，从未录取过。一般情况下，录取的考生入第四等，落榜的考生入第五等，至于第三等，通常也不录取。在苏东坡之前，只有吴育一人在景祐元年（1034年）曾获此殊荣，且吴育是第三次等，而苏东坡是第三等。第三等和第三次等，二者的含金量是不一样的。吴育是"乌台诗案"中对苏东坡伸出援助之手、时任宰相吴充的哥哥。苏东坡也是宋朝开国一百年来，制科考试获得第三等的开山第一人。

北宋、南宋三百一十九年间，在制科开考的二十二次中，仅有四十一人通过，入第三等（第三次等的）只有四人，除了苏东坡、吴育外，还有范百禄和孔文仲。而三百多年间，两宋录取的进士数以万计，可见入第三等的难度之大。

不久，苏东坡被任命为将仕郎大理评事、签书凤翔府节度判官厅公事。原本苏辙也同时被任命为试秘书省校书郎充商州军事推官。由于王安石当制，拒绝撰告，苏辙的任命拖了很久才下。而苏辙以父亲在京需人陪侍为由，辞官不赴。

关于苏王之间的矛盾，将在后续章节加以叙述。

第四章

世事无常，天涯踏进红尘

人们一提起苏东坡，立刻会联想到"唐宋八大家"之一，著名文学家、书画家、美食家、历史治水名人，等等。的确，苏东坡是个全才式的人杰，值得浓墨书写之处，不可胜数。在很多方面，他不是首开先河，就是达到他人难以企及的高度。历朝历代，很多学者都非常重视研究苏东坡留下的文化遗产。但他致君尧舜的理想、济世安民的思想、为民务实的作为、清正廉洁的品德以及堪为后世官员楷模的一面，往往淹没在他的诗词歌赋、书法绘画等文学艺术的光环之中，并未受到人们足够的关注。

第一节 | 凤翔来了个"苏贤良"

"嗟予寡兄弟，四海一子由。"[1] "辙幼从子瞻读书，未尝一日相舍。"[2] 嘉祐六年（1061年）十一月十九日黎明，天寒地冻，寒风扑面，二十六岁的苏东坡带着夫人王弗和不满三岁的儿子苏迈离开京师，踌躇满志地踏上了出仕的第一站——陕西凤翔（今陕西省宝鸡市凤翔区）。苏辙为兄长送行，从汴京一直送到郑州的西门郊外，仍依依难舍。这不奇怪，过去二十多年里，兄弟俩形影不离，从未分开过。面对人生的第一次分离，他们虽然都有思想准备，但显然准备不足，彼此都流露出无限的惆怅和不舍。

送君千里，终有一别。苏东坡并没有立刻策马扬鞭，而是依依不舍地望着弟弟渐行渐远的背影，直到苏辙头上那顶乌帽一耸一耸地消失在视线尽头。苏东坡

---

[1] 《送李公择》，《苏轼诗集》卷十六，第816页。
[2] 《逍遥堂会宿二首〈并引〉》，《苏辙集》，第128页。

的心里虽然五味杂陈，但脑海里还是萦绕着兄弟俩"风雨对床"的约定。

　　与苏东坡一同踏上漫长路途的还有在京师相识的朋友马梦得。马梦得，字正卿，与苏东坡同年同月生，本是京师太学里郁郁不得志的学官。太学为北宋的最高学府，仁宗时期，太学的"学录"与"学正"从学生中选举产生，参与学校的管理工作，马梦得时为太学正。此人个性耿直，口无遮拦，落得"学生既不喜，博士亦忌之"1 的窘境。一次偶然的机会，与苏东坡相识，两人一见如故。

　　马梦得随苏东坡到凤翔也纯属巧合，只因苏东坡一次去访他未遇，一时兴起，在他书斋壁上题了杜甫《秋雨叹》的三首之一。南宋胡仔《苕溪渔隐丛话》认为，苏东坡书的必为三首中的其一："雨中百草秋烂死，阶下决明颜色鲜。著叶满枝翠羽盖，开花无数黄金钱。凉风萧萧吹汝急，恐汝后时难独立。堂上书生空白头，临风三嗅馨香泣。"2

　　书者无心，而马梦得有意。他不愿意自己的命运像资质明丽的决明草那样，在风雨中与百草一起烂死。他毅然辞去官职，跟随苏东坡去凤翔当幕僚。

　　从京师陆行凤翔，渑池是途经之地。五年前，苏东坡兄弟俩随父亲进京赶考时，曾夜宿渑池僧舍，与老僧奉闲相谈甚欢，并在墙壁题诗。此行苏东坡故地重游，再经渑池，仍然夜宿僧舍。谁知物是人非，当年接待他们的奉闲和尚已经去世，兄弟俩题诗的墙壁也已破败不堪，题诗更是无迹可寻。

　　苏东坡有感而发，提笔写下《和子由渑池怀旧》："人生到处知何似，应似飞鸿踏雪泥。泥上偶然留指爪，鸿飞那复计东西。老僧已死成新塔，坏壁无由见旧题。往日崎岖还记否，路长人困蹇驴嘶。"3 这首诗是苏东坡早年的名作之一，悲

1　《马正卿守节》，《苏轼文集》卷七十二，第 2296 页。
2　（唐）杜甫撰：《秋雨叹三首》（其一），《全唐诗》，第 2256 页。
3　《和子由渑池怀旧》，《苏轼诗集》卷三，第 97 页。

凉中有豁达，低沉中有昂奋。后来，苏东坡的诗词中经常用候鸟"鸿"来自喻，作为官吏，当然要听从朝廷的差遣东奔西跑，与"鸿"其实没有两样。他的一生，在大半个中国留下了"雪泥鸿爪"。

经过二十多天的风霜雪雨，十二月十四日，苏东坡来到凤翔。凤翔古称雍，文化底蕴深厚，早在六千多年前的新石器时代，就有氏族公社的村落分布，它还是周秦的发祥地，华夏九州之一，秦朝时为雍县，曾作为秦国都城近三百年。唐至德二载（757年），取"凤鸣于岐，翔于雍"之意，更名为凤翔，一直沿用至今。为什么是至德二载而不是至德二年？据最早收录于《汉书·艺文志》中的《尔雅》记载：夏曰岁，商曰祀，周曰年，唐虞曰载。也就是说夏商周之前的唐虞时代称"载"。何为唐虞？是指上古贤君尧舜禹中的前两位唐尧和虞舜。在周朝称"年"之后，秦汉以来，历代都沿袭称年。唐玄宗认为自己的功绩可以比肩唐虞，所以在天宝三年（744年）正月初一改年为载。颇具讽刺意味的是，十一年后，安史之乱就爆发了。

机缘巧合，嘉祐元年（1056年），苏东坡赴京师赶考时，曾途经凤翔。时隔五年，凤翔成为苏东坡政治生涯的起点，也是他实现致君尧舜理想、济世安民抱负的最初实践之地。时任凤翔知府宋选，曾与司马光在朝廷三司共事，他胸襟宽广，提携奖掖，鼓励苏东坡施展才华、建功立业。苏东坡晚年在给宋汉杰的信中对其父宋选的知遇之恩甚是感激，他在《与宋汉杰二首》（其一）中写道："某初仕即佐先公，蒙顾遇之厚，何时可忘。"[1]

苏东坡所担任的签判一职，是知府的助理，大致相当于现在的政府秘书长。他在《凤翔到任谢执政启》中述其任务时说："所任金署一局，兼掌五曹文书。

---

[1] 《与宋汉杰二首》（其一），《苏轼文集》卷五十九，第1806页。

内有衙司,最为要事。编木筏竹,东下河渭;飞刍挽粟,西赴边陲……"1 核判五曹文书,固然烦琐,但凤翔的两大任务更难,一是终南山特产的木材,每年要编成木筏从渭水放入黄河,运到京师,供皇家兴建土木之用;二是凤翔是对西夏边防的后勤补给基地,负责粮草等战略物资的运输。而这两大任务,都由"衙前"被征召的百姓义务完成。

"衙前"之役,是由政府征召百姓义务承担官府物资供给或运输的一种制度。而这一制度,对于百姓而言有百害而无一利。他们不仅要无偿付出劳务,还要承担运输途中的各种风险,如果物资运输途中受损,还必须赔偿。百姓苦不堪言,因此倾家荡产者比比皆是,有的甚至还遭受牢狱之灾。在河水正常情况下,木筏的运输风险基本可控,遇到枯水期,时间就会延误,而遇到汛期时木筏进入黄河后,水流湍急,事故频发,途经三门峡时,木筏被掀翻更是家常便饭。

关于这一问题,苏东坡在《凤翔到任谢执政启》中指出:"破荡民业,忽如春冰。于今虽有优轻酬奖之名,其实不及所费百分之一。救之无术,坐以自惭。"2 优轻酬奖,泛指人君对臣下庶民的恩赐。如何破解这一难题?苏东坡问计于人,他问遍了老校,也就是年老或任职时间较长的下级军官,他们说:木筏之害,本不至此,若在渭河、黄河未涨水时,由操筏者以时进止,安排发运,既节省费用,且危险还小。而目前的问题是,官府下令从不考虑渭河、黄河的水情,随时派发,从而造成无数的灾难。

苏东坡经走访分析,在征得宋选同意后,便着手修改衙规,准许"衙前"可以视水情选择运输时间。自此,事故大大减少,百姓的赔偿风险也比以前小了许

---

1 《凤翔到任谢执政启》,《苏轼文集》卷四十六,第1327页。
2 同上。

多。改革"衙前"制度，是苏东坡出仕后为百姓做的第一件影响较大的实事。正是他为官之初勇于任事的责任担当，奠定了其仕宦生涯的基调，使其成为可堪大用、能担重任的栋梁之材。

凤翔虽历史悠久，文化底蕴丰厚，但自然灾害频发，不是洪水滔滔，就是久旱不雨。苏东坡来后两三个月不见雨雪，土地干涸，眼看庄稼就要枯死。旱情不仅让农夫心急如焚，也牵动着苏东坡的心。

在科技不发达的古代，遭遇自然灾害，除了祈求神灵，人们找不到能够应对自然灾害的其他办法。祈祷上苍，不仅是一件极为平常的事情，而且还是封建王朝体恤民情、关注民生的举措之一。据史料记载，两宋十八位皇帝中，有八位皇帝曾祈雨祷雪，以此表达福佑民生之情。苏东坡一生共经历了五位皇帝，其中仁宗、英宗、神宗和哲宗四位皇帝都有祈雨祷雪的记录。初出茅庐的苏东坡，面对眼前的旱情，也想到了祈雨。

苏东坡先是写好状子，呈递神明，祈求为百姓普降甘霖。接着他带上供品去凤翔城南的太白山太白庙求雨。三月初七和十六，曾下了点小雨，但不足以解庄稼之渴。人们认为久旱不雨的原因是太白山神的爵位到宋朝时从公爵降为了侯爵。为取悦山神，苏东坡赶紧撰写了《告封太白山明应公祝文》，请求朝廷恢复山神原来的爵位。

接着宋选和苏东坡又斋戒三日，继续祈雨。巧合的是，十九日，久旱逢甘霖，恩泽普大地。两天之后，又连降三日大雨，大地滋润，万物复苏，百姓欢呼雀跃，纷纷向宋选和苏东坡表达感激之情。

百姓以各种方式欢庆甘霖普降。其实，最感欣慰的莫过于初出茅庐的苏东坡。为官一任，造福一方。为纪念这件喜事，苏东坡欣然将他官邸后花园的亭子起名为"喜雨亭"，并作《喜雨亭记》刻于亭上。

当人们游览杭州西湖时，总是不由自主地想起苏东坡"欲把西湖比西子，淡妆浓抹总相宜"的诗句。漫步在苏堤上，人们总会想起他为西湖所作的贡献。其实，与苏东坡结缘的第一个水利工程，不是杭州西湖，而是凤翔的东湖。

位于凤翔东门外五十米处有一湖泊，古称"饮凤池"，因周文王时，瑞凤飞鸣过雍，在此饮水而得名。

这里有苏东坡的第一件水利杰作。

为了改善百姓的饮水和农田灌溉条件，美化自然环境，苏东坡组织民工疏浚河道，清淤扩湖，将凤翔城西北角的凤凰泉水，一支向东北引流，一支向南引流，形成护城河，两支水流最终汇入"饮凤池"。为了实现"涝则闭之蓄水，旱则泄之灌溉"的目标，"饮凤池"的水面，不仅在原有基础上扩大了十多倍，同时还修筑了君子亭、宛古亭、喜雨亭等亭台楼榭，湖里莲藕成片，两岸垂柳成行，既解决了百姓的饮水和灌溉问题，又美化了环境，还为百姓休闲娱乐提供了好的去处，留下了传之千年的历史文化遗产。因"饮凤池"位于凤翔城东，故起名为"东湖"。

东湖的每处亭台楼榭的取名都很有讲究。仅以君子亭为例："饮凤池"中原本就有荷花，亭子建成后，在保留荷花的同时，又在亭畔栽了数百株竹子。"宁可食无肉，不可居无竹"，这是苏东坡的著名诗句，也是他的美学观和价值观的体现，在古人眼里，荷花和竹子都体现了君子的品格。荷花"出淤泥而不染，濯清涟而不妖"，而竹子"虚怀若谷，坚韧不拔"。荷花、竹子都有君子之誉，而苏东坡也以君子自许，故起名为"君子亭"。

整治后的东湖，美不胜收，岸边柳枝摇曳，湖面荷竹辉映，建筑古朴典雅，是一座典型的具有关中特色的园林。清末两位名臣林则徐和左宗棠，都在往返新疆伊犁途经凤翔游览东湖时，于苏东坡栽种的柳树旁植柳留念。所不同的是，一位是因虎门销烟而被流放伊犁的"罪臣",一位是收复新疆的功臣。这两位游园和植柳的人心情虽大相径庭,但他们亲手所栽的柳树都傲然挺立在东湖岸边,枝繁叶茂。

苏东坡在凤翔两年多的时间里,之所以取得"衙前"制度改革、祈雨赈灾、整治东湖等有目共睹的业绩,与他"奋厉有当世志"的理想和济世安民的抱负是分不开的。苏东坡曾在上报朝廷的《策别训兵旅二》中直言"民者,天下之本"[1]。他还在《次韵柳子玉过陈绝粮二首》(其二)中说:"早岁便怀齐物志,微官敢有济时心。"[2] 他在《凤翔到任谢执政启》中也写道:"伏自到任已来,日夜厉精。虽无过人,庶几寡过。"[3]

一篇《喜雨亭记》中,苏东坡四次提到"民"。而比《喜雨亭记》更短小的《祷雨蟠溪祝文》《凤翔太白山祈雨文》也分别四次提到"民"。可见"民"在其心中居于何等重要的位置。久旱不雨,他首先想到的是江山社稷和百姓苍生。从三篇散文中,我们可以粗略看到一位刚刚步入仕途、忧国忧民的年轻官员的民本意识。

金杯银杯,不如老百姓的口碑。苏东坡在仕途开始的第一站,便以几件实事赢得了"苏贤良"的美誉。然而,这个赞誉后来也给他带来了不小的麻烦。

嘉祐八年(1063年)正月,勤勉务实、提奖后辈的太守宋选被罢去凤翔知府之职,由京东转运史陈希亮接任。陈希亮,字公弼,眉州青神人。《宋史》称他"为政严而不残"[4],不愧为清官良吏。后来,苏东坡在《陈公弼传》中这样评价

---

[1] 《策别训兵旅二》,《苏轼文集》卷九,第277页。

[2] 《次韵柳子玉过陈绝粮二首》(其二),《苏轼诗集》卷六,第275页。

[3] 《凤翔到任谢执政启》,《苏轼文集》卷四十六,第1327页。

[4] 《宋史·陈希亮传》卷二百九十八,第9923页。

他的这位长官："面目严冷，语言确确，好面折人。"¹ "目光如冰，平生不假人以色，自王公贵人，皆严惮之。见义勇发，不计祸福，必极其志而后已。"² 由此不难看出，陈希亮是一位冷面严厉、不苟言笑、严苛刻板的官员。

苏东坡当时年轻气盛，恃才傲物，屡屡与这位新来的太守发生争执，几近水火不容。陈希亮一有机会就要"教训"一下这个锋芒毕露的政治新星。一是苏东坡撰写的公文，陈希亮总是要求改来改去，有时要修改几次方能通过；二是禁止人们称呼苏东坡为"苏贤良"；三是抓住苏东坡赌气不参加府宴，中元节也不过知府厅的把柄，上奏朝廷纠劾他，致使苏东坡被朝廷罚铜八斤。

一天，陈希亮在府衙内听到一衙役称呼"苏贤良"，气不打一处来，严厉呵斥道："府判官何贤良也？"³ 不仅如此，他还命人责罚了衙役，打了板子。板子打在衙役身上，等于打在苏东坡的脸上，愤愤不平的他一直伺机反击。

很快机会来了。陈希亮在公馆里建造了一座凌虚台，可以在闲暇之余极目远望。平日里很不喜欢苏东坡的陈希亮，竟然请他为凌虚台作记。苏东坡认为这是报复陈太守的极好机会。他文思泉涌，挥笔作记，一气呵成。

> 物之废兴成毁，不可得而知也……尝试与公登台而望，其东则秦穆之祈年、橐泉也，其南则汉武之长杨、五柞，而其北则隋之仁寿、唐之九成也。计其一时之盛，宏杰诡丽，坚固而不可动者，岂特百倍于台而已哉！然而数世之后，欲求其仿佛，而破瓦颓垣无复存者，既已化为禾黍荆棘丘墟陇亩矣，而况于此台欤……而或者欲以夸世而自足，则过矣。盖世有足恃者，而

---

1 《陈公弼传》，《苏轼文集》卷十三，第419页。
2 同上。
3 孔凡礼撰：《苏轼年谱》卷五，北京：中华书局1998年版，第115页。

不在乎台之存亡也。1

事物的兴衰是无法预料的。登台远望，所能看到的是当年秦穆公的祈年、橐泉两座宫殿的遗址，汉武帝的长杨、五柞两座宫殿的遗迹，隋朝的仁寿宫，即唐朝时的九成宫遗址。它们曾一时兴盛，宏伟奇丽，坚固而不可动摇，何止百倍于区区一座高台呢？然而几百年之后，荡然无存。相比之下，这座高台又算什么呢？如果有人想要以高台夸耀于世而自我满足的话，那就错了。

让苏东坡意想不到的是，陈希亮读后一字未改，命人刻在石碑上。宋代邵博在《邵氏闻见后录》中记录了陈希亮看完《凌虚台记》后，与苏东坡一番推心置腹的谈话。"吾视苏明允犹子也，某犹孙子也。平日故不以辞色假之者，以其年少暴得大名，惧夫满而不胜也，乃不吾乐邪？" 2 很显然，陈希亮平时之所以对苏东坡格外严厉，故意不给他好脸色看，是因为他年少就盛名在外，怕他把控不住，骄傲自满。

显然，《凌虚台记》和这次谈话，成为二人关系的转折点。次年苏东坡在《凌虚台》诗中描绘的是一起欢快畅饮的画面。后来，苏东坡在《陈公弼传》中写道："而轼官于凤翔，实从公二年。方是时，年少气盛，愚不更事，屡与公争议，至形于言色，已而悔之。" 3 对于苏东坡这样年轻有为、才华横溢的官员而言，在其事业发展的过程中，能遇上像宋选和陈希亮这样风格迥异的上司，堪称幸事。

---

1 《凌虚台记》，《苏轼文集》卷十一，第 350—351 页。
2 （宋）邵博撰，李剑雄、刘德权点校：《邵氏闻见后录》，北京：中华书局 1983 年版，第 121 页。
3 《陈公弼传》，《苏轼文集》卷十三，第 419 页。

苏东坡虽然与这位新来的上司多有不和，也曾在《和子由闻子瞻将如终南太平宫溪堂读书》诗中大发牢骚，然而，他始终没有忘记自己的理想，魂牵梦绕的还是民生。这一年，为官不久的他，写就了两篇直陈国是、针砭时弊的大作。

《上韩魏公论场务书》一文，以其在凤翔所见"衙前"之役给百姓带来的伤害，请求朝廷施行宽大长久之政，大胆提出了"以官榷与民"[1] 的民本理念，先裕民而后裕国，希望朝廷优先考虑百姓的需求，人民富裕了，国家才能富强。

而《思治论》一文更是站在治国理政的高度，针对时下"财之不丰、兵之不强、吏之不择"[2] 的三患之弊，提出"课百官、安万民、厚货财、训兵旅"[3] 的对策。

从这两篇文章中，人们看到了他深切的忧国安民之心。

此外，在凤翔期间，苏东坡创作的《次韵子由论书》《次韵和子由闻予善射》等诗中，还表达了自己的报国从戎之志。

第二节 ｜ 一舟两棺归故里

北宋吏治规定，文官三年一迁，武官五年一迁。治平元年（1064年）十二月十七日，苏东坡在凤翔的三年任期届满，与同僚好友一一道别后，离开了凤翔。

苏东坡携家带眷返回京城，途经长安（今陕西省西安市）时，登骊山，游华

---

1 《上韩魏公论场务书》，《苏轼文集》卷四十八，第1395页。
2 《思治论》，《苏轼文集》卷四，第117页。
3 《策别课百官一》，《苏轼文集》卷八，第240页。

清宫。骊山不仅风景秀丽，还见证了三起重大的历史事件：烽火戏诸侯，导致周幽王被杀，西周灭亡；权奸赵高指鹿为马，操纵胡亥，致使秦朝沦亡；唐玄宗在位后期怠慢朝政、骄奢淫逸，引发安史之乱，成为唐朝由盛转衰的转折点。

入仕刚满三年的苏东坡以史为鉴，百结愁肠，忧心忡忡的心情在《骊山三绝句》中跃然而出。其一："功成惟欲善持盈，可叹前王恃太平。辛苦骊山山下土，阿房才废又华清。"其二："几变雕墙几变灰，举烽指鹿事悠哉。上皇不念前车戒，却怨骊山是祸胎。"其三："海中方士觅三山，万古明知去不还。咫尺秦陵是商鉴，朝元何必苦跻攀。"[1]

秦始皇和唐玄宗都是历史上具有雄韬伟略的皇帝，一位统一了中国，一位开创了开元盛世，但因贪图享乐、腐化堕落等原因，导致人亡政息。历史的悲剧不断重演，君主们不念前车之鉴，怎么能责怪骊山是这些祸害的根源呢？

从长安到达华阴（今陕西省渭南市）时，已是寒冬腊月，道路泥泞，行进缓慢，苏东坡一家不得不在华阴守岁。翌年正月，苏东坡返回京师，与父亲和苏辙一家团聚。二月，即除判登闻鼓院。登闻鼓院属于谏官组织体系，其职责是受理官吏、百姓无法按照正常程序呈递皇帝的章奏表疏。吏民如有冤屈，皆可到鼓院击鼓进状。任命后不久，在制科考试后赞誉苏东坡兄弟有宰相之才的仁宗皇帝，于嘉祐八年（1063年）三月驾崩于福宁殿，他的养子赵曙继位，是为英宗。

英宗久闻苏东坡文采斐然，拟循唐朝先例，将他召入翰林院，授知制诰，负责起草皇帝诏书。此等好事却遭到宰相韩琦的阻挠。据《宋史·苏轼传》记载，韩琦对英宗说："轼之才，远大器也，他日自当为天下用。要在朝廷培养之，使天下之士莫不畏慕降伏，皆欲朝廷进用，然后取而用之，则人人无复异辞矣。今

---

[1]《骊山三绝句》，《苏轼诗集》卷五，第223—224页。

骤用之，则天下之士未必以为然，适足以累之也。"1

韩琦的说辞是，像苏东坡这样的大才，得到重用是迟早的事。但他现在年资尚浅，如果现在就委以重任，恐怕会引起天下士人的异议。不妨先多加锤炼，以备日后大用，届时大家都无话可说。

英宗退而求其次："且与修注如何？"2 修注，即修起居注，也就是记录皇帝的一言一行。

韩琦认为知制诰与修起居注性质差别不大。他建议安排苏东坡去馆阁任职，并且要经过此等职位所需的任职资格考试。皇帝不以为然地说：不知一个人的才干时，方通过考来测试，现在考他有何意义？韩琦固执己见，英宗尽管不悦，还是勉强认可了他的方案。

君主与臣子之间的这番对话，不免外泄。欧阳修担心有与韩琦关系不融洽者，会借此搬弄是非，还特地向苏东坡作了解释。欧阳修对苏东坡是真的好，事事处处为晚辈着想。而年轻的苏东坡胸襟坦荡。据"苏门六君子"之一李廌在《师友谈记》中记载，苏东坡曾说："公所以于某之意，乃古之所谓君子爱人以德者欤。"3 但韩琦出于何种目的，史料中没有线索，难免引起后人的揣测。

韩琦作为一代名相，本是惜才爱才之人，且曾多次称赞过苏东坡的文采，对"三苏"也有过提携之举。韩琦此番的真实意图不知是否如其所说，但后来的史论家多有批评，认为号为名相的韩琦，对于出类拔萃的人才，仍墨守成规，太过官僚。然而，从英宗与韩琦的对话不难看出，一个人命运的改变，往往在瞬息之间。

---

1 《宋史·苏轼传》卷三百三十八，第 10802 页。
2 同上。
3 （宋）李廌撰，孔凡礼点校：《师友谈记》，北京：中华书局 2022 年版，第 23 页。

第四章 | 世事无常，天涯踏进红尘

这年二月，苏东坡凭借《孔子从先进论》《春秋定天下之邪正论》两篇文章，以最高分通过学士院的考试，获得馆职。同月，被任命为殿中丞直史馆。失之东隅，收之桑榆。史馆任职官员，要轮流在宫中图书馆工作，这让苏东坡有机会遍览古籍珍本、名人手稿、名家书画，为他广读博览提供了极大的便利。

苏东坡回到京师任职，可以随侍父亲，为在京城陪伴父亲三年的苏辙外出任职提供了可能。三月，苏辙被任命为大名府（今河北省邯郸市大名县）推官。

世事无常，这年五月，苏东坡二十七岁的妻子王弗病逝，遗有一子苏迈，年仅六岁。苏东坡与王弗的幸福婚姻，只存续了短暂的十年时光。苏洵对儿媳非常认可，嘱咐儿子道：妇从汝于艰难，不可忘也，他日汝必将她葬在其姑（程夫人）之侧。王弗饱读诗书，成熟机敏，善察人事，她与苏东坡性格互补，是苏东坡人生和事业的贤内助。

凤翔三年，是苏东坡第一次离开父亲履新远行。王弗不仅悉心照顾苏东坡的生活，还关心他的事业。王弗经常提醒他说："子去亲远，不可以不慎。"[1] 父亲不在身边，凡事没人指点，不可以不谨慎。每次苏东坡回到家中，她总要把一天发生的事情，一项一项从头至尾问个仔细，并常引用公公的话语来警醒丈夫。每次家中来客，王弗总是在屏风后面仔细旁听。客人离开后她会提醒丈夫：此人说话模棱两可，一味逢迎你，你何用与这种人谈天？父亲常说有的朋友，不会长久，来得快，去得也快，要远离溜须拍马和奸佞之人，等等。事实证明，王弗的预言往往都比较灵验。

苏东坡的同榜进士张琥，元丰年间改名张璪，时任凤翔法曹，与苏东坡共事两载，曾同游真兴阁寺。调回京师时，苏东坡作《稼说》赠予张琥。作者有感于

---

[1] 《亡妻王氏墓志铭》，《苏轼文集》卷十五，第 472 页。

当时士大夫中急功近利、浅薄轻率之风，以种植庄稼的成熟、收获之理，提出了学习要"博观而约取，厚积而薄发"。但"乌台诗案"时，为知谏院兼御史知杂事的张璪，与李定等人必欲置苏东坡于死地而后快。

王弗知书达理，日常生活中她既乐于给丈夫提出建议，也善于劝诫。一年大雪，凤翔的宅院前积雪很深，而古柳树下足有一尺见方的地方，偏偏没有积雪，而天晴后，这方土地又隆起数寸之高，苏东坡怀疑此地是古人窖藏丹药之处。因为丹药性热，故地面不仅不积雪，土地还隆起。苏东坡非常兴奋，扭头就去库房拿来铁锹，兴冲冲地打算开挖。王弗知道自己很难劝阻，便引用了程夫人在纱縠行老宅不让挖掘地下大瓮的故事，说道："使先姑在，必不发也。"1 苏东坡听后，立即扔下了手中的铁锹。先姑，指丈夫的亡母。

苏东坡与王弗的婚姻生活虽然只有十年，但这十年，正是"三苏"在外求取功名，聚合无常，婆婆生病，家庭残破的困难时期。所以，苏洵心疼儿媳，嘱咐苏东坡将亡妻葬在婆婆坟茔旁，这在当时的家族观念里，是对逝者的一种肯定。王弗去世后，灵柩暂时寄放于汴京城西的寺庙里。妻子死后的第一百天，苏东坡书写《大方广圆觉修多罗了义经》，以超度亡灵。

苏东坡对王弗真挚的爱，经久不衰。熙宁八年（1075年），也就是王弗去世后的第十年，苏东坡当时在密州（今山东省潍坊市诸城市）任太守。正月二十日的那天夜里，他梦见了爱妻王弗，随即写下了一首"有声当彻天，有泪当彻泉"的悼亡词："十年生死两茫茫，不思量，自难忘。千里孤坟，无处话凄凉。纵使相逢应不识，尘满面，鬓如霜。夜来幽梦忽还乡，小轩窗，正梳妆。相顾无言，惟有泪千行。料得年年肠断处，明月夜，短松冈。"2 从《诗经》开始，中国文

---

1 《记先夫人不发宿藏》，《苏轼文集》卷七十三，第2374页。
2 《江城子·乙卯正月二十日夜记梦》，《苏轼词编年校注》，第141页。

学史上就已出现"悼亡诗",而用词来写悼亡,则是苏东坡开的先河。

福无双至,祸不单行。次年的治平三年(1066年)四月二十五日,苏洵去世,享年五十八岁,距离王弗去世不到一年。苏洵给两个儿子留下遗嘱,交代三件大事:未完成的《易传》,希望他们续写成书;兄澹(希白)过世得早,子孙未立,要他们照顾;妹嫁杜氏,死后未葬,要轼负责葬事。苏东坡兄弟俩涕泣衔命。

苏洵去世,惊动朝野。英宗赐银一百两,绢一百匹,韩琦、欧阳修等人也赠以银两。苏东坡不为钱财所动,均婉言谢绝,只为父亲求赐官爵,以了遗愿。朝廷重臣纷纷前来吊唁,欧阳修、曾巩分别撰写墓志铭和致哀词。六月九日,朝廷特赠苏洵为"光禄寺丞",英宗敕有司具舟载其丧归于蜀。

六月,兄弟二人辞去官职,护送父亲和王弗的灵柩,由汴河进入淮河,转运河,入长江,然后逆流而上,穿过安徽。行至长江南岸武昌樊口时,落帆歇脚。苏东坡站在江边眺望对岸暮色中的黄州小镇,此时的他断不会想到十四年后,自己竟然会被贬谪于此,二十八年后,被贬惠州时,自己会以同样的线路再次穿过安徽全境。人生有时就是这样难料。

治平四年(1067年)正月初八,就在他们一行穿越三峡时,噩耗传来,年仅三十六岁、一心想要重用苏东坡的英宗驾崩。有人说,妻子、父亲和英宗的接连去世,是苏东坡命运多舛、跌宕起伏人生的开端。

溯江而上,苦不堪言。进入西陵峡后,很长一段行程要靠岸上的纤夫拉纤,他们才能安抵故里眉山。

按照父亲生前的遗愿,同年八月,苏东坡兄弟俩合葬父母于武阳(彭山)县安镇(蟆颐)山之老翁泉,也就是现在的眉山市东坡区土地乡安镇山下。按照父亲的嘱咐,苏东坡将亡妻王弗葬于父母之墓的西北八步之远处。苏东坡在墓地附近为父亲建庙，庙内挂有父亲的遗像，并在周围种了很多松树，以示纪念，希望将来这里成为一片松树林。苏东坡在《送贾讷倅眉二首》其二中写道："老翁山下玉渊回，手植青松三万栽。"1 兄弟俩将这块墓地称作"东茔"，并委托堂兄苏不疑和好友杨济甫照看。

苏东坡在《四菩萨阁记》中曾这样描写父亲："始吾先君于物无所好，燕居如斋，言笑有时。顾尝嗜画，弟子门人，无以悦之，则争致其所嗜，庶几一解其颜。故虽为布衣，而致画与公卿等。"2 苏洵于物别无所好，仅收藏绘画而已。为此，苏东坡在凤翔闲暇之余登山临水、寻僧访道时，以其半年薪水购得四扇画圣吴道子所绘佛像，孝敬父亲。苏洵如获至宝，珍爱有加，视为一生中最为珍贵的藏品。

兄弟俩居丧期间，成都大慈寺惟简法师前来眉山看望，苏东坡将吴道子所画菩萨真迹的四扇门板，代父亲捐给了惟简所在的成都庙中，要求惟简兴建一大阁，专藏此珍品，并绘上父亲苏洵的画像，以作纪念。建阁约需经费百万，苏东坡捐了五万，并题写"精妙冠世"四字作为匾额。

熙宁元年（1068年）七月，兄弟俩丁忧期满。十月，苏东坡续娶王弗的堂妹王闰之做继室。十年前，苏东坡回眉山为母亲守制期间，常去青神县岳父家，曾经见过面。当时这位小堂妹就对这位京师来的堂姐夫十分景仰。

王闰之比苏东坡小十一岁，成婚时已二十一岁，这在中国古代并不多见。据说早在三年前，苏东坡和王家就已定下这门亲事，推手是王闰之的哥哥。苏王两个家族对继续联姻都比较认同，不仅亲上加亲，彼此知根知底，而且比起其他人家的小姐，王弗的长辈更愿意让王弗的堂妹二十七娘来当六岁苏迈的继母。

尽管论才学，王闰之不如自己的堂姐王弗，论读懂苏东坡，她又比不上后来

---

1 《送贾讷倅眉二首》，《苏轼诗集》卷二十七，第1453页。
2 《四菩萨阁记》，《苏轼文集》卷十二，第385页。

的王朝云，但她认同丈夫的为人，对他推崇备至，夫唱妇随。事实证明，这一结合非常正确。王闰之不仅一直视苏迈为己出，而且陪伴苏东坡历经繁华与坎坷，度过他一生中最为跌宕起伏的二十五年。她是苏东坡一生两任妻子、一名侍妾中相伴时间最长的一位。

十二月，苏东坡兄弟俩再度携家眷返京。临行前，同乡的亲朋好友前来送行，并在苏家纱縠行的宅院中种下一棵荔枝树，希望树木长大时，能见到他们回来省亲。然而，这次离开后，兄弟俩再也没回过眉山。二十二年后，苏东坡在杭州任职时，在《寄蔡子华》诗中表达了无限惆怅："故人送我东来时，手栽荔子待我归。荔子已丹吾发白，犹作江南未归客。"[1]

第三节｜饱受争议的王安石变法

说到王安石变法，就得从"陈桥兵变"、北宋建国时谈起。公元960年，手握重兵的后周大将赵匡胤，在河南新乡陈桥驿"黄袍加身"，建立了北宋政权。此前，国家经历了唐安史之乱、黄巢起义和五代十国的军人割据，民生凋敝，积贫积弱。为防止后人效仿、军人篡权，北宋建国之初，就确立了崇文抑武，"与士大夫治天下"的国策。北宋元老重臣文彦博曾以"为与士大夫治天下，非与百姓治天下"[2]，来说明宋代士大夫政治的特性。

---

[1]《寄蔡子华》，《苏轼诗集》卷三十一，第1665页。
[2]（宋）李焘撰：《续资治通鉴长编》卷二百二十一，北京：中华书局2004年版，第5370页。

然而，事与愿违，开国不久，外患不断，北宋屡战屡败，最终宋朝以输出大量白银，暂得相安。太宗赵光义曾两度亲征，燕京城下战败，被辽兵穷追不舍，幸得逃生，随行侍妾，皆沦为俘虏。而太宗驾崩，也是因股上中了两箭，旧伤复发所致。无奈之下，北宋与辽国签订澶渊之盟，北宋每年送辽岁币银十万两、绢二十万匹，来换取宋辽之间的短暂和平。

辽国危机刚刚平息，西北的党项族又迅速崛起，连年入侵。北宋不得不在边境囤积重兵，因此消耗了大量的财力物力。最终北宋和西夏达成协议，西夏向北宋称臣，其国主李元昊由北宋册封，而北宋每年提供银五万两、绢十三万匹、茶两万斤，节日再另行赏赐。北宋与西夏战争爆发后，辽国乘机大兵压境，迫使北宋每年对辽再增加银十万两岁币。

北宋原本经济凋敝，国库空虚，再加上辽国和西夏侵扰勒索，更是雪上加霜，不堪承受。为此，朝野上下要求变革的呼声日益高涨。庆历三年（1043年），仁宗任命范仲淹为参知政事，与韩琦、富弼等同时执政，开启了以发展生产、富国强兵、挽救宋朝政治危机为目的的庆历新政。

由于新政触犯了贵族和官僚集团的利益，导致变革遭遇重重阻挠而失败。庆历五年（1045年）八月，范仲淹、韩琦、富弼、欧阳修等人相继被排斥出朝廷，各项改革被废止，庆历新政彻底失败。这次新政虽然失败，却为熙宁时期的王安石变法埋下了伏笔。

治平三年（1066年）十二月，英宗长子赵顼被立为太子，次年即位，是为神宗。赵顼为颖王时，就勤于思考，留心国事，且对太宗中箭这段国恨家仇记忆犹新。登基后，神宗英气勃勃，有志于富国强兵，根除先朝未能解决的遗留问题。

神宗曾说："天下敝事至多，不可不革。"1 而令神宗尴尬的是，在他眼中满朝文武中墨守成规、耽于苟安的多，锐意进取、奋发有为的少。他认为，国家当下最大的困难是，拟举兵而兵不足，欲足兵而饷不济。因此，"政事之先，理财为急"2。四月，汝州知州富弼觐见，当神宗以当前大事为问时，富弼说："陛下临御未久，当先布德泽，愿二十年口不言兵，亦不宜重赏边功，干戈一起，所系祸福不细。"3 神宗无语。后来，神宗又多次问计于贤臣高士，几乎无人与其产生共鸣，与言大计。正在神宗一筹莫展之际，忽然想起文彦博、欧阳修、司马光、吕公著和韩维等人多次推荐和赞扬"慨然有矫世变俗之志"4 的王安石。

王安石，字介甫，生于天禧五年（1021年）十一月十三日，抚州临川（今江西省抚州市）人，庆历二年（1043年）进士，因封荆国公，世称王荆公。宋人笔记："牛形人，任重而道远……敢当天下大事。"5

王安石初仕扬州判官时，韩琦为太守，两人相处并不融洽。扬州任期届满，王安石在京师等待任命，时近两年，显然，顶头上司韩琦给出的评价，影响了他的仕途。二十八岁时，王安石任鄞县（今浙江省宁波市鄞州区）县令，之后历任京师群牧判官、常州太守、三司（盐铁、户部、度支的合称）度支判官。三司掌管全国的财政，长官为三司使。

在地方任职期间，王安石体恤民情，关注民生，除弊兴利，在京师任三司度支判官时，埋头研究经济，在《上仁宗皇帝言事书》中提出了"因天下之力以生

1　（清）毕沅撰：《续资治通鉴》卷第六十六，北京：中华书局1957年版，第1617页。
2　《续资治通鉴长编》卷二百十二，第5157页。
3　《续资治通鉴》卷第六十六，第1619页。
4　《宋史·王安石传》卷三百二十七，第10541页。
5　《宋人轶事汇编》卷十，第475—476页。

天下之财；取天下之财以供天下之费"[1] 的理财思想。显然，神宗的雄心勃勃与王安石的变法理念一拍即合。就像秦孝公得商鞅，刘备得诸葛亮，君圣臣贤，君臣遇合。

熙宁二年（1069年）二月三日，神宗力排众议任命四十九岁的王安石为右谏议大夫、参知政事，正式步入大权在握的宰执行列，开始了轰轰烈烈的变法运动。宰执即宰相与执政之统称。为什么说力排众议呢？左相韩琦曾对神宗说："安石为翰林学士则有余，处辅弼之地则不可。"[2] 辅弼，乃宰相也。无独有偶，相当于副宰相的参政知事唐介说："安石好学而泥古，故论议迂阔，若使为政，必多所变更。"[3] 富弼明确反对王安石，他对神宗说："大抵小人惟喜生事，愿深烛其然，无使有悔。"[4] 更为有趣的是皇帝侍读孙固，以敢直言、多切谏而著称，神宗四次问他对王安石的评价，孙固每次的回答都是："宰相自有其度，安石狷狭少容。必欲求贤相，司马光、吕公著、韩维其人也。"[5] 第四次时，孙固索性将回话写在纸上，言下之意，皇帝您再问，微臣还是这个答案。

这么多的人反对重用王安石，与其执拗的性格不无关系。据北宋王铚《默记》云：庆历二年，科举考试阅卷后，考官将前十名的考卷呈给仁宗御览。仁宗观览后，直接把王安石从第一名划到了第四名，原因是他的试卷上写有"孺子其朋"四个字，也就是将皇帝比喻为孩子，仁宗当然不悦。仁宗皇帝命十名新科进士前去拜谢文坛领袖、时为枢密使的晏殊。拜谢后，晏殊单独留下他的江西临川

---

[1] （宋）王安石撰，刘成国点校：《王安石全集》卷第三十九，北京：中华书局2021年版，第651页。

[2] 《宋史·韩琦传》卷三百一十二，第10229页。

[3] 《宋史·唐介传》卷三百一十六，第10329页。

[4] 《宋史·富弼传》卷三百一十三，第10255页。

[5] 《宋史·孙固传》卷三百四十一，第10874页。

老乡王安石，对他说道：廷评乃殊乡里，久闻德行乡评之美。况殊备位执政，而乡人之贤者取高科，实预荣焉。临别时，相约"休沐日相邀一饭"。数日后，相约饭会如期举行，饭后二人继续闲谈，晏殊对王安石说道：乡人他日名位如殊坐处，为之有余矣。王安石听后不知何故，只是高傲地昂着头，晏殊似乎有点尴尬。源于老乡和前辈的缘故，晏殊"且叹慕之又数十百言"。早就风闻王安石的傲气，晏殊非常认真地对王安石说道："然有二语欲奉闻，不知敢言否？"晏公语重心长地说道，"能容于物，物亦容矣。"王安石微微点头应下，可心里却颇为不平，回到旅舍后叹道："晏公为大臣，而教人者以此，何其卑也！"熙宁时期，王安石拜相，也坐到了和晏殊一样的高位。罢相退居金陵后，王安石曾与弟弟王安礼回忆起此事，不无遗憾地说："当时我大不以为然。我在政府，平生交友，人人与之为敌，不保其终。今日思之，不知晏公何以知之；复不知'能容于物，物亦容焉'二句，有出处，或公自为之言也。"[1] 执拗的王安石当然学不来晏殊的圆融老到。

纵观王安石的一生，成也执拗，败也执拗。

其实，无论在当时还是在今天，王安石都是个有争议的人物。朝廷上下反对王安石当宰相的很多，而赞成他的，也不在少数。宋人马永卿《元城语录》记载："当时天下之论，以金陵不作执政为屈。"[2] 司马光在给王安石的信中云："窃见介甫独负天下大名三十余年，才高而学富，难进而易退。远近之士，识与不识，咸谓介甫不起而已，起则太平可立致，生民咸被其泽矣。"[3] 可见，曾经在

---

[1] （宋）王铚撰：《默记》卷中，北京：中华书局1981年版，第22—23页。
[2] （宋）詹大和等撰，裴汝诚点校：《王安石年谱三种》，北京：中华书局1994年版，第138页。
[3] （宋）司马光著，李之亮笺注：《与王介甫书》，《司马温公集编年笺注》卷六〇，成都：巴蜀书社2009年版，第550页。

司马光眼中，王安石声名卓著，才学出众，乃治国之良臣、黎民之福音。

《宋史》对王安石有如此评价："而安石乃汲汲以财利兵革为先务，引用凶邪，排摈忠直，躁迫强戾，使天下之人，嚣然丧其乐生之心。卒之群奸嗣虐，流毒四海，至于崇宁、宣和之际，而祸乱极矣。"1 《宋史》对王安石的评价，虽有失公允，但他的个性越来越强，性格也越来越执拗，以致昔日志同道合的朋友与他在政治上渐行渐远，甚至彻底决裂，则是不争的事实。其中，司马光最为典型，他对王安石的态度，从赞赏有加到猛烈抨击，前后也就数月光景。

王安石的变法主要集中在三个方面：为了富国，变革赋税之法；为了强兵，变革差役之法；为了取士，变革科举之法。为了有力推进变法，神宗采纳王安石的提议，在朝廷原有三司，即盐铁、户部和度支外，诏设"制置三司条例司"，作为主持变法的领导机构，由王安石和知枢密院陈旭（升之）共同负责。

王安石虽学富五车，精通经济，但性格偏执，评判人和事非此即彼，非黑即白，有"拗相公"之称。王安石在朝，倚仗神宗宠信，加之性格使然，独行其是，整个行政中枢几乎处于瘫痪状态。范仲淹的次子、参政知事范纯仁曾一针见血地指出：王安石简单粗暴地将朝廷大臣分为"弃公论为流俗，异己者为不肖，合意者为贤人"2 三类。当时有人用"生老病死苦"来评价中枢省的五位人物：王安石生，曾公亮老，富弼病，唐介死，赵抃苦。当时的政治形势可见一斑。

为了高效推进变法，"制置三司条例司"招募了一批与苏东坡兄弟俩年龄相仿的政治新星，如曾布、吕惠卿、程颐、章惇等。顺便说一句，王安石曾如此赞誉吕惠卿："惠卿之贤，岂特今人，虽前世儒者未易比也。学先王之道而能用者，

1　《宋史·唐坰传》卷三百二十七，第 10553 页。
2　《宋史·范纯仁传》卷三百一十四，第 10284 页。

独惠卿而已。"1

不知是命运的安排,还是偶然的巧合,三十四岁的苏东坡和三十一岁苏辙恰好在这个当口,也就是熙宁二年(1069年)二月王安石开始执政时,由眉山回到了京师。

像苏东坡这样的科举之星、青年才俊,却被王安石以"素恶其议论异己"2 为由,安排了一个"判官告院"的闲差。这个部门隶属于吏部,主管官吏和将士的勋封与申诉等事务。而苏辙曾就神宗"养兵备边,府库不可不丰"3 之语,上过一道奏章:"然臣所谓丰财者,非求财而益之也,去事之所以害财者而已矣……事之害财者三:一曰冗吏,二曰冗兵,三曰冗费。"4 神宗御览后,即在延和殿召见,七天后苏辙被任命为"制置三司条例司"的检详官。

王安石变法失败的原因很多,其中重要的一条就是,宋朝百姓的税负原本很重,熙宁时期全国每年的财税收入比唐朝高出二三十倍,而生产总额增加不多,继续增税的余地何在?若要在此基础上继续加税,无疑是搜刮、压榨百姓,这也是老成持重的旧臣对新法群起而攻之的重要原因。然而,王安石固执己见,又得到急于求成的神宗的袒护。

在"制置三司条例司"与吕惠卿共事一段时间后,苏辙对吕惠卿给出了与王安石截然相反的评价:"惠卿怀张汤之辩诈,有卢杞之奸邪,诡变多端,敢行非度。"5 道不同不相为谋。苏辙深感自己"虽日夜勉强,而才性朴拙,议论迂疏,

---

1 《宋史·吕惠卿传》卷四百七十一,第13706页。
2 《宋史·苏轼传》卷三百三十八,第10802页。
3 《续资治通鉴》卷第六十六,第1618页。
4 《上皇帝书》,《苏辙集》,第369页。
5 《宋史·吕惠卿传》卷四百七十一,第13708页。

每于本司商量公事，动皆不合"[1]，与王安石、吕惠卿等人争执到无法共事的地步。

苏辙无奈，只得上疏请求离开，获准任河南府留守推官。从史料来看，苏辙并未赴任，到第二年的正月初九，又被任命为省试点检试卷官。任职没到两个月，二月二十六日，张方平就任河南府知陈州（今河南省周口市淮阳区），他奏请将苏辙改任为陈州教授，神宗准奏，苏辙与张方平一同离开京师，去陈州赴任。

"自言静中阅世俗，有似不饮观酒狂。"[2] 苏东坡的诗句虽然表达了自己在"判官告院"闲差任上的心态，但为官避事，显然不符他的政治追求和敢于直言的行事风格。熙宁二年四月，朝廷发布诏书，议更学校贡举之法，对科举制度的考试内容进行改革：罢诗赋、明经诸科，以经义策论取士，限令两制、两省、待制以上、御史台、三司、三馆处的臣僚在一月内出具议状闻奏。

苏东坡深知诗赋主要测试考生的才华，而经义策论则主要靠死记硬背。他性不忍事，每当遇有不惬意之事，便觉得"如食中有蝇，吐之乃已"[3]。在各机构臣僚的一片赞同声中，苏东坡坚决反对科举制度改革，他在五月呈上的《议学校贡举状》疏议中写道："至于贡举之法，行之百年，治乱盛衰，初不由此。陛下视祖宗之世贡举之法，与今为孰精？言语文章，与今为孰优？所得文武长才，与今为孰多？天下之事，与今为孰办？较此四者，而长短之议决矣。"[4]

神宗阅后，甚为重视，"吾固疑此，得轼议，意释然矣"[5]。当日召见苏东坡，神宗开门见山地问道："方今政令得失安在？虽朕过失，指陈可也。"苏东坡

---

[1] 《条例司乞外任奏状》，《苏辙集》，第612页。
[2] 《送刘道原归觐南康》，《苏轼诗集》卷六，第259页。
[3] （宋）朱弁撰，孔凡礼点校：《曲洧旧闻》卷五，北京：中华书局2002年版，第158页。
[4] 《议学校贡举状》，《苏轼文集》卷二十五，第724页。
[5] 《宋史·苏轼传》卷三百三十八，第10804页。

直言不讳地说："陛下生知之性，天纵文武，不患不明，不患不勤，不患不断，但患求治太急，听言太广，进人太锐。"苏东坡一语中的，神宗听得先是悚然一惊，随后为之动容地说："卿三言，朕当熟思之。"召见后，苏东坡兴奋不已，从来对人不设防的他，竟然将对话内容告诉了好友。王安石知悉后，大为不悦。

六月二十七日，神宗诏令举荐御史台的谏官。当时还在朝为官的张方平力荐尚书刑部郎中李大临和苏东坡，他认为，李大临"识蕴纯深，风局冲远"[1]，而苏东坡则"文学通博，议论精正"，并说如果"不如所举，臣甘同坐"。然而，神宗只任命了李大临。十月六日，神宗又命司马光推荐谏官，并说："谏官难得，卿更为择其人。"[2] 司马光岂敢怠慢，第二天就"密具姓名闻奏"，推荐了陈荐、苏东坡、王元规和赵彦若四人，并强调苏东坡"制策入优等，文学富赡，晓达时务，劲直敢言"[3]。在奏章最后，司马光特别写上"此四人者，臣所素知"八字。但由于王安石的反对，进入朝廷中枢的机会再次与苏东坡失之交臂。

神宗虽然专信王安石推进变法，但并不等于他不认可苏东坡的能力和才华。其实，综合起来看，神宗对苏东坡的认知和情感是复杂的，他既欣赏苏东坡的文才，认可他致君尧舜的拳拳之心，但对他所持的治国方略和对变法的态度，并不认可。然而，这并不影响神宗在某些方面对苏东坡的器重。八月十四日，神宗任命苏东坡为国子监举人考试官。明知苏东坡反对变法，神宗仍然决定此次考试由他出题，显然，神宗对科举考试变革还在摇摆不定之中。

苏东坡原本对变法就持反对态度，且对王安石独断大权的做法极为不满，他

---

[1] 曾枣庄、刘琳主编：《全宋文》第三十七册卷七九九，上海：上海辞书出版社2006年版，第278页。

[2] 《司马太师温国文正公年谱》卷之五，《司马温公集编年笺注》，第313页。

[3] 《再举谏官札子》，《司马温公集编年笺注》，第24页。

借题发挥出了一道带有冷嘲热讽意味的策问考题："晋武平吴以独断而克，苻坚伐晋以独断而亡；齐桓专任管仲而霸，燕哙专任子之而败，事同而功异。"[1] 显然，《论独断》的乡试考题，彻底激怒了王安石。变法的最大支持者是神宗，苏东坡的这道试题等于影射神宗和王安石在变法过程中不顾众人反对而独断专行。

但神宗对苏东坡的爱才、惜才之心尚存。十一月初，神宗又想任命他和孙觉为"修起居注"。神宗也与当年的英宗与韩琦商量一样，亦在下诏前召王安石相商。王安石当即反对道："轼岂是可奖之人？"神宗不以为然地说："轼有文学，朕见似为人平静，司马光、韩维、王存俱称之。"[2] "修起居注"是皇帝身边的侍从近臣，王安石怎么能让苏东坡这个反对变法之人整日守在皇帝身边？据《续资治通鉴长编拾补》记载，王安石对神宗说："轼与臣所学及议论皆异，别试其事可也。"

谈话之后，神宗打消了原先的念头。十一月十六日诏令发布时，蔡延庆和孙觉同为"修起居注"。于是苏东坡再次失去了进入朝廷中枢的机会。

后来，苏东坡被任命为开封府推官。有人揣测这样做的目的：一是让他远离朝政，失去升迁的机会，防止神宗再生新的动议；二是让他忙于繁杂的具体事务，免得区区八品小官横议国事。开封府设左右厅，每厅有推官一名，分日轮流审判案件。

苏东坡走马上任时，已临近熙宁三年（1070年）的上元节。为增加节日气氛，神宗打算在宫中举办规模宏大的灯会。不日开封府接到谕旨，要限价收购浙江制作的花灯四千余盏，于是开封府将市面上的浙江花灯全部控制，禁止个人买

---

[1] 《宋史·苏轼传》卷三百三十八，第 10808 页。

[2] （清）黄以周等辑注，顾吉辰点校：《续资治通鉴长编拾补》卷六，北京：中华书局 2004 年版，第 256 页。

卖。百姓和商家都敢怒不敢言。苏东坡知道后，立即上疏，他在《谏买浙灯状》中直言劝谏："卖灯之民，例非豪户，举债出息，畜之弥年；衣食之计，望此旬日。陛下为民父母，唯可添价贵买，岂可减价贱酬？此事至小，体则甚大。"1

此状奏上十余日，神宗立即下诏废止了购买浙江花灯的前命。此事不仅让苏东坡惊喜过望，更让他坚信神宗是一位从善如流的好皇帝。既然如此，作为有血性、有良知和以致君尧舜为理想的朝廷命官，怎么能对当下混乱的时政、百姓的苦难视而不见、充耳不闻呢？

于是苏东坡接着又上一疏。他在《上神宗皇帝书》开篇写道："臣近者不度愚贱，辄上封章言灯事，自知渎犯天威，罪在不赦"，接着，笔锋一转，"臣之所欲言者三，愿陛下结人心、厚风俗、存纪纲而已"。2 从这里开始，苏东坡将矛头指向新法。"结人心"，主要是从民心满意与否的角度，逐一否定农田水利、免役、青苗等新法。"厚风俗"，主要是从政治学的基本理论和正反两方面的案例出发，否定新法的所谓"富国强兵"说。"存纪纲"，则主要从维护朝廷纲纪的角度，劝谏神宗保护提出反对意见的官吏。他接着提出了"人之寿夭在元气，国之长短在风俗"3 的重要论断。而上疏的中心思想是，朝廷解决当下问题的最好办法，就是"罢制置三司条例司"。

令苏东坡大失所望的是，这封长达近万字的奏疏，并没有如上一次《谏买浙灯状》那样得到回应。这不足为怪，神宗不仅是变法初衷的始作俑者，也是变法的决策者、推动者，且变法使国库丰盈，为此，王安石深得神宗信任，影响力如日中天。王安石知悉苏东坡上疏后，劝说神宗以"独断"面对反对意见。在此情

---

1 《谏买浙灯状》，《苏轼文集》卷二十五，第727页。
2 《上神宗皇帝书》，《苏轼文集》卷二十五，第729页。
3 《上神宗皇帝书》，《苏轼文集》卷二十五，第737页。

形下，就连时任翰林学士兼侍读、右谏议大夫的司马光，也请求外任。

开封府推官，本是一份公务繁忙的差事，需要处理京城内外大量的民事官司。苏东坡这位才华横溢的文学家、艺术家，竟然在处理民事纠纷上也表现出罕有的精明和干练，事务处理得井井有条，繁杂的审判并不耽误他给朝廷建言献策。特别是在担任开封府推官期间，他耳闻目睹了因肆意推行新政，给百姓带来的灾难和痛苦。

"文死谏，武死战"，历来是我国古代官吏忠君报国的最高境界。苏东坡的个性大家都知道，是开弓没有回头箭，他决定"以蝼蚁之命，试雷霆之威"，冒着削职为民甚至牢狱之灾、身首异处的极大风险，再次为民请命，他要替天下哀苦无告的百姓，说出他们的艰难和悲惨。陆游在《跋东坡帖》中说："公不以一身祸福，易其忧国之心，千载之下，生气凛然。"[1] 对于苏东坡而言，可以说民为邦本、忧国忧民的理念，早已植根于心灵，融入其骨髓，而更加难能可贵之处，是知其不可为而为之。

熙宁三年二月，苏东坡在《再上皇帝书》中写道："陛下自去岁以来，所行新政，皆不与治同道。立条例司，遣青苗使，敛助役钱，行均输法，四海骚动，行路怨咨。自宰相以下，皆知其非而不敢争……今日之政，小用则小败，大用则大败，若力行而不已，则乱亡随之。"[2] 王安石读后，视苏东坡为推行新法的主要障碍，对神宗进言道："轼才亦高，但所学不正，今又以不得逞之故，其言遂跌荡至此，请黜之。"[3] 幸好曾公亮说"轼但异论耳，无可罪者"[4]，才让苏东坡躲

---

1 （宋）陆游著，钱仲联、马亚中主编：《陆游全集校注》第十五册，杭州：浙江古籍出版社2015年版，第248页。
2 《再上皇帝书》，《苏轼文集》卷二十五，第749页。
3 《苏轼年谱》卷九，第176页。
4 同上。

过一劫。

苏东坡自少信奉儒学，对法家的抨击历来言辞激烈。他在凤翔拜谒孔庙，观看石鼓及其他七处遗物景观时，写作《石鼓歌》以抒怀，对法家的态度初见端倪。后来他更是将商鞅以苛法治秦、桑弘羊以理财佐汉视为破国亡宗之术。尽管后世谬加称道，而苏东坡却认为"二子之名在天下，如蛆蝇粪秽也，言之则污口舌，书之则污简牍"。[1] 因此，他旗帜鲜明地反对变法。

熙宁三年（1070年），朝廷设省试之考，也就是"春闱""礼闱"。神宗本想再次任命苏东坡为考官，由于变法派的阻挠，神宗遂任命吕惠卿为初考官，宋敏求为覆考官，苏东坡和李大临为殿试编排官。阅卷中，苏东坡与吕惠卿又因在通篇对新法献媚的叶祖洽考卷成绩的确定上，发生激烈争执。继而他又上疏："祖洽诋祖宗以媚时君而魁多士，何以正风化！"[2]

据宋彭百川《太平治迹统类》记载：同年六月，神宗再一次会诏"两制举谏官"，满朝议论颇为一致："当今宜为谏官者，无若傅尧俞、苏轼。"[3] 按照神宗的诏令，翰林学士兼侍读、礼部侍郎范镇再度推荐苏东坡和孔文仲为谏官。

苏东坡一而再、再而三地反对变法，让王安石不惜亲自出马，召见苏东坡的程姓表弟。十多年前，苏东坡的姐姐嫁到程家后不久，被虐待至死，苏洵怒不可遏，采取了一系列报复措施，并断绝了两家的关系。知道王安石询问的意图后，程姓表弟说"向丁忧，贩私盐苏木等事"[4]，说苏东坡当年送父亲和妻子棺椁回眉山时，船上装了不少的私盐和苏木。

---

1 《论商鞅》，《苏轼文集》卷五，第156页。
2 《续资治通鉴》卷第六十七，第1673页。
3 《苏轼策问进士录》，《司马温公集编年笺注》附录卷二，第108页。
4 《苏轼年谱》卷九，第185页。

八月五日，王安石的亲戚、御史知杂事谢景温弹劾苏东坡。谢的妹妹为王安石弟弟王安礼之妻。奏疏称苏轼兄弟俩当年乘船运送父亲和王弗灵柩回眉山时，滥用职权，差借官兵，偷运私盐、苏木等。神宗接奏后龙颜大怒。六日，御史台摆开阵势分八路沿途侦查，试图从船夫、兵卒处打开缺口。侦查中获悉，苏东坡兄弟俩在途中邂逅时任天章阁待制的李师中，便有人示意他作伪证。李师中曾在史馆与苏东坡共事，是位有气节的士大夫，岂肯助纣为虐。

此事激怒了正在寻求外任的司马光。司马光素以心平气和而著称，他来到垂拱殿求见神宗。皇帝对他说：似乎苏轼人品欠佳，卿对他评价是不是过高？司马光答道：陛下是指有人控告他吗？我对他知之较深："安石素恶轼，陛下岂不知？以姻家谢景温为鹰犬，使攻之！臣岂能自保，不可不去也。且轼虽不佳，岂不贤于李定不服母丧，禽兽之不如。安石喜之，乃欲用为台官。"[1] 这个被司马光称为"禽兽不如"之人，就是十年后炮制"乌台诗案"、迫害苏东坡的主谋之一李定。范镇也上疏为苏东坡辩解：苏轼于治平中丧父，韩琦赠银三百两，欧阳修赠二百两，轼皆辞谢不受，而现在言官劾他舟中夹带私盐贩卖，能得多少？岂有不受赠银而冒险私贩，博取蝇头小利之理？

苏东坡出了如此"大事"，任谏官之事必然泡汤。范镇一气之下请求辞官，他在上疏中写道："臣言青苗不见听，一宜去；荐苏轼、孔文仲不见用，二宜去。"[2] 范镇虽然"如愿以偿"获准退休，但仍坚持自己的政见：愿陛下集群议为耳目，以除壅蔽之奸；任老成为心腹，以养中和之福。朝野为之钦佩。苏东坡更是去范镇家表示祝贺：公虽退，而名益重矣。

清者自清，苏东坡对于弹劾不屑一顾，任凭御史台调查，连修表自辩也不

---

[1] 《续资治通鉴长编》卷二百十四，第 5202 页。
[2] 《宋史·范镇传》卷三百三十七，第 10788—10789 页。

做。折腾了半年多，苏东坡贩卖私盐一案，终以查无实据，不了了之。原本抱着致君尧舜、匡时济世的理想抱负出仕，而宦海十年，感慨良多，尤其是变法之后，越来越感觉到宦海浮沉，步步惊心，加之欧阳修、司马光、张方平、范纯仁、刘攽、范镇等老臣重臣皆因反对变法，纷纷离开京师，苏东坡自知"新党"掌控的朝廷绝非久留之地，还不如外放地方为百姓做点实事，践行自己以民为本的初衷。

从苏东坡"子行得所愿，怆恨居者情"[1] "年年送人作太守，坐受尘土堆胸肠"[2] 的送别诗句中，可以看出苏东坡对京城已无留恋，不久后他上疏请求外放。据《与堂兄三首》之三记载："上批出，与知州差遣。中书不可。初除颍倅，拟入，上又批出，故改倅杭。"由此可见，神宗本想任命他为知州，可中书认为不可，想任他为颍州（今安徽省阜阳市）通判。神宗又批，改为通判杭州。如此看来，苏东坡与杭州这个东南第一大都会的结缘，还是神宗皇帝的恩赐。

济世安民、致君尧舜，刚正不阿、不畏强权，为民请命、不计后果，命运多舛、旷达乐观，应该代表了苏东坡的理想追求和与生俱来的鲜明个性。面对神宗力推的如火如荼的变法浪潮，欧阳修等老臣不再发声，司马光退居洛阳，"自是绝口不论事"[3]；而苏东坡却在《司马君实独乐园》诗中，言其"抚掌笑先生，年来效暗哑"[4]。其实，司马光将其园子取名为"独乐"是有深刻内涵的，且司马光也曾在神宗面前公开承认，自己"敢言不如苏轼"[5]。司马温公的老到与苏东坡的率真，形成了鲜明对比。

---

1 《送钱藻出守婺州得英字》，《苏轼诗集》卷六，第241页。
2 《送吕希道知和州》，《苏轼诗集》卷六，第249页。
3 《宋史·司马光传》卷三百三十六，第10766页。
4 《司马君实独乐园》，《苏轼诗集》卷十五，第733页。
5 《论王安石疏》，《司马温公集编年笺注》附录卷二，第131页。

(明）仇英　独乐园图

熙宁四年（1071年）七月，苏东坡携家人前往杭州赴任。苏东坡离开京师的时间，与司马光去洛阳的时间几乎同时。

同在馆阁共事、与苏东坡相识于凤翔、有着莫逆之交的表兄文同，对于苏东坡是非分明、言语过激的行为，并不认同，苦口相劝。在为苏东坡送行时，文同告诫他"北客若来休问事，西湖虽好莫吟诗"[1]。

---

1 （宋）王应麟著，（清）翁元圻辑注：《困学纪闻注》，北京：中华书局2016年版，第2129页。

第四节 | 苏王之争，岂止在变法

不少人将王、苏之争局限于变法阶段和对于变法的态度不同上。固然，二人的矛盾和他们对于变法的截然不同的态度密切相关，除此之外，还有一些别的因素也值得考究，冰冻三尺非一日之寒。

苏东坡与王安石在思想、政治和文学方面的对立与争执，是北宋以来士大夫阶层津津乐道的热门话题之一。"三苏"是一个不可分割的整体，要探讨王、苏之争这一话题，必须从"三苏"进入京城前后的至和时期和嘉祐时期谈起。

为加强西部防御，改善当地民生，至和元年（1054年）七月，朝廷任命朝中重臣礼部侍郎张方平为户部侍郎、知益州，移镇西蜀。张方平，字安道，号乐全居士，应天府南京人。在崇文抑武政策的影响下，北宋大臣即使外任地方，也都高度重视选拔挖掘在野遗贤。"三苏"就是张方平在益州任职时发现的杰出人才。说到"三苏"与张方平的交集，就不能越过雷简夫其人。

雷简夫，字太简，同州郃阳（今陕西省渭南市合阳县）人。苏洵与雷简夫庆历七年（1047年）订交于九江。苏洵在《忆山送人》诗中写道："昨闻庐山郡，太守雷君贤。往求与识面，复见山郁蟠。"[1] 张方平坐镇益州的同年秋，雷简夫由阆中知州改任雅州（今四川省雅安市）知州。雷简夫非常欣赏苏洵的《洪范论》《史论》。约至和二年（1055年），苏洵带着苏东坡兄弟俩前往雅州，拜会雷简夫。四人谈古论今，针砭时弊，相谈甚欢。雷简夫更是为苏东坡兄弟俩的文韬武

---

[1] 《忆山送人》，《苏洵集》，第164页。

略、旷世奇才所倾倒，赞扬他们有王佐之才，当即给益州的地方主官张方平写信推荐。

不久，"三苏"便带着雷简夫的推荐信，来到益州拜谒一代名儒张方平。此前，张方平对苏洵的才学已有耳闻，今又读了苏洵带来的《权书》《衡论》等文章，感叹道："此鸿鹄，困于棘茨。"[1] 甚至赞赏其有司马迁一样的笔力。张方平当即保荐他为益州学官。因朝廷久无消息，张方平换了个思路对苏洵说道：西蜀偏远之地，不足以成君之名，何不到京师去一求发展？年近五十的苏洵心为之一动。

而张方平初见苏东坡时，惊为天上的麒麟。苏东坡在《乐全先生文集叙》中云：轼年二十，以诸生见公成都，公一见待以国士。缘分自有天注定，这一老一少益州一见，奠定了毕生的师生情谊。当苏洵征询张方平意见："二子者将与从乡举，可哉？"张说："从乡举，乘骐骥而驰闾巷也。六科所以擢英俊，君二子从此选，犹不足骋其逸力耳。"[2] 从乡举，未免大材小用，鼓励走拔擢天下青年才俊的六科之路。

在益州与张方平分别后，"三苏"再次来到雅州。甘为人梯、爱才若渴的雷简夫听说"三苏"要去京师发展，就给朝廷大佬韩琦和欧阳修写举荐信。他在给欧阳修的信中说："伏见眉州人苏洵，年逾四十，寡言笑，淳谨好礼，不妄交游，尝著《六经》《洪范》等论十篇，为后世计。张益州一见其文，叹道：'司马迁死矣，非子吾谁与？'简夫亦谓之曰：'生，王佐才也。'呜呼！起洵于贫贱之中，简夫不能也，然责之亦不在简夫也。若洵不以告于人，则简夫为有罪矣。"[3] 意思

1　《祭张宫保文》，《苏辙集》卷二十，第 1095 页。
2　《苏轼年谱》，第 42 页。
3　《上欧阳内翰书》，《邵氏闻见后录》卷第十五，第 120 页。

是起用苏洵,自己无能为力,也不是职责所在。但是如果知道了苏洵这个人才,却不举荐给当政者,就成了历史的罪人!

"千里马常有,而伯乐不常有。"从嘉祐元年(1056年)到嘉祐六年(1061年),雷简夫五次极力举荐"三苏",对他们彰显才华、步入政坛,起到了举足轻重的作用。雷简夫推荐"三苏"的善举,充分体现了这位旷世伯乐的卓越眼光和高尚情怀。人们非常好奇,对"三苏"有知遇之恩的雷简夫,为何没有像张方平那样,多次出现在兄弟俩的著述之中。孔凡礼在《苏轼年谱》中似乎给出了答案:简夫受恶人之贿,为恶人张目,故苏轼兄弟著述中不及简夫。而又因简夫尝荐父洵,亦不愿扬其恶,故默而不言。

苏洵采纳了张方平的建议,决定赴京一搏。嘉祐元年(1056年)初,苏洵带着两个儿子进京赶考。路过益州拜谒张方平时,张对苏洵的推荐还是没有收到任何反馈。张方平气愤地说:"吾何足为重?进退天下士,其欧阳永叔乎!"[1]

欧阳修,字永叔,号醉翁,晚年号六一居士,吉州庐陵永丰(今江西省吉安市永丰县)人,时为翰林学士,以求贤若渴名满天下。因此,张方平认为苏洵的才学,只有欧阳修认可才能得到施展空间。虽然,张方平与欧阳修政治立场不同,庆历初时,两人之间也曾有芥蒂,但为了苏洵不被埋没,张方平捐弃前嫌给欧阳修写了一封情真意切的推荐信。而后来,欧阳修也丝毫没有因为是张方平的推荐,而对苏洵冷眼旁观。张方平和欧阳修两位士大夫的风范,值得称许。

此外,张方平对"三苏"不仅竭力推荐,而且还慷慨解囊,资助了他们去汴京的部分盘缠。

赘述了这么多,就是为了说明张方平对"三苏"恩重如山;而张方平过往与

---

[1] 《重编嘉祐集叙》,祝尚书编:《宋集序跋汇编》卷第七,北京:中华书局2010年版,第324页。

王安石曾有过很不愉快的交集，这或多或少会影响苏洵对王安石的看法，也极有可能让苏洵对王安石有了先入为主的偏见。

张方平很可能是"熙宁变法"前，极少数反感王安石的朝廷重臣之一。早在元祐年间，张方平曾与王安石为同僚，共同监督地方的贡举考试。当时他就对王安石的性格偏执和变革主张极为不满。双方相处不洽，闹到"未尝与语"、不相往来的地步。或许"三苏"就是在益州拜谒张方平时首次听到王安石的名字。而林语堂则认为，张方平一定把早年与王安石的交往经历告诉过苏洵，于是二人对王安石极为厌恶，更因为王穿着习惯的"矫揉造作"、不近人情，令苏洵对其反感更深。

的确，现实生活中的王安石是个怪人。如果说有一种理想者，指的是不关注自己起居饮食和仪容仪表的人，那讲的就是王安石这样的人。他日常须发杂乱，服饰肮脏，仪表邋遢。一个人如果把自己的思想精力都集中于江山社稷和富国强兵，自然不会关心其他方面的。有两个故事与王安石有关。

有一天，朋友们告诉王安石的太太，说王安石爱吃鹿肉丝，吃饭时他不吃其他菜，竟然将一盘鹿肉丝一扫而光。王安石的太太笑着说，那一定是鹿肉丝摆在他的前面，你们明天把其他的菜摆在同一位置，结果你们就知道了。朋友们第二天照此办理，王安石依旧只吃面前的菜，离得最远的鹿肉丝他全然不知。第二个故事讲的是他身上的长袍基本不换。一天，朋友们与他一起去澡堂，在他出浴池前，偷偷地拿了一件干净的长袍，换掉了他脱下的脏袍子。王安石果然不知，穿上就走。

"三苏"来到京师进入士大夫阶层后，欧阳修曾劝苏洵与杰出名士王安石交往，但苏洵却说：我知道这个人，凡是不近人情者，很少有不为天下之患的。显然，苏洵不愿意结交这样一位朋友。苏洵刚来京师不久，王安石尚未得到重用，苏洵是如何知道王安石的？这也佐证了林语堂的判断。显然，他在此前已对王安石存在很深的偏见。其实，王安石也未必想交苏洵这个朋友。

首先，王安石对"三苏"的为学偏见颇深。王安石认为"三苏"所学是春秋战国时代的霸术，也就是苏秦、张仪的策士之学，这恰好是他所倡导的王道政治的正面敌人。因此，每当有人提起苏氏，王安石总是表露出不屑一顾，认为他们都是"纵横策士之流亚"。策士，本指战国时代游说诸侯的纵横之士，后泛指出计策、献谋略的人。苏东坡参加制科考试时，王安石为翰林院知制诰，推崇经义之学的他，公开表明不喜欢苏东坡文章中的策士气息，曾对吕公著、韩维说：如果我是考官，就不取他。

当苏辙不再担任制置三司条例司的检详官时，神宗原本想由苏东坡来接替这个位置，征询王安石意见时问："辙与轼如何？观其学问颇相类。"王安石说："轼兄弟大抵以飞钳捭阖（战国时纵横家分化、拉拢的游说之术）为事。"神宗接着又问："如此，则宜合时事，何以反为异论？"[1] 王安石答道："轼兄弟学本流俗，朋比沮事，若朝廷不行先王正道，则能合流俗朋比之情。"[2] 王安石的态度，让神宗打消了自己的念头。毕竟王安石为熙宁变法的顶层设计者和具体操刀人，一切为了变法，一切服从变法，王安石的做法顺理成章。

其次，王安石与苏洵政见不同。据南宋叶梦得《避暑录话》记载："苏明允本好言兵，见元昊叛，西方用事久无功，天下事有当改作。因挟其所著书，嘉祐初来京师，一时推其文章。王荆公为知制诰，方谈经术，独不嘉之，屡诋于众。以故，明允恶荆公盛于仇雠。"[3] 由此可见，政见不同，是王安石与苏洵之间矛盾的原因之一。

---

1 《续资治通鉴》卷六十七，第1654页。
2 《寄刘孝叔》，《苏轼诗集》卷十三，第633页。
3 《王安石年谱三种》卷十，第369页。

再次，王安石因《贾谊论》而对苏东坡的人品产生怀疑。王安石特别不喜欢苏东坡"贤良进卷"中的《贾谊论》。自司马迁《史记》以来，贾谊一直被当作"怀才不遇"的代表人物。而苏东坡眼光独到，在肯定贾谊才学的同时，又分析出气量不够是其人生悲剧的主要原因。苏东坡为贾谊设想的路径是：与周勃等老臣搞好关系，"优游浸渍而深交之"1，从而获得他们的支持。有人认为，苏东坡为贾谊设计的路径，其实正是自己的想法与所为。当时，苏东坡深得韩琦、欧阳修、富弼、司马光等老臣的赏识和关爱，晁氏、韩氏和王氏等京城的世家大族都与"三苏"结交。

最后，王安石对"三苏"在京师主动结交欧阳修、韩琦等权贵的做法相当反感。他认为，这不是君子所为。庆历二年（1042 年）王安石考中进士后，有意与京城的权贵保持距离，好友曾巩将其引荐给欧阳修，欧阳公对他赏识器重，他也只是礼节性地交往。

苏洵与王安石互不待见，存有隔阂，可能还有一个原因。嘉祐元年（1056 年）九月，裴煜（如晦）即将履新吴江知县，欧阳修设宴为其饯行，梅尧臣、王安石、苏洵等参加。席间分韵赋诗，以南朝梁江淹《别赋》中的名句"黯然销魂者，惟别而已矣"为韵，王安石分得"然"字韵，苏洵分得"而"字韵。王安石作了《席上赋得然字送裴如晦宰吴江》一诗后，不知何故，又用"而"字韵，赋诗两首，且明显好于苏洵之作。吟诗本就不是苏洵的强项，苏洵是如何反应的，史料没有记载。但南宋龚颐正在《芥隐笔记》中认为："君子不欲多上人，王、苏之憾，未必不稔于此也。"2 其实，苏洵与王安石结怨未必就肇端于此次诗歌唱和。学术流派不同和政见之争，早就决定了他们之间的不和。

---

1 《贾谊论》，《苏轼文集》卷四，第 106 页。
2 （宋）龚颐正撰，李国强整理：《芥隐笔记》，郑州：大象出版社 2019 年版，第 169 页。

综上所述，后来"三苏"与王安石之间发生的诸事，也就不足为怪了。

据南宋朱熹《五朝名臣言行录》和邵博《邵氏闻见后录》记载："东坡中制科，王荆公问吕申公（公著）：'见苏轼制策否？'申公称之。荆公曰：'全类战国文章，若安石为考官，必黜之'。"[1]

嘉祐六年（1061年），朝廷任命苏东坡为将士郎大理评事、签书凤翔府节度判官厅公事。苏辙本被任命为试秘书省校书郎充商州军事推官。然而知制诰王安石当制，认为苏辙在对策中偏袒宰相却专攻人主（皇帝），拒绝为其撰写任命制书。宋代知制诰有"封还词头"的权力，即如果他认为"词头"不合法度，不论这个"词头"是皇帝还是宰相的意思，他都可以拒绝起草诏书。通过拒绝撰制，来表达自己反对这一任命。但"封还词头"的反对方式，未必奏效，因为担任知制诰的有若干人，只要皇帝和宰相任命的初衷不变，起草制书的事完全可以由其他知制诰来完成。

苏辙后来的任命就是由知制诰沈遘（文通）起草的，他也是苏辙制科考试的推荐人之一，他对苏辙的看法与王安石大相径庭，他还特别强调苏辙《御试制科策》"爱君"的一面。

宋人非常看重馆职，任馆职者，都为朝廷所储备的英才，是未来公卿贤相的后备人选。苏东坡本是直史馆职位中的高等，将其改任为开封府的推官，据说是有人烦他以区区小官横议国事。

来而不往非礼也，"三苏"岂是等闲之辈，他们以各种方式表达了对王安石的不满。

由于王安石的延宕，朝廷对苏辙的任命拖延了一年，来年七月，诰命才下。

---

[1] 《邵氏闻见后录》卷十四，第111页。

子由意气消耗殆尽，心里非常郁闷。遂以父亲身边无人侍奉为由，辞不赴任。他的辞官养亲，等于在用行动发声，表明自己无意贪恋官位，在考卷中针砭时弊的目的，不是为了讨好宰相，同时也变相对王安石的"封还词头"作了回击。

此后三年，苏洵除了与姚辟同修百卷《太常因革礼》外，业余时间继续撰写他的《易传》。而子由陪侍的同时，从父学易。故苏东坡在《病中闻子由得告不赴商州三首》其三中云："策曾忤世人嫌汝，易可忘忧家有师。"[1] 凤翔与商州毗邻，兄弟二人本可以走动走动，知道弟弟心中不爽，苏东坡在凤翔曾写诗宽慰："远别不知官爵好，思归苦觉岁年长。"[2]

嘉祐八年（1063年），苏洵以名篇《辨奸论》对王安石进行有力反击。苏洵在文章开篇就说明，了解一个人的性格很难，即便聪明人也常常上当受骗。他首先引用了一代名士山涛（巨源）对聪颖秀逸书生王衍的评价：竟有妇人可以生出这样的儿子，然误天下苍生者，必此人也。不幸被山涛言中，王衍后来身居高位，却从不务实。永嘉五年（311年），东海王司马越去世，王奉其灵柩回东海，途中被石勒所擒。王除了推卸他对国家灭亡应承担的责任外，更劝石勒称帝，石勒然大怒，将王衍与西晋旧臣一起活埋。卢杞是唐代中期的奸相，对同僚擅长排挤、诬陷和报复。接着，苏洵在文中又引用名将郭子仪对相貌奇丑、为人阴险而富有才干的奸臣卢杞的预判："此人得志，吾子孙无遗类矣。"[3]

苏洵认为，如果不是主子昏庸，这两个人哪里会有单独搞乱天下的本事呢？而时下北宋竟然出现了一个不仅具有卢杞的丑陋与阴险，而且还兼有王衍的辩才之人。"今有人，口诵孔老之言，身履夷齐之行，收召好名之士、不得志之人，

---

[1] 《病中闻子由得告不赴商州三首》其三，《苏轼诗集》卷四，第157页。
[2] 《病中闻子由得告不赴商州三首》其一，《苏轼诗集》卷四，第156页。
[3] 《辨奸论》，《苏洵集》，第87页。

相与造作言语，私立名字，以为颜渊、孟轲复出，而阴贼险狠，与人异趣，是王衍、卢杞合二为一之人也，其祸岂可胜言哉？"[1]

苏洵谈古论今，指桑骂槐所刻画的"不近人情""囚首丧面而谈《诗》《书》之人"[2]，非常契合宋人笔记中对王安石言谈举止的描写。但如果说王安石刻意如此，骗取名声，则言过其实。南宋朱熹虽然政见与王安石不同，但他认为："荆公气习，自是一个要遗形骸、离世俗底模样。"[3] 换句话说，他是一个没有把世俗的事放在心上的人。据北宋邵伯温《邵氏闻见录》记载："眉山苏明允先生……作《辨奸论》一篇……为荆公发也。……斯文出，一时论者多以为不然，虽其二子，亦有嘻其甚矣之叹。"[4] 就连苏东坡兄弟俩对其父《辨奸论》中的有些指责，也不完全认同。可见苏洵的性格中亦有直拗和偏激之处。然而，时隔不久，在后来的王安石变法中受到打压排挤的"旧党"人士看来，苏洵很有先见之明。

对"三苏"恩重如山的张方平，更是别出心裁，借题发挥，在为苏洵撰写的墓表中，将《辨奸论》原原本本地抄了一遍。由此可见张方平对王安石的敌意之深。而王安石对张方平也是恨入骨髓，他曾对神宗说："陛下留张方平于朝，是留寒气于内，至春必发为大疾疠，恐非药石所能攻也。"[5]

苏洵墓表撰写完成后，苏东坡曾写《谢张太保撰先人墓碣书》对张方平表示感谢。

---

1 《辨奸论》，《苏洵集》，第87页。
2 同上。
3 （宋）黎靖德编，王星贤点校：《朱子语类》，北京：中华书局1986年版，第3109页。
4 （宋）邵伯温撰：《邵氏闻见录》卷十二，北京：中华书局1983年版，第131页。
5 （宋）方勺撰，许沛藻、杨立扬点校：《泊宅编》卷第七，北京：中华书局1983年版，第41页。

据曾巩《仁寿县太君吴氏墓志铭》记载，嘉祐八年（1063年）八月，王安石母亲吴氏在京城去世。京师士大夫皆前往吊唁，唯独苏洵不去。非但不去，几乎就在同时，苏洵撰写了著名散文《辨奸论》。

无独有偶，三年后，也就是治平三年（1066年），苏洵去世，京城士大夫也都前往吊唁，独独少了王安石。

由于苏洵的《辨奸论》没有公开发表，只有张方平等少数几个人看过，加之史料没有系统归纳记载王安石与"三苏"之间矛盾的起始原委，因而很多人无法理解他们之间的相互仇视和针锋相对，所以有人怀疑《辨奸论》并非出自苏洵之手，而是王安石变法实施后，"旧党"中有人冒充苏洵的名义撰写此文诋毁王安石。

但这个怀疑，起码有三个问题解释不通：一是变法时，乃至相当长的一段时间内，除苏洵去世外，王安石、苏东坡和苏辙都还在世，如果有人假借苏洵名义伪造《辨奸论》，怎么可能不被他们戳穿？二是《辨奸论》、张方平撰写的苏洵墓表和苏东坡的谢书，相互支撑印证，几乎无懈可击。三是苏洵的《嘉祐集》、张方平的《乐全集》和苏东坡的《东坡集》，分别收录了《辨奸论》、墓表和谢书，三个集子的出版时间、翻刻历史和流传途径都不相同，哪个伪造者能如此手眼通天呢？

综上所述，我们大致可以厘清王安石与"三苏"之间恩恩怨怨的来龙去脉。不知是不是巧合，王安石和苏东坡之间有着不可思议的三个十五年：王安石生于1021年，苏东坡生于1036年；王安石1042年考中进士，苏东坡1057年考中进士；王安石1086年去世，苏东坡1101年去世。三个十五年，或许隐藏着这两位大家之间，从冤家到政敌、再从政敌到相逢一笑泯恩仇的神奇密码。

第五章

以民为本，夙夜在公

第五章 | 以民为本,夙夜在公

王安石与苏东坡在变法问题上虽然政见不合,但二者忠君爱民的初衷是一致的。一个是忠实奉行"忠君报国"的实用主义者,一个是坚定践行"民贵君轻"理念的民本主义者。二者之所以有激烈的政见之争,主要是因为他们所秉承的教义不同。王安石主持修撰《三经新义》中的《周官新义》,是其变法的重要思想基础。他在《答曾公立书》中云:"政事所以理财,理财乃所谓义也。一部《周礼》,理财居其半,周公岂为利哉?"[1] 他在《上仁宗皇帝言事书》中提出"因天下之力,以生天下之财;取天下之财,以供天下之费"[2] 的主张,试图通过调节国家财政收支,建立起能够提供充足有效公共产品的财政体制。

苏东坡则认为王安石变法的本质就是"与民争利",而他所秉承的是孟子"民贵君轻"的教义。孟子说:"民为贵,社稷次之,君为轻。是故得乎丘民而为天子,得乎天子为诸侯,得乎诸侯为大夫。"[3] "民贵君轻"是孟子仁政学说的核心要义。孔子思想亦非常明确:"百姓足,君孰与不足?百姓不足,君孰与足?"[4] 其实,以民为本,富民强国,不仅是儒家思想的精髓,道家、墨家的著作中都蕴含着"民为邦本"的主张,即便是法家学派的代表人物管仲也明确提出:"凡治国之道,必先富民。民富则易治也,民贫则难治也。"[5]

两年多如火如荼的变法,让苏东坡意识到时下的京城,绝非实现自己理想的处所。与其在京师施展不开,还不如到地方为民办点实事。苏东坡正是怀着"民贵君轻"的教义,来到了他地方为官的第二站——杭州。

---

[1] 《王安石文集》卷第七十三,第1271页。
[2] 《王安石文集》卷第三十九,第651页。
[3] (清)焦循撰,沈文倬点校:《孟子正义》卷二十八《尽心章句下》,北京:中华书局1987年版,第973—974页。
[4] (清)阮元校刻:《论语注疏》卷第十二,《十三经注疏》,北京:中华书局2009年版,第5437页。
[5] 黎翔凤撰,梁运华整理:《管子校注》卷十五,北京:中华书局2004年版,第924页。

第一节 | 三年走吴越，踏遍千重山

熙宁四年（1071年）七月初，三十六岁的苏东坡带着几分不甘和忧虑，冒着炎热离开汴京。途中，他停留的第一站是陈州，这里不仅是中华文明的发祥地之一，也是汴京走蔡河进入淮河的必经之地。苏东坡在此停留，一是拜访苏家的贵人、自己的恩师、时任陈州太守的张方平，二是看望时为州学教授的弟弟苏辙。

苏东坡停留的第二站是颍州，在这里，他看望了对"三苏"有知遇之恩的文坛领袖欧阳修。欧阳修早年曾任颍州太守，辞官后在此隐居。苏东坡到达当日，恰逢欧阳修生日，他与一群文人雅士在颍州西湖上把酒临风，吟诗唱和，共庆文坛盟主的生日。临别时，欧阳修特意将自己在杭州的好友惠勤僧人介绍给苏东坡。此时的苏东坡有两个没想到：其一，这是他与欧阳修的最后一次会面，第二年欧阳修就因病去世了；其二，若干年后，自己会来颍州任太守，疏浚颍州西湖，造福民生。

离开颍州后，苏东坡入淮河，经洪泽湖，转运河，途经安徽的涡口（怀远县）、寿州（寿县）、濠州（凤阳县），江苏的扬州、润州（镇江）和苏州，于十一月二十八日抵达杭州。

杭州，古称临安、钱塘，位于浙江北部、杭州湾西端，钱塘江下游、京杭大运河南端，西湖之边、吴山之下。早在八千多年前，就有人类在此繁衍生息，五千多年前的良渚文化被称为"中华文明的曙光"。自秦设县治以来，已有两千多年的历史。北宋时期，杭州被称为"东南第一州"。仁宗在《赐梅挚知杭州》诗

中用"地有湖山美，东南第一州"[1] 来赞美杭州。"东南形胜，三吴都会，钱塘自古繁华。烟柳画桥，风帘翠幕，参差十万人家。"[2] 此为北宋柳永在《望海潮》一词中，对当时杭州繁华景象的描写。

这是苏东坡第一次踏上杭州的土地，他将在这里担任通判一职。古代通判，是为防止地方州府长官大权专断而设，掌管粮运、农田、水利和诉讼等事务，品衔虽然低于州府长官，但与州府长官联合签署公文，并对后者有监察责任。

江南是国家经济的命脉，而杭州又是江南的第一都市，在富国强兵的变法总目标下，王安石要天下生财，充裕国库，必然全力督促杭州这个大宋最为富裕的地区积极推行新政。因此，苏东坡虽然远离京师这个权力中心，避开了变法之争，但依然避不开新法的困扰。其时青苗、免役、方田、保甲、市易诸法，都先后颁布实施。一时间，城乡慌乱，百姓骚动，尤以青苗法的流弊最为严重。

青苗法的本意是为贫困农民生产提供资金便利，在全国范围内实行由政府主导的农业信贷，使农民免受富人的盘剥。每年在播种和青黄不接时，由政府向农民贷款，半年息为二分，分别在夏、秋两税时归还。然而，理想很丰满，现实很骨感，本意是为了扶持农业生产，但在现实生活中官吏无视农民是否需要或自愿，强迫推销贷款。

封建社会农民的生活自给自足，何曾见过这么多的现钱。农村的年轻人既没文化，又不懂得物力维艰，而享乐的欲望还很强。不少年轻人怀揣青苗贷款，来到城里挥霍。苏东坡心想，如果不是官府滥贷青苗钱，农民们也不会因为还不起钱而倾家荡产，甚至招致牢狱之灾。他在《山村五绝》（其四）中愤然写道："杖

---

[1] （明）田汝成辑撰：《西湖游览志》第七卷，北京：中华书局1958年版，第83页。
[2] （宋）柳永著，薛瑞生校注：《乐章集校注》，北京：中华书局2012年版，第322页。

藜藿饭去匆匆，过眼青钱转手空。赢得儿童语音好，一年强半在城中。"1

到了收获季节，前来收取利息或讨债的官吏蜂拥而至，前期强迫农民贷款的官吏，现在忙着抓捕逾期还不出贷款的农户。农户十户编为一保，十保编为一大保，一户欠账外逃，其他农户就要受到牵连，农民真是苦不堪言。

审判囚犯，是州府通判的重要职责。而当时被抓进监狱的犯人，多为还不起青苗贷款的农民、私贩盐茶酒帛等物资的商贩。原本这些人在新法施行前，日子还过得去，可如今却沦为阶下囚。短短两年的时间里，州县监狱人满为患。苏东坡在给文彦博的信中说："两浙之民以犯盐得罪者，一岁至万七千人而莫能止。"2 一年就抓了这么多人，犯盐者还止不住，什么原因？恰恰说明盐法触动了百姓的生计。因私盐而获罪者，已为数众多，何况青苗、免役等诸法呢？

苏东坡在京师时就反对新政，可如今公堂高坐，自己还要签署这些内心并不认同的判词。这对于性格刚毅、从不首鼠两端的苏东坡而言，是何等的揪心和煎熬。

转眼间，熙宁五年（1072年）除夕到了。衙门惯例，除夕当天，必须将囚犯提出来逐一点名，当然这项工作也是由通判来承担。府衙里的其他人都回家守岁了，苏东坡却必须留下，将在押犯一一过堂，到天黑还没有结束。此事对苏东坡颇有触动，他自嘲道：我和这些犯人有何两样？他们是为了生存才犯法，而我不也是为了生活才贪恋这份差事，做这违背自己心愿的事情？随即灵机一动，在墙壁挥毫题诗："除日当早归，官事乃见留。执笔对之泣，哀此系中囚。小人营糇粮，堕网不知羞。我亦恋薄禄，因循失归休。不须论贤愚，均是为食谋。谁能

---

1 《山村五绝》（其四），《苏轼诗集》卷九，第439页。
2 《上文侍中论榷盐书》，《苏轼文集》卷四十八，第1400页。

第五章｜以民为本，夙夜在公

暂纵遣，闵默愧前修。"[1]

作为地方官吏，虽然无权改变国家的法律，但可以在其力所能及的范围内，做些人性化的变通。苏东坡不仅在官厅题诗，他还在征得太守沈立同意后，带领侍从往返于几所监狱，共清点出轻罪囚犯三百七十多人，安排衙役兵分几路通知他们的家属前来立据担保。对于重罪囚犯的春节伙食，也做了妥善安排。诸事办妥，州县官吏们散去后，苏东坡独自一人坐在官厅，回味墙壁题诗，会心一笑。

"得一官不荣，失一官不辱，勿说一官无用，地方全靠一官。"[2] 熙宁五年（1072年）春，公道正派的太守沈立调往京师，百姓依依不舍。陈襄自陈州以尚书刑部郎中移知杭州。陈襄，字述古，福建侯官（今福建省福州市闽和县）人。陈襄亦是王安石变法的反对者，任翰林学士知制诰时曾上书神宗："是特管夷吾、商鞅之术，非圣世所宜行。望贬斥王安石、吕惠卿以谢天下。"[3] 不久，陈就被调离了京师。

熙宁五年（1072年）秋，太守陈襄刚到杭州，即问民疾苦，百姓异口同声地反映："六井不治，民不给于水。"陈襄说："嘻，甚矣，吾在此，可使民求水而不得乎？"[4]

城市的繁荣与水资源息息相关，杭州当然也不例外。史上杭州本由沧海变桑田。因地处海滨，所以水泉咸苦。苏东坡在《乞子珪师号状》中写道："勘会杭州平陆，本江海故地，惟附山乃有甘泉，其余井皆咸苦。"[5]

谈到杭州居民的饮水，得从唐代谈起。中唐以前，杭州"居民稀少"。建中

---

1 《前诗》，《苏轼诗集》卷三十二，第1723—1724页。
2 尹先敦编著：《历代官署衙门楹联选》，北京：中国文联出版社2000年版，第64页。
3 《宋史·陈襄传》卷三百二十一，第10420页。
4 《钱塘六井记》，《苏轼文集》卷十一，第379页。
5 《乞子珪师号状》，《苏轼文集》卷三十一，第901页。

二年（781 年），天才少年李泌在杭州任刺史时，在城区内外建造了六口大井，将钱塘湖（今西湖）周边群山所出的淡水和西湖的淡水引入井中，基本解决了城里居民的饮水问题，这才有了"民足于水，故井邑日富"[1]。这六口井分别是：相国井、西井、金牛池、方井、白龟池、小方井。

"杭州之有西湖，如人之有眉目"[2]，这是苏东坡对杭州与西湖的比喻。西湖的开挖，最早始于长庆年间（821—824），白居易任杭州刺史时，适逢杭州旱灾，而西湖又严重淤积，出现葑田数十顷，蓄水量大幅下降，严重影响当地百姓的生活和农作。白居易治湖浚井，在钱塘门与武林门之间，构筑石涵，隔绝江水与湖水，工程竣工后，不仅解决了百姓的饮水问题，而且湖水还可以灌溉大面积的稻田（湖水每下降一寸就可以灌溉十五公顷良田）。为此，白居易撰写了《钱塘湖石记》。

嘉祐年间（1056—1063），六井中的金牛池久已枯废，太守沈遘（文通）在城南美俗坊又重开一井，补全了六井的数量，此井人称"沈公井"。

为了尽快解决百姓的饮水问题，陈襄和苏东坡立即命仲文、子珪、如正和思坦等四位僧人负责整治。出于职责和兴趣所在，苏东坡几乎参与了整治的全过程。工程竣工后，应太守陈襄之邀，苏东坡挥毫写下《钱塘六井记》，详述工程的始末缘由，石刻立于六井之一的相国井亭中。

人们可能好奇：为什么是由僧人来负责整治呢？社会公益事业是宋代佛教功能不可分割的组成部分，并作为高僧评判的重要标准之一。宋代佛教公益事业门类繁多：道路、桥梁、水利的兴建与维护；养老、济贫、赈灾、慈幼、医疗等救济事业；公共坟场、义冢、浴室的兴建、运营、维护等。这些项目的投资和运维，

1　《亡兄子瞻端明墓志铭》，《苏辙集》，第 1122 页。
2　《杭州乞度牒开西湖状》，《苏轼文集》卷三十，第 864 页。

是十分困难的事情，不仅需要资金，还要长期维护。在宋代，普遍采用"守以僧，给以田"的模式，即委托佛寺僧侣负责长期维护或运营，各级政府、社会和民众相应给予佛寺资金等方面的资助。常见的办法是免除佛寺的苛捐杂税，地方政府或民众捐助，赠与佛寺田产，地租收入归佛寺僧侣支配用度。在这种制度下，宋代涌现出一批著名的僧侣身份的桥梁和建筑专家。

据苏东坡在《钱塘六井记》中记载：六井修复的第二年，江浙一带再发旱灾，"自江淮至浙右井皆竭，民至以罂缶贮水相饷如酒醴"[1]，周边各地都在为饮水而发愁，而钱塘百姓井水不断，杭州顺利度过了干旱。

"三年走吴越，踏遍千重山。朝随白云去，暮与栖鸦还。"[2] 这是苏东坡在杭州三年为民务实工作状态的真实写照。翌年初，苏东坡开始负责监督青苗、免役、市易等新法在杭州各地的施行。不久，他又负责监督水利和盐法的执行。七月起，苏东坡还巡视了余杭、临安、新城、无锡等县。

由于两浙发运史报告，杭州、越州（今浙江省绍兴市）和湖州三地，盐法执行不力，导致盐的公卖收益不足。于是，朝廷委派卢秉"提举两浙盐事"，捉拿盐贩，督导盐事。

杭州仁和县的汤村有赫山、岩门两个盐场，为了确保官盐的运输，卢秉决定在该村开挖一条运盐河。苏东坡在被派去巡行各县的同时，还要监督运盐河的工程进度。一千多名百姓被征服役，他们不得不丢下自家的农活，冒雨奋战在挖河工地上。民工们苦不堪言，苏东坡心里也是愤愤不平，挥笔写下《汤村开运盐河雨中督役》，用诗歌来反映劳动人民的疾苦："盐事星火急，谁能恤农耕。薨薨晓

---

[1] 《钱塘六井记》，《苏轼文集》卷十一，第 380 页。
[2] 《祈雪雾猪泉，出城马上作，赠舒尧文》，《苏轼诗集》卷十七，第 897 页。

鼓动,万指罗沟坑。天雨助官政,泫然淋衣缨。人如鸭与猪,投泥相溅惊。"1

苏东坡从运盐河工地回到杭州不久,又被派往湖州协助漕司视察太湖的堤岸工程。湖州位于太湖南岸,距杭州约一百六十里,苏东坡一去又是将近半年。时任湖州知州孙觉,字莘老,高邮人,是苏东坡在京师时的老友。此次,苏东坡湖州之行的一大重要收获是始知孙觉的女婿黄庭坚。苏东坡对黄庭坚的诗文赞叹不绝。

熙宁六年(1073年)初,苏东坡又巡视富阳、新城二县。当他来到新城山村,既赞美"竹篱茅屋趁溪斜,春入山村处处花"2 的景色,也发出了"烟雨蒙蒙鸡犬声,有生何处不安生"3 的感慨。原本山野小民的生活平常而简朴,没有过高的奢求,倘若不是盐法峻急,百姓又怎么会卖牛纳税、卖牛买刀,干起贩运私盐的营生呢?沿海产盐,可由于官府的专卖制度,盐价飙升,城乡百姓长期淡食,面对这些善良无助的山中小民,苏东坡心生悲悯:"岂是闻韶解忘味,迩来三月食无盐。"4

巡视期间,苏东坡还结交了沉静清介的谦谦君子新城县令晁端友。晁端友,字君成,巨野(今山东菏泽市巨野县)人。苏东坡《新城道中》中"细雨足时茶户喜,乱山深处长官清"5 的诗句,便是赞美晁端友的为官之道。

此次巡视,晁端友的儿子晁补之也终于有机会拜见了鼎鼎大名的苏东坡。据《宋史·晁补之传》记载:晁补之,字无咎,号归来子,敏而好学,博闻强记,于文无所不能。十七岁时,晁补之随父来到杭州,见钱塘山川风物之丽,著《七

---

1 《汤村开运盐河雨中督役》,《苏轼诗集》卷八,第389页。
2 《山村五绝》(其一),《苏轼诗集》卷九,第438页。
3 《山村五绝》(其二),《苏轼诗集》卷九,第438页。
4 《山村五绝》(其三),《苏轼诗集》卷九,第438—439页。
5 《新城道中二首》(其二),《苏轼诗集》卷九,第437页。

述》以谒州通判苏轼。轼先欲有所赋,读之叹曰:这都是我心里想写的,却已被你写尽,我可以搁笔了!称其文博辩隽伟,绝人远甚,必显于世,由是知名。在"苏门四学士"中,晁补之是入苏门最早的,时年二十二岁。

是年秋,两浙淮南地区遭受严重自然灾害,百姓冬粮无以为继。朝廷先后两次赐两浙、淮南东路粮三万石和五万石,可见灾情相当严重。十一月,苏东坡奉命赴常州、润州(今江苏省镇江市)、苏州、秀州(今浙江省嘉兴市)一带放粮,救济灾民。他以一颗超乎寻常的济民之心,专注于辛劳繁杂的赈灾事务,一去就是好几十天。寒冬腊月,水陆兼程,"踏遍江南南岸山",苏东坡一直在常、润、苏、秀之间奔波着。

忙碌的时光,总是过得很快,一转眼,除夕已至。苏东坡独自一人在常州城外运河边泊船歇息。城里的万家灯火、欢天喜地,与城外的残灯孤舟、形单影只,形成强烈的反差。苏东坡思绪万千,辗转难眠,他索性挑灯披衣,一气写成了《除夜野宿常州城外二首》[1]。

其一

行歌野哭两堪悲,远火低星渐向微。
病眼不眠非守岁,乡音无伴苦思归。
重衾脚冷知霜重,新沐头轻感发稀。
多谢残灯不嫌客,孤舟一夜许相依。

其二

南来三见岁云徂,直恐终身走道途。

---

[1] 《苏轼诗集》卷十一,第533页。

> 老去怕看新历日，退归拟学旧桃符。
> 烟花已作青春意，霜雪偏寻病客须。
> 但把穷愁博长健，不辞最后饮屠苏。

其一表达苏东坡彻夜未眠并非为了守岁，而是在为民间疾苦而忧虑；其二写出了他离开朝廷已三个年头，而不能践行其政治抱负的感慨。

这是苏东坡来杭州后过的第三个除夕，也是他杭州通判任上的最后一个除夕。因公赈灾放粮，适逢除夕、春节，喜爱热闹交友的他，宁愿孑然一身，也不叨扰地方官吏，唯恐影响他人团圆守岁，这是何等的修为与境界。后来，常州百姓为纪念苏东坡，在泊舟处建了"舣舟亭"。

来年夏，朝廷将太守陈襄与应天府太守杨绘对调。杨绘，字元素，号先白，绵竹（今四川省德阳市绵竹市）人。

杨绘到任不久，京东、河北地区再次发生蝗灾，蔓延至淮浙，苏东坡又赴临安、临平、於潜、新城等地，督导抗灾。铺天盖地的蝗虫发出的噪声，竟能盖过如千军万马奔腾而来的钱塘江大潮的声音，蝗虫一旦落下，千顷良田，立刻被卷光，其危害令人不寒而栗。

流光易逝，苏东坡在杭州的任期即将届满。在杭州任上，他先后与三任太守合作共事。他与沈立合作愉快，与陈襄亲如兄弟，与杨绘一见如故。三年间，他配合三任太守，造福于民，尽力将新法给百姓带来的伤害降到最低。由此可见，健康和谐的人际关系和融洽的工作氛围，也是官吏履职尽责、造福百姓的重要条件。

苏东坡怀揣"民贵君轻"、以民为本的思想，又有强烈的忧民爱民情怀。短短千日，以杭州为中心，苏东坡的足迹遍布了周边数州，在泽被黎民的同时，也在文学作品中为饱受新法之苦的百姓发声。为了黎民百姓，苏东坡早把离开京师时表兄文同"北客若来休问事，西湖虽好莫吟诗"的忠告抛到了九霄云外。他"性不忍事"，在《山村五绝》《吴中田妇叹》《鸦种麦行》《八月十五看潮五绝》等诗文中屡屡针砭时事，讥讽新贵，抨击新政，这为后来的"乌台诗案"埋下了伏笔。

熙宁七年（1074年）秋，苏东坡在杭州的三年任期即将届满，而当时朝廷的情况比他三年前离开时更加诡谲。是年四月，因一连串的天灾人祸，加之郑侠绘画反映大批难民逃往京西的《流民图》，神宗同意了王安石的请辞，由韩绛、吕惠卿和曾布三人共同执政。吕惠卿与曾布很快发生内讧，不久曾布落败，被排挤出中枢。韩绛碌碌无为，很快便大权旁落。吕惠卿本因迎合王安石的变法而得到提携和重用，大权独揽后，为防止王安石东山再起，不惜在神宗面前诋毁王安石。

有鉴于京师污浊的政治环境，苏东坡杭州三年任期届满，便主动向朝廷申请调动，请求继续外任。

想到与弟弟苏辙的上次见面，还是在颍州恩师欧阳修家，算起来兄弟俩已三年未见。因苏辙已在济南任职，故苏东坡请求朝廷能安排个靠近济南的差事。当年五月，他如愿以偿，朝廷任命苏轼"以太常博士直史馆权知密州军州事"[1]。密州距离济南约五百里。苏东坡在《密州谢上表》中云："请郡东方，实欲弟昆之相近。"[2]

九月，苏东坡带着眷恋与不舍离开了杭州。太守杨绘一来恰好要去湖州公干，为了给离任的四川同乡送行，便和与苏东坡有约在先的张先、陈舜俞一起，同舟离开杭州去湖州会晤太守李常。张先为北宋著名词人，曾任安陆县知县，陈舜俞为北

---

[1] 《苏轼诗集》卷十二，第 575 页。
[2] 《密州谢上表》，《苏轼文集》卷二十三，第 651 页。

宋文学家，两人都是乌程县（今浙江省湖州市）人，与苏东坡交往甚笃。

李常，字公择，建昌（今江西省九江市永修县）人，苏东坡的至交、诗友。一行四人同舟来湖，李常尽地主之谊，并邀本地人刘述（孝叔）作陪，不亦乐乎。时已八十五岁高龄的张先，兴致甚高，赋《定风波令》，即"六客词"。苏东坡亦在《减字木兰花》和《与周开祖》中叙述了此次欢聚。

离开湖州后，经松江，过京口，到达海州（今江苏省连云港市），苏东坡本想借此工作变动的机会，从海州前往济南看望弟弟苏辙和刚出生的侄子虎儿，但由于时入冬季，从海州到济南的必经之路青河，已经结冰停航，苏东坡的济南之行只得作罢。

第二节 | 密州喜迎苏太守

熙宁七年（1074年）十二月初三（一说十一月初三），苏东坡抵达被他称为"桑麻之野"的密州。密州位于山东半岛的西南，潍河上游的东岸。北宋时期的密州，是防御之州，据《宋史·地理志》记载，密州隶属京东东路，下辖诸城、安丘、莒县、高密、胶西五县，州治在诸城。

苏东坡抵达密州时，早已过了秋收秋种的时节，可他进入州境后，满眼看到的都是百姓在田头劳作的身影。苏东坡随即下车察看，"见民以蒿蔓裹蝗虫而瘗之道左，累累相望者，二百余里，捕杀之数，闻于官者几三万斛。"[1] 宋时1斛合

---

[1] 《上韩丞相论灾伤手实书》，《苏轼文集》卷四十八，第1395页。

5斗，1斗合12.5斤。

当苏东坡询问灾情时，谁知当地竟有昏官回答："蝗不为灾。"[1] 甚至有人信口雌黄地说："为民除草。"真是尸位素餐、昏庸透顶。前不久，苏东坡在杭州时就亲眼目睹过蝗灾。杭州的蝗灾只不过是京东蝗虫的余波而已，尚且如此严重，而京东的官吏却大言不惭地说"蝗不为灾"。苏东坡愤然道："京东独言蝗不为灾，将以谁欺乎？"[2] "坐观不救亦何心！"[3]

苏东坡到任后不久，便上奏朝廷，报告蝗虫灾情，请求免除秋税，或搁置青苗钱，以资救灾。他一边上奏朝廷，一边深入田间地头，问计于民，最终决定用火烧或深埋的办法来抗击蝗虫灾害。为了调动农民捕杀蝗虫的积极性，他还动用部分粮食用于奖励。不仅如此，苏东坡还率先垂范，带领百姓投身消灭蝗虫的战斗。他在《和赵郎中捕蝗见寄次韵》一诗中写道："我仆既胼胝（老茧），我马亦款矻（疲劳）。飞腾渐云少，筋力亦已竭。"[4]

当地的蝗灾得到控制后，苏东坡在《次韵章传道喜雨》一诗中云："县前已窖八千斛，率以一升完一亩。更看蚕妇过初眠，未用贺客来旁午。"[5] 他在诗中自注："今春及今，得蝗子八千余斛。"

"从来蝗旱必相资，此事吾闻老农语。"[6] 干旱过后，必有蝗灾，这是苏东坡从老农那儿获得的知识。而密州滨海多风，更不像江南地区水网密布，干旱如家常便饭。当地百姓非常相信常山的山神。常山位于诸城南约二十里，因山形如一

---

[1] 《上韩丞相论灾伤手实书》，《苏轼文集》卷四十八，第1396页。
[2] 同上。
[3] 《次韵章传道喜雨》，《苏轼诗集》卷十三，第622页。
[4] 《和赵郎中捕蝗见寄次韵》，《苏轼诗集》卷十四，第685页。
[5] 《次韵章传道喜雨》，《苏轼诗集》卷十三，第623页。
[6] 同上。

只卧虎,原名卧虎山,后因城里人常到此山祈雨,且常常灵验,遂更名为常山。

到任密州后的次年四月,干旱蝗灾相继肆虐,苏东坡心急如焚。他以太守身份向当地的山神陈述灾情,讲明道理,斋戒沐浴,写下祭文。不久之后就下了一场大雨。

不料一场大雨之后,五月干旱又卷土再来。苏东坡不辞辛劳,再赴常山祈雨,并向山神许愿重修庙宇。

苏东坡《雩泉记》记载:"庙门之西南十五步,有泉汪洋折旋如车轮,清凉滑甘,冬夏若一,余流溢去……作亭于其上,而名之曰雩泉。"[1] 为何取以"雩"为名,苏东坡解释道:"古者谓吁嗟而求雨曰雩。"[2] 雩泉一年四季,泉水不断,周边百姓的饮水灌溉,都靠该泉。苏东坡认为常山祈雨之所以灵验,也都仰仗雩泉。为此,他作《雩泉记》,以述心怀,并刻石立碑于泉边,提醒自己时刻要关心百姓疾苦。十月,常山庙宇落成,苏东坡前来祭神。

回城途中,苏东坡豪情万丈,在铁沟会猎,并催生了名篇《江城子·猎词》:"老夫聊发少年狂,左牵黄,右擎苍。锦帽貂裘,千骑卷平冈。为报倾城随太守,亲射虎,看孙郎。酒酣胸胆尚开张,鬓微霜,又何妨。持节云中,何日遣冯唐?会挽雕弓如满月,西北望,射天狼。"[3] 这是苏东坡的第一首豪放词,通过描写出猎的壮观场面,引经据典表达了自己抗击外侵、杀敌报国的志向,抒发了兴国安邦、渴望报效朝廷的豪情壮志。

苏东坡对此词也颇为得意,他在《与鲜于子骏三首》(二)中云:"近却颇作小词,虽无柳七郎风味,亦自是一家,呵呵!数日前,猎于郊外,所获颇多。作

---

1 《雩泉记》,《苏轼文集》卷十一,第378页。
2 同上。
3 《江城子·猎词》,《苏轼词编年校注》,第146—147页。

得一阕，令东州壮士抵掌顿足而歌之，吹笛击鼓以为节，颇壮观也。写呈取笑。"[1]

苏东坡在密州任上也就待了两年多，大约八百天，其间曾六上常山，五次祈雨抗旱，其敬业爱民之心，可见一斑。

苏东坡为民祈雨还远不止凤翔和密州两地，他在杭州、徐州和颍州等地亦有祈雨记载。元祐六年（1091年）八月苏东坡出任颍州太守时，当地正遭遇干旱之灾、饥荒之危，苏东坡著名的《颍州祈雨诗帖》就创作于这段时间。《颍州祈雨诗帖》不仅是我国书法史上的瑰宝，也是苏东坡忧民、为民的佐证。

应该说，苏东坡是一位具有科学精神的官员。他在地方任职时，已清楚地认识到，关注民生，农业丰收，仅靠神明保佑是不够的。因此，他在多地祈雨祷雪的同时，非常重视水利工程的建设。在密州时，苏东坡发动百姓在城南数里外建筑了十里长堤引水。他在《满江红·东武会流杯亭》序中写道："上巳日作。城南有坡，土色如丹，其下有堤，壅郑淇水入城。"[2]

密州不仅蝗虫旱灾频发，而且盗贼横行。"臣伏见河北、京东比年以来，蝗旱相仍，盗贼渐炽。今又不雨，自秋至冬，方数千里，麦不入土，窃料明年春夏之际，寇攘为患，甚于今日……而近年以来，公私匮乏，民不堪命。"[3] 这是苏东坡刚来密州时，在《论河北京东盗贼状》中对当地形势的研判。

自古以来，京东地区民风剽悍，盗贼肆虐，《水浒传》中替天行道、好汉聚集的水泊梁山，就位于鲁西南。苏东坡上书文彦博，明确提出治盗必须标本兼治，铲除盗贼滋生的土壤。对于盗贼要分清主从，区别对待，分而治之。对于少

---

[1] 《与鲜于子骏三首》（二），《苏轼文集》卷五十三，第1560页。
[2] 《满江红·东武会流杯亭》，《苏轼词编年校注》，第169页。
[3] 《论河北京东盗贼状》，《苏轼文集》卷二十六，第753—754页。

数罪大恶极的凶残之党,"乐祸不悛,则须峻法以峻刑,诛一以警百"。[1]

《宋史·苏轼传》记载了他在密州智斗悍卒的故事。熙宁八年(1075年)春,密州境内有一帮强盗横行乡野,四处抢劫。安抚转运使对此高度关切,派出三班使郭啸率领悍卒数十人,前来缉拿。谁知这帮悍卒仗势欺人,横行霸道,其凶残程度超过了盗贼,他们甚至用禁物诬陷百姓,借机敲诈,因而激怒了当地百姓,双方发生血腥斗杀后,悍卒们畏罪潜逃,躲进山里,百姓气愤地称悍卒为"匪卒"。

其间有百姓到衙门投诉,而苏东坡却一反平常亲民、爱民的常态,故意将他们的状子扔在地上说道:"必不至此。"那些逃窜的散兵悍卒,听到这个消息后,不再潜逃,又聚合在一起。苏东坡设计将郭啸等悍卒一举拿下。在大量的人证物证面前,悍卒们只得如实招供,认罪伏法。苏东坡诗中"磨刀入谷追穷寇"[2],指的就是此事。

"灯火钱塘三五夜。明月如霜,照见人如画。帐底吹笙香吐麝,此般风味应无价。寂寞山城人老也。击鼓吹箫,乍入农桑社。火冷灯稀霜露下,昏昏雪意云垂野。"[3] 这是苏东坡来到密州后为第一个元宵节创作的。此词采用对比的手法,淋漓尽致地描写了杭州与密州的巨大落差。一边灯火璀璨,歌舞升平;一边灯火阑珊,寂寞寥落。苏东坡在《超然台记》中亦有类似叙述:"余自钱塘移守胶西,释舟楫之安,而服车马之劳;去雕墙之美,而庇采椽之居;背湖山之观,而行桑麻之野。"[4]

---

1 《论河北京东盗贼状》,《苏轼文集》卷二十六,第754页。
2 《次韵刘贡父李公择见寄二首》(其二),《苏轼诗集》卷十三,第646页。
3 《蝶恋花·密州上元》,《苏轼词编年校注》,第140页。
4 《超然台记》,《苏轼文集》卷十一,第351页。

苏东坡落寞与忧心,并非因为两地生活的巨大反差,而是对密州百姓的艰辛和不易感同身受。他在《和赵郎中捕蝗见寄次韵》中感叹:"民病何时休,吏职不可越。慎毋及世事,向空书咄咄。"1

密州是真的穷得叮当响,不要说当地的百姓"量日计口,敛不待熟。秋田未终,引领新谷"2,就连作为太守的苏东坡也是"斋厨索然,日食杞菊"3。苏东坡在《后杞菊赋》中写道:"余仕宦十有九年,家日益贫,衣食之奉,殆不如昔者。及移守胶西,意且一饱,而斋厨索然,不堪其忧。日与通守刘君廷式,循古城废圃,求杞菊食之,扪腹而笑。"当然,《后杞菊赋》是一篇"自嘲"文,颇具诙谐意味,表达了苏东坡豁达的人生态度。作为一方主官,又是文人雅士,带领同僚采撷觅食,令人感叹,同时也让人不由得为苏东坡亲民、自律的品格所深深折服。

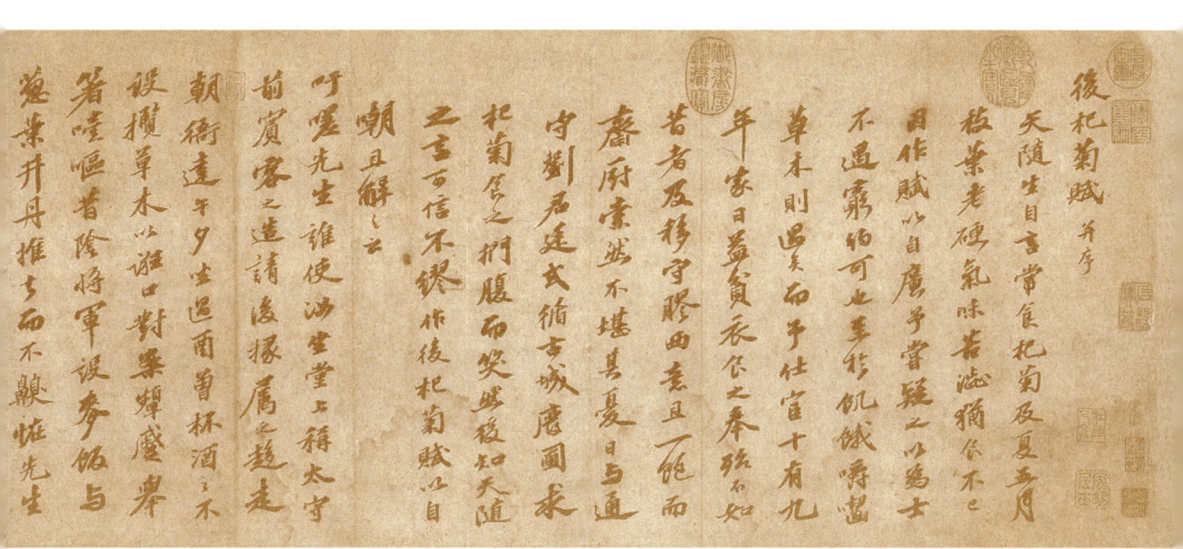

(北宋)苏轼 后杞菊赋

---

1 《和赵郎中捕蝗见寄次韵》,《苏轼诗集》卷十四,第685页。
2 《祭常山祝文五首》,《苏轼文集》卷六十二,第1918页。
3 《超然台记》,《苏轼文集》卷十一,第351页。

但凡事都有两面性，枸杞和野菊都是中草药，枸杞植物为落叶灌木，除了果实枸杞外，皮和根为地骨皮，与野菊一起食用，具有清热解毒、滋肾补肝、润肺明目等药效和强身健体之功效。食用一年后，苏东坡的体质显著增强，白发渐渐变黑，时常发作的眼疾也明显好转。

一天，苏东坡和通判刘廷式（一说刘庭式）等同僚在古城废圃采摘时，偶然发现枸杞灌木下有一弃婴，已奄奄一息，他赶紧将弃婴抱回府里抚养。

事后，当地人告诉苏东坡，由于连年灾荒，百姓穷苦不堪，甚至连自己的亲生骨肉都养不活，生下不久便包裹好，弃于相对醒目之处，希望好心人抱回去抚养。作为密州的主官，苏东坡的心情异常沉重。于是，他命州府官员到野外搜救弃婴，自己每天也亲自外出巡视。几天时间，州府中就收留了近四十名弃婴。苏东坡在给友人的诗中如此描述——"洒涕循城拾弃孩"[1]。

为了解决弃婴问题，苏东坡一方面压缩官府开支，拨出专款购买粮食，送给困难家庭，希望他们至少能把婴儿抚养到一周岁。他这么做的初衷是，久而久之，母子生情，父母再穷，也割舍不开。后来的情况，正如苏东坡所料，此后密州的弃婴大幅减少。另一方面，苏东坡带头捐款，并动员城里富人捐赠，成立了一支马队，专门寻找弃婴的父母。实在寻觅不到父母的弃婴，就将他们寄养在百姓家中，由官府每月给予一定的粮食补贴。被贬黄州后，戴罪之身的苏东坡仍然关注社会事业，当他获悉岳鄂一带有溺婴恶俗时，专门给官员写信，在《与朱鄂州书》中除了建议对溺婴者绳之以法外，还介绍了他当年在密州的成功做法，供主政者参考。

若干年后，也就是元丰八年（1085年）六月，朝廷任命苏东坡为登州（今山

---

[1] 《次韵刘贡父李公择见寄二首》（其二），《苏轼诗集》卷十三，第647页。

东省烟台市蓬莱市）知州，赴任途中经过密州时，太守霍翔特意在苏东坡在任时设计建筑的超然台设宴款待。官方的礼遇固然让苏东坡非常开心，更让他高兴的是百姓对他的爱戴。昔日被搭救的弃婴已渐渐长大，得知苏东坡到来，纷纷前来叩谢他当年的救命之恩。

"以济物为心，应不计劳逸"[1]，苏东坡在与友人通信中，如此表述其在密州主政时的精神面貌和工作状态。在密州两年多一点的时间里，苏东坡怀抱匡济百姓之心，以顽强的毅力、干练的风格、高超的能力，抗击蝗灾、祈雨救旱、收养弃婴、剿灭悍卒、重视教育、修缮官舍，做了大量攸关民生的工作。

当地的主要矛盾解决后，苏东坡亦显现其天生乐观、热爱生活的本性与情致，派人到安丘、高密的深山砍伐木材，修缮久已荒芜的州衙庭园和年久失修的官舍。工程中，苏东坡发现庭园北面有一废弃的城台，此处视野开阔，风景壮观，站在城台上，常山、马耳山、卢山、潍河等尽收眼底，他顺便稍加设计修葺，此处便成了登高望远的休闲之地。苏辙取《老子》"虽有荣观，燕处超然"[2]之义，建议取名为"超然台"，并作《超然台赋》，苏东坡作《超然台记》。熙宁九年（1076年）的中秋佳节，苏东坡在超然台上创作了千古名篇《水调歌头·中秋》。

苏东坡十分重视历史文化的发掘。密州为盖公故里。西汉时期的盖公，善治黄老之术，从学者甚众，是黄老学说的集大成者。初为丞相的曹参，亲历战乱之余民不聊生的苦难，四处寻访治国安民之策。盖公说："治道贵清净而民自

---

[1] 《与通长老九首》（三），《苏轼文集》卷六十一，第1877页。
[2] （清）黄元吉撰，蒋门马校注：《道德经注释》第二十六章，北京：中华书局2012年版，第108页。

定。"[1] 后来曹参用其与民安息之道，国家大治。"萧规曹随"讲的就是，曹参继任萧何为相国后，按章办事，"无为而治"，国家治理得井井有条。应该说西汉的长治久安与崇尚"清静无为"的黄老学说不无关系。苏东坡对其与民休息的国家治理思想推崇备至。为此，苏东坡还在州衙庭园内黄堂之北，专门建筑了盖公堂，警示自己忧民、惠民，让百姓休养生息，并作《盖公堂记》。他在文中以"三易医而疾愈甚"[2] 来嘲讽朝廷的用人乱象。

此时，朝中局势再起变化。熙宁八年（1075年）二月，王安石奉诏火速进京，再度执政，并大胆起用进士及第的儿子王雱。王雱精明强干，擅长作书论事，但年少气盛。为了进一步扳倒吕惠卿，王雱背着父亲指使御史中丞邓绾弹劾吕惠卿。结果是打蛇不成，反被蛇咬，吕惠卿反告王安石欺君。其实，吕惠卿早就在搜集留存对王安石不利的证据。早年他们在讨论某件政事时，因还没有考虑成熟，王安石便写信给吕惠卿，嘱咐他先不要将此事禀报皇上。而此时吕惠卿便将此信呈上。王安石责怪儿子行事莽撞，三十三岁的王雱，从此闷闷不乐，不久患背疽而亡。王安石万念俱灰，再度请辞。来年十月，王安石隐居金陵（今江苏省南京市）。吴充、王珪进入中枢。

苏东坡当初选择来密州的初衷，是为了靠近已在济南任职的弟弟苏辙，可以相互走动和照应。但密州的天灾人祸和纷繁复杂的政务工作，让苏东坡在两年多的时间里，竟然没有余暇去济南与弟弟一家会面。这也从侧面反映出苏东坡的责任心、使命感和敬业精神。

尽管密州自然禀赋不佳，贫穷落后，但历史悠久，文化底蕴丰厚。两年多的

---

1 《盖公堂记》，《苏轼文集》卷十一，第346页。
2 同上。

工作生活经历,为苏东坡提供了文学创作的素材,尤其是超然的心态和精神的力量,激发了他的创作灵感。关于文学与生活的关系,他曾在《南行前集叙》中写道:"舟中无事,博弈饮酒,非所以为闺门之欢,而山川之秀美,风俗之朴陋,贤人君子之遗迹,与凡耳目之所接者,杂然有触于中,而发于咏叹。"[1]

密州是苏东坡首次担任地方主官之地,纷繁复杂的工作生活经历,助力他迎来了文学创作的第一个高峰期,作品数量多、质量高。苏东坡留世的文学作品中有二百零九篇是在密州期间创作的,其中诗歌一百二十七首、词十八阕、文章六十四篇。脍炙人口、经久不衰的有:《江城子·乙卯正月二十夜记梦》("十年生死两茫茫"),《江城子·密州出猎》("老夫聊发少年狂"),《水调歌头·中秋》("明月几时有"),《望江南·超然台作》("休对故人思故国")[2],等等。

更为重要的是,仕途上的失意,变法中的烦恼,情绪上的苦闷和生活上的落差,并没有压垮苏东坡,反而为他日后"也无风雨也无晴""一蓑烟雨任平生"的人生境界的形成奠定了坚实基础。

经过两年多的艰辛努力,"蝗旱相仍""盗贼渐炽"的局面大为改观,大片荒弃的农田开始恢复生产。密州在苏东坡的悉心治理下,呈现出多年来少有的安定富庶的局面。他在《超然台记》中十分欣喜和自豪地写道:"始至之日,岁比不登,盗贼满野,狱讼充斥,而斋厨索然,日食杞菊。人固疑余之不乐也。处之期年,而貌加丰,发之白者,日以反黑。余既乐其风俗之淳,而其吏民亦安予之拙也。"[3] 一个心中装着黎民百姓的官吏,政绩卓著,落笔生辉,连上苍都会眷顾。

熙宁九年(1076年)十一月,一说十月中旬,苏东坡接到了以祠部员外郎直

---

[1] 《南行前集叙》,《苏轼文集》卷十,第323页。
[2] 《望江南·超然台作》,《苏轼词编年校注》,第164页。
[3] 《超然台记》,《苏轼文集》卷十一,第351—352页。

史馆知河中府的任命。其时，天降大雪。

十二月，孔宗翰来代，苏东坡在与这位继任者唱和的《和孔郎中荆林马上见寄》中写道："秋禾不满眼，宿麦种亦稀。永愧此邦人，芒刺在肤肌。平生五千卷，一字不救饥……朱轮未及郊，清风已先驰。何以累君子，十万贫与赢。"1 字里行间，都体现了苏东坡对密州百姓的关爱之情、恻隐之心和歉疚之意，从中不难感受到他是如何对待职守、如何心中装着百姓冷暖的，充分体现了苏东坡的民本主义精神和虚怀若谷的人格魅力。

密州百姓对苏东坡的崇敬爱戴之心，如滔滔江水，连绵不绝。后来，密州百姓重修超然台时，为纪念苏东坡对密州的杰出贡献，建立祠堂，取名苏公祠。

翌年正月，大雪纷飞，寒风凛冽，苏东坡一家踏上旅途。快到济南时，齐州知州、好友李常已派人相迎。苏辙虽然去冬匆匆去了京师未归，寄寓京师郊外好友范镇的东园，但其三个儿子已早早在风雪中迎候。兄弟两家已阔别多年，一朝相聚，其乐融融。苏东坡在诗中这样写道："忆过济南春未动，三子出迎残雪里。我时移守古河东，酒肉淋漓浑舍喜。"2

二月上旬，苏东坡一家继续赶路，前往河中府。兄弟二人相约在澶濮之间的路上会合，然后一起去河中。自颍州一别，兄弟俩有近七年没有相见了。计划不如变化，兄弟俩一行走到赵匡胤黄袍加身之地陈桥驿时，苏东坡又接到了朝廷的诏命，改知徐州，兄弟俩只得调转马头。行至京师陈桥门时，却被兵卒挡在门外，上面有话，外官非奉诏，一律不得进入国门，于是他们只得转身返回郊外的东园。苏辙在《寄范丈景仁》一诗中有记："我兄东来自东武，走马出见黄河滨。

---

1 《和孔郎中荆林马上见寄》，《苏轼诗集》卷十四，第701—702页。
2 《将至筠，先寄迟、适、远三犹子》，《苏轼诗集》卷二十三，第1223页。

及门却遣不得入，回顾欲去行无人。"[1]

兄弟二人为何进京，陈桥门又为何被阻，史料记载不详。返回京师郊外的东园后，赴任徐州前的这段时间，苏东坡做了四件事：

一是为长子苏迈操办婚事。苏迈娶的是同乡世交王宜甫的女儿，其时苏迈十九岁。来年八月，长孙苏箪生于徐州。

二是为次子苏迨治病。苏迨先天不足，长到几岁时还不能行走，后经杭州辩才法师的医治，行走问题虽然解决，但身体还是单薄，经常生病，与叔叔苏辙小时候的情况相似。后来苏辙在陈州任学官时，得道士李若之传授的服气法，一年时间，所有毛病不药自愈。其时，李道士恰好也在京城，苏东坡就请李道士为儿子"布气"，后来，苏迨身体渐渐强壮起来。

三是出席西园文人雅集。驸马都尉王诜，获悉苏东坡兄弟俩都在京城，非常高兴，折柬邀约。王诜，字晋卿，山西太原人，开国元勋王全斌的后裔，娶英宗之女贤惠公主，而公主是神宗皇帝唯一的胞妹。王诜是山水画名家，他与苏东坡因绘画交好。三月初二寒食节，王诜在北城外自家西园的四照亭设宴，邀请苏东坡、苏辙、黄庭坚、秦观、蔡肇、晁补之等十五位文人雅士出席。宾主吟诗唱和，挥毫泼墨，流觞曲水，热闹非凡。人物画家李公麟乘兴绘出了令后人景仰的《西园雅集图》，米芾作《西园雅集图记》，图中"其乌帽、黄道服、捉笔而书者，为东坡先生"[2]。后世马远、赵孟頫、唐寅、张大千等著名画家皆曾倾力摹绘此图。李公麟为南唐先主李昇的裔孙，其父酷爱书画，收藏颇丰，他从小受到家庭熏陶，自幼见多识广，又具绘画天赋，佛画、人物画的功底很好。而米芾所作《西

---

[1] 《寄范丈景仁》，《苏辙集》，第138页。
[2] 《苏轼年谱》卷二十七，第852页。

园雅集图记》，没有记述具体的时间，一说是在元祐二年（1087年），而此时米芾正在南方为官，因此，《西园雅集图记》中的聚会被不少学者认定为一场子虚乌有的集会。

（北宋）李公麟　西园雅集图（部分）

四是代张方平撰写《谏用兵书》。苏东坡赴任途经应天府南京时，与苏辙兄弟二人一同拜谒恩师张方平。针对朝廷欲对西夏党项人用兵一事，张方平感慨道："总得有人肯说逆耳之言，我已七十一岁，老且将死，祸福在所不计。死后，见先帝于地下，也有话说。"于是，二人商定，以张方平名义，由苏东坡撰写《谏用兵书》。全文两千四百多字，言辞尖锐，舌锋如火，正如《宋史·苏轼传》所言："忠规谠论，挺挺大节，群臣无出其右。"[1] 苏东坡在文中尽心规劝的正直之言，无人可比，读之令人动容。文章引经据典，落笔当下，忧国忧民，堪称苏文经典。谏书一出，万人争诵，神宗亦被二位臣子的赤诚之心所感动，但用兵之志坚如磐石。

四月二十一日，苏东坡抵达徐州。

1　《宋史·苏轼传》卷三百三十八，第10817页。

第五章 | 以民为本，夙夜在公

第三节 | 惟愿一识"苏徐州"

"我独不愿万户侯，惟愿一识苏徐州"[1]，这是"苏门四学士"之一的秦观《别子瞻》一诗中的诗句，表达了他对恩师苏东坡的无比崇敬之情。

徐州，也称彭城，古为华夏九州之一，地处苏、鲁、豫、皖四省交界处，一向为军事要冲，乃兵家必争之地。徐州虽然地处华北平原的东南部，江苏省的西北部，但水网河流密集，大运河穿城而过，"汴水流，泗水流，流到瓜洲古渡头"[2]，便是唐朝诗人白居易描写汴水、泗水在徐州合流，经运河渡口汇入长江的情景。

苏东坡到任还不到三个月，就遇上黄河在澶州曹村（今河南省濮阳市附近）决口。此地为宋真宗时北宋与辽"澶渊之盟"的签约地。七月十七日，"河决于澶渊，东流入钜野，北溢于济，南溢于泗"[3]。黄河决口后，凶猛的洪水四处涌流。

面对危情，苏东坡一方面组织劳力准备土石、树干和干草等防汛物资，另一方面抽调水性好的民众组成水上救援队，将居住在偏远山林的百姓和流落在城外的难民赶紧转至城内。汛情发展正如苏东坡所料，眼看就要殃及徐州。情急之

---

[1] 徐培均著：《秦少游年谱长编》卷二，北京：中华书局2002年版，第89页。
[2] （唐）白居易撰，谢思炜校注：《白居易诗集校注》外集卷中《长相思二首》（其一），北京：中华书局2006年版，第2949页。
[3] 《黄楼赋》，《苏辙集》，第334页。

下，苏东坡赶紧动员数千民工日夜轮班，加固城墙。为了减轻洪水对城墙的直接冲击，苏东坡派人将几百艘公船、私船，用缆绳系在城墙下的浪高水急之处。

"水穿城下作雷鸣，泥满城头飞雨滑。"[1] 八月二十一日，洪水伴随雷雨如期而至，情势非常严峻，徐州城墙告急。徐州城南两山环绕，洪水自然而然就汇集在其他三面。放眼望去，一片汪洋，若城墙决口，整个徐州城无疑将葬身水下。

情势危急，人心惶惶，城中富人纷纷收拾细软，争相外逃。苏东坡获悉后，立即赶到南城门劝阻：富民若出，民心动摇，吾谁与守？吾在是，水决不能败城。

安定民心，劝回富人们后，苏东坡集中民智，寻求抗洪之法。有长者告诉他：徐州城屡遭水患，但也不是逢水必破，数十年前的天禧年间，洪水来犯时，就是因为筑了两道防水的堤坝，保住了城池。一道从小市门外沿城壕向南，一直连到戏马台的山麓；另一道从新墙门外沿城壕西折，一直连到城下南京门之北。

苏东坡觉得历史经验值得借鉴，他下令紧急征召五千民工。为了与洪水争时间、抢速度，他又头戴斗笠，拄着拐棍，深一脚浅一脚地赶到武卫营求助。禁军直属朝廷，地方主官本无权调遣。好在武卫营卒长识大体、顾大局，他对苏东坡说：太守也不避水，这正是我等效命之秋。说完，他就率领兵卒手持畚锸赶往工地。

苏东坡"以身帅之，与城存亡"[2]，从容应对。他"衣袭履屦"，吃住在城头上临时搭建的工棚里，日夜不离开抗洪前线一步。人心齐，泰山移，不到一个月的时间，一道长达九百八十四丈、高一丈、厚二丈的防洪大堤筑成。

到了九月二十一日，水深二丈八尺九寸，洪水竟高出城内街道达一丈九寸，幸好大堤筑成。但持续大雨，还是险象环生，苏东坡丝毫不敢松懈，他日夜在城

---

[1] 《九日黄楼作》，《苏轼诗集》卷十七，第868页。
[2] 《黄楼赋》，《苏辙集》，第335页。

墙上巡视，指令官员分兵把守，及时处理险情。

徐州城就这样在洪水的威胁下，度过了艰难的七十多个日夜。十月初五，洪水才开始消退。十月十三日，黄河一条支流在澶州复入故道，往东在靠近海州处流入大海。至此，围困徐州的洪水全部退去，提心吊胆的日子终于过去了。

徐州百姓欢天喜地，苏东坡更是兴奋不已，欣然写下了《河复》一诗，其在序中云："乃作《河复》诗，歌之道路，以致民愿而迎神休，盖守土者之志也。"1 老百姓为了感激这位与城共存亡、指挥有方的好太守，纷纷杀猪宰羊，前来慰问。苏东坡实在推辞不掉，只好接受下来，然后在他的指点下烧成大块红烧肉，回赠前来慰问和参与抗洪的百姓。百姓对这酥香美味、肥而不腻的大肉赞不绝口，起名为"回赠肉"，其实，这就是一直流传至今的名菜"东坡肉"的雏形。"东坡肉"起源于徐州，成熟于黄州，扬名于杭州。

元丰元年（1078年）二月初，神宗皇帝闻奏后大喜，下诏："敕苏轼。省京东东路安抚使司、转运司奏：昨黄河水至徐州城下，汝亲率官吏，驱督兵夫，救护城壁，一城生齿并仓库庐舍，得免漂没之害，遂得完固事……使者屡以言，朕甚嘉之。"2

前事不忘，后事之师。苏东坡谢表道："奔走服勤，人臣之常事。"3 要紧的是徐州处于下游，水患屡次三番，今年仅免为鱼，明年之忧，方未可测，趁朝廷奖谕之机，希望"附诏使奏牍，乞以石甃城脚，周回一丈，其役甚大且艰，但成则百余年利也"4。黄河泛滥，家常便饭，苏东坡开始谋划修筑新的大堤，以备

---

1 《河复》，《苏轼诗集》卷十五，第765页。
2 《奖谕敕记》，《苏轼文集》卷十一，第380页。
3 《徐州谢奖谕表》，《苏轼文集》卷二十三，第652页。
4 《与刘贡父七首》（二），《苏轼文集》卷五十，第1464页。

不测。

上奏朝廷后，苏东坡积极筹备，并打算年底动工，可到了来年正月，还是杳无音信。他猜想是不是因为石头大坝耗资巨大，而迟迟没有准奏。于是他减少了预算，改用木材，再次上奏，并致信时为国史编修的好友刘攽，请他从中斡旋。可见苏东坡忧民爱民，用心良苦。

这一次，朝廷很快准奏。元丰元年（1078年）二月，朝廷下诏：赐钱两千四百一十万，犒奖夫役四千二十三人，又发常平钱六百三十四万，米一千八百余斛，募夫三千二十人。得到朝廷批准后，苏东坡立即实施筑堤工程，并于当年八月竣工。徐州城外筑起了一道长七百九十丈的护城长堤，后人亲切地称之为"苏堤"。

为了纪念抗洪胜利，建筑大堤的同时，苏东坡在扩建城东门时，兴建了一座三十多米高的楼阁。徐州官署内，有一座厅堂，名为"霸王厅"，相传为项羽所建。据说该厅堂没人敢坐，谁若使用，必有祸事，久而久之便成废置。苏东坡憎其淫名，下令将霸王厅拆除，所得木材运往东门用于楼阁建造。苏东坡毅然决然拆除霸王厅，与他爷爷苏序当年捣毁茅将军庙的壮举如出一辙。新建楼阁外墙涂以黄色，取名为"黄楼"。在五行相克的"理论"里，黄属土，土克水，苏东坡期望以"黄楼"保徐州城一方平安。

黄楼竣工前，苏东坡原想以黄楼建设始末撰写一篇记文。而苏辙因故不能前来参加落成典礼，特撰《黄楼赋》作为贺礼，盛赞徐州抗洪功绩及黄楼壮观景色。苏东坡阅后，感觉苏辙的构思与自己的想法大致相同，没有再写之必要，遂决定兄弟联袂，亲自书写苏辙的《黄楼赋》刻石。

苏东坡书写此碑时，官伎马盼盼在一旁侍候。马盼盼秀外慧中，敏而好学，平时喜欢临摹苏东坡的书法，颇得几分形似。苏东坡书写中，有事离开。马盼盼一时兴起，竟提起笔来接下去写了"山川开合"四字。苏东坡回来看到后哈哈大笑，稍作润色，不再重写，故流传下来的《黄楼赋》碑帖中，"山川开合"这四个字是马盼盼和苏东坡合写的。

崇宁元年（1102年），也就是苏东坡去世后第二年，奸相蔡京把持朝政，再次打击"元祐党人"，"元祐党人碑"事件给北宋朋党之争做了个极不光彩的小结。朝廷昭告天下，销毁苏东坡所有文集和碑文。当时的徐州太守不忍下手，只是命人将这块石碑沉入护城河里，黄楼也更名为"观风楼"。在政和七年（1117年）以前，人们已悄悄开始收集苏东坡的手稿，且价格不菲。再后来，苏东坡手稿在黑市交易市场异常活跃，他的手稿不是进入皇宫，就是成为收藏家的囊中之物。金人攻下京师后，竟将苏东坡手稿书画作为战利品，用车运回了塞外。到了宣和末年（1125年），关于苏东坡的禁令虽然还在，但已松弛很多，富家争相收购苏东坡的墨宝，碑石的拓片也很抢手。时任徐州太守的苗仲先见有利可图，便命人将《黄楼赋》的石碑从河底打捞出来，雇人日夜拓印，总计拓了数千份。事后，苗太守忽然一本正经地对同僚说："苏氏之学，法禁尚在，此石奈何独存？"[1] 随即命人锤碎。碑石已毁，拓片的价格自然一路飙升。苗仲先任期届满回京后，将这批拓片高价售出，发了一笔大财。此事在宋人徐度的《却扫编》中有较为详细的记载。

却说重阳节这天，苏东坡在新建的黄楼上举行盛大酒会，庆贺抗洪胜利和黄楼落成。"苏门四学士"黄庭坚、秦观、晁补之、张耒齐聚徐州，诗人王巩、诗僧道潜等文人雅士近百人吟诗作赋，挥毫泼墨，盛况空前。秦观与苏辙一样也写了《黄楼赋》，"苏门六君子"之一的陈师道（履常）作《黄楼铭》。苏东坡赋诗

---

[1] 《宋人轶事汇编》卷十二，第638页。

《九日黄楼作》，再现了一年前那场惊心动魄、关乎生死存亡的抗洪抢险场面。

苏东坡在与"苏门四学士"的交往中有一个现象值得关注。"苏门四学士"都曾受到苏东坡的栽培、奖掖和荐拔，也是苏东坡最早将黄庭坚、秦观、晁补之和张耒四位的名字并提，四人虽然深受苏东坡的影响，却没有一个人在文学上完全步他的后尘。黄诗瘦劲，是两宋最大诗歌流派"江西诗派"的盟主；秦词婉约，与柳永并称"秦柳"，与周邦彦并称"周秦"，是婉约派的巨擘；晁文凝练、流畅，风格近似柳宗元；张诗学白居易，风格平易舒坦。特别是黄诗秦词，都与苏东坡大异其趣。他们景仰苏东坡，从学于他，不仅可以文风不同，还可以自由地对苏东坡的文学提出批评，如黄庭坚就曾在《答洪驹父书》中写道："东坡文章妙天下，其短处在好骂。"门生对老师可以自由地提出批评，恰恰表明了苏东坡的雅量和民主作风。

天公不作美，洪水过去，又遇春旱，苏东坡作《起伏龙行》诗，赴城东二十里外的石潭祈雨。天遂人愿，喜降甘霖，庄稼恢复了生机。按照惯例，苏东坡又带领一干人马前去石潭还愿。看到百姓安居祥和，庄稼长势喜人，苏东坡欣然写下《浣溪沙·徐门石潭谢雨道上作五首》，作品以农村、农民为主题，以路上的耳闻目睹和感悟为内容，充满了浓郁的乡土气息，"使君元是此中人"[1] 的顿悟，体现了他作为士大夫的"人民性"。这或许部分诠释了为什么苏东坡热经久不衰的原因。

徐州地质资源丰厚，盛产花岗石和铁，冶炼技术也比较发达，徐州刀剑名闻天下。火力强弱是冶炼技术的重要因素，而"彭城旧无石炭"，烧木炭冶炼，火力大打折扣。苏东坡听说徐州地下蕴藏石炭，就派人各处寻找。苏东坡所说的石

---

[1] 《浣溪沙·软草平莎过雨新》，《苏轼词编年校注》，第237页。

炭，其实就是煤炭。同年十二月，在徐州西南白土镇之北发现了煤矿。有铁又有煤，自此徐州打造出来的兵器，锋利超过了以往。煤矿的发现和开采，不仅解决了冶炼过程中的火力问题，同时也大大提高了与百姓生活密切相关的燃料质量。苏东坡赋诗道："岂料山中有遗宝，磊落如磐万车炭。流膏迸液无人知，阵阵腥风自吹散。根苗一发浩无际，万人鼓舞千人看。"[1] 这是关于江苏煤炭最早的历史记载，自此开启了徐州近千年的煤炭产业发展史。

苏东坡在徐州不仅抗洪救灾，修筑防洪大堤，开采煤矿，提升冶炼技术，他还十分关注囚犯的疾病治疗。有一次，苏东坡去府衙大牢巡视时发现，有些囚犯生了重病，气息奄奄，而狱卒却不闻不问，习以为常。究其原因，狱卒鞭打囚犯致死的，法律规定要重罚，而囚犯在狱中因病得不到及时救治而死的，监狱无须承担任何法律责任。苏东坡当即要求监狱改善囚犯伙食，增加探监频次。鉴于囚犯染病大多皆因牢房寒湿所致，苏东坡要求狱卒多生些炭火，减少牢房内的寒湿，并派来郎中诊治重病囚犯。

不仅如此，苏东坡还上疏《乞医疗病囚状》。他在奏文中写道："朝廷重惜人命，哀矜庶狱，可谓至矣……囚以掠笞死者法甚重，惟病死者无法，官吏上下莫有任其责者。苟以时言上，检视无他，故虽累百人不坐。其饮食失时，药不当病而死者，何可胜数。若本罪应死，犹不足深哀，其以轻罪系而死者，与杀之何异？"[2] 苏东坡对囚犯尚有如此悲天悯人的情怀，殊为难得。

为了解决病囚的救治问题，苏东坡在奏文中提出了以下具体建议："臣愚欲乞军巡院及天下州司理院各选差衙前一名，医人一名，每县各选差曹司一名，医

---

[1] 《石炭》，《苏轼诗集》卷十七，第903页。
[2] 《乞医疗病囚状》，《苏轼文集》卷二十六，第764页。

人一名，专掌医疗病囚，不得更充他役，以一周年为界。"1 他建议参照《周礼·医师》中的相关办法，对相关人员进行考核：除罪人拒捕及相互殴打致死外，在押罪人每十人失一以上为上等，失二为中等，失三为下等，失四以上为下下等。依据考核等级支付薪酬，上等全支，中等支二分，下等不支，下下等科罪，自杖六十至杖一百止，仍不分首从。苏东坡认为，这样能充分体现朝廷的仁爱精神。但他的这个建议，未被朝廷采纳。

元丰二年（1079年）三月初，苏东坡接到朝廷任命："罢徐州，以祠部员外郎、直史馆知湖州军州事。"2 至此，苏东坡在徐州任职两年还差一个月。苏东坡离任时，百姓依依不舍，前来送行的百姓络绎不绝，父老乡亲满怀深情地说："如果没有太守，前年我们都成了水里的鱼鳖了。"苏东坡不贪天功为己有，谦逊地说："穷人命分恶，所向招灾凶。水来非吾过，去亦非吾功。"

相见时难别亦难，即将离别患难与共的百姓和同僚，苏东坡百感交集，欲语还休。他深情地写下了《江城子·恨别》："天涯流落思无穷。既相逢，却匆匆。携手佳人，和泪折残红。为问东风余几许？春纵在，与谁同！隋堤三月水溶溶。背归鸿，去吴中。回首彭城，清泗与淮通。寄我相思千点泪，流不到，楚江东。"3 苏东坡在词中抒发了他对徐州风物人情的无限留恋之情，离愁别绪，身世飘零，涌上心头。苏东坡正是怀着这样的心情，离开了他朝乾夕惕二十三个月的徐州。

赴任途中，三月十日，苏东坡到达南都，在此停留，是为了拜谒恩师张方平和会晤弟弟苏辙。此时，张方平为南京留守，苏辙为应天府的判官。因病，苏东

---

1 《乞医疗病囚状》，《苏轼文集》卷二十六，第765页。
2 《苏轼年谱》卷十八，第428页。
3 《江城子·恨别》，《苏轼词编年校注》，第262页。

坡在苏辙家调养了半个月。苏东坡在《祭张文定公文》中曾云："十五年间，六过南都，而五见公。"[1] 文定，为张方平的谥号。由此可见，苏东坡重情重义、知恩图报。

三月二十四日，离开南都，舟行至灵璧镇（今安徽省宿州市灵璧县）时，苏东坡一行在灵璧张氏兰皋园亭歇宿。灵璧因山川灵秀、有石如璧而得名。张氏官宦世家，声名显赫，耗时五十余年建成此园。苏东坡称赞羡慕园林主人的别具匠心和巧夺天工，应主人张硕之请，作《灵璧张氏园亭记》。

苏东坡首先以开封为起点，交代园亭的地理位置，描写园亭美轮美奂的景物。以开封为起点，不仅因为其是北宋的政治中心，同时也与下文"使其子孙开门而出仕，则跬步市朝之上"[2] 相呼应。接着苏东坡叙述了园亭建造的经过，赞扬了张氏先人的功德和用心。他们建造园亭的用意，是为了子孙后代出可仕、退可隐，进退裕如。有鉴于此，苏东坡在文中写道："古之君子，不必仕，不必不仕。必仕则忘其身，必不仕则忘其君。"[3] 这段文字竟然在后来的"乌台诗案"中成为强加给他的罪状之一。文章的最后，苏东坡再次表达了对园亭的羡慕和赞美，愿与张氏后代经常走动，乐游于园亭之中。

苏东坡的这篇园亭记，不仅给后人留下了宝贵的文学财富和园林建造艺术的珍贵资料，也让灵璧的张氏园亭名气大增，誉满天下。

离开灵璧，苏东坡来到了扬州。时为扬州知州的同乡老友鲜于侁（子骏），在平山堂设宴接待苏东坡。平山堂始建于庆历八年（1048年），时任扬州知府的欧阳修，极其欣赏这里的清幽古朴，建堂于此。在此堂上，江南诸山，尽收眼底，

---

[1] 《祭张文定公文》，《苏轼文集》卷六十三，第1953页。
[2] 《灵璧张氏园亭记》，《苏轼文集》卷十一，第369页。
[3] 同上。

似与堂平，平山堂因此而得名。苏东坡身临其境，睹物思人，缅怀恩师，作《西江月·平山堂》："三过平山堂下，半生弹指声中。十年不见老仙翁，壁上龙蛇飞动。欲吊文章太守，仍歌杨柳春风。休言万事转头空，未转头时皆梦。"1 词中所言三过平山堂，第一次为赴杭州任通判途中，第二次是从杭州到密州任知州时，此次是去湖州任职时途经。

四月渡过淮河，经高邮，至无锡，到达秀州时，苏东坡专程前往白牛村陈舜俞灵柩前哭祭，并撰写祭文，称其"多其才能，盖已兼百人之器"2。仁宗在位四十一年，通过制科考试的仅十五人，嘉祐四年（1059年），陈舜俞考取制科第一名。他为官清廉，不善逢迎，熙宁三年（1070年），还仅是个山阴（今浙江省绍兴市）知县。因上疏反对和拒绝施行青苗法，被贬为监南康军（今江西省庐山市）酒税，大为不悦，回归故里，郁郁而终于白牛村。

由于经历相似，志同道合，苏东坡的祭文情真意切。后来陆游为苏东坡的这篇祭文所作的题跋中写道："东坡前、后集祭文凡四十首，惟祭贤良陈公辞指最哀。读之使人感叹流涕。"3

祭祀完毕后，苏东坡黯然神伤地继续向湖州进发。

---

1 《西江月·平山堂》，《苏轼词编年校注》，第533页。
2 《祭陈令举文》，《苏轼文集》卷六十三，第1944页。
3 《跋东坡〈祭陈令举文〉》，《陆游全集校注》第十五册，第217页。

第六章

"乌台诗案"：至暗时刻

从金榜题名，到文坛盟主；从踌躇满志，到踏入仕途；从任职京师，到主政一方；不知不觉中，苏东坡已人到中年。既然变法后的京师暂时无法实现自己的理想，倒不如远离朝堂，继续外任，既能体恤民情，又能造福一方。而令苏东坡始料未及的是，已经退而求其次了，可到任湖州不久，他还是遭遇了人生的至暗时刻，成为宋朝开国以来第一桩文字狱"乌台诗案"的受害者。

第一节 | 湖州谢表惹祸端

湖州，因湖得名，地处苏、浙、皖三省交会处，东邻嘉兴，南接杭州，西连安徽的宣城，北濒太湖，与江苏的苏州、无锡隔湖相望。湖州历史悠久，距今有两千三百多年的历史。

元丰二年（1079年）四月二十日，苏东坡抵达湖州，时年四十四岁。湖州对于苏东坡而言，并不陌生，这是他第三次来到湖州。第一次是熙宁五年（1072年）冬，苏东坡在杭州任通判时，受两浙转运使的差遣，帮助湖州知州孙觉勘察改造堤岸，治理水患；第二次是熙宁七年（1074年）九月，他离开杭州前往密州时，路过湖州，与时任知州李常、诗友张先等六人相会。

湖州民风淳朴，文化底蕴丰厚，苏东坡对湖州印象颇佳。到任不久，曾在苏氏门下求学的王适、王遹兄弟，追随苏东坡来到湖州。多亏王适兄弟的到来，"乌台诗案"发生后，正是这兄弟俩重情重义，不怕受牵连，帮助师母王闰之整理行装，护送苏家老小二十多口，投靠在南都任职的苏辙。

那时官员工作变动，每到一地任职，都要给皇帝上谢表，朝廷还将这些谢表刊发在定期编印的公报上。苏东坡来到湖州后，依照惯例，给神宗皇帝上了谢表。他在谢表中，说自己没有什么政绩可言，感叹皇恩浩荡。接着写道："知其愚不适时，难以追陪新进；察其老不生事，或能牧养小民。"[1] 苏东坡自嘲地说，我并不聪明，又不合时宜，自然比不上那些快速升迁的后辈们。也许皇帝看在我年纪较大，且不会惹是生非，在地方上关心照顾百姓还是可以的。

"新进""生事"，确实带有一些讽刺和戏谑的意味，但比起以前的《上神宗皇帝书》《祭欧公文》《代张方平谏用兵书》等，用词要缓和很多。而令苏东坡万万没有想到的是，他的这篇例行公事的谢恩表章却为新党政敌提供了陷害他的极好机会，成为"乌台诗案"的导火索。

说起"乌台诗案"，沈括是一个无法回避的人物，虽然"乌台诗案"发生时，他已离开京师，但苏辙将他称为"乌台诗案"的始作俑者。李焘在《续资治通鉴长编》中也持此观点。

沈括，字存中，《宋史·沈括传》称他"博学善文，于天文、方志、律历、音乐、医药、卜算，无所不通，皆有所论著"[2]。他又把平日与宾客谈论的事记录下来，写成《笔谈》，多载朝廷故实、耆旧出处，流传于世。在中国历史上，沈括是自汉代张衡后，第二个正史有传的科学家，因晚年著有《梦溪笔谈》而闻名天下，英国科学史家李约瑟在《中国科学技术史》中称他为"中国科学史上的坐标"。这些都是沈括展现给世人的光鲜的一面，而在现实政治生活层面却颇有争议。李一冰在《苏东坡新传》中认为，这与他才能卓越而早年甚不得意有极大的关系。

沈括生于官宦之家，幼年勤奋好学，随父宦游州县，见过不少世面。三十二

---

[1]　《湖州谢上表》，《苏轼文集》卷二十三，第 654 页。
[2]　《宋史·沈括传》卷三百三十一，第 10657 页。

岁进士及第后，旋即被光怪陆离、冠盖荣华所惑。熙宁元年（1068年），他还只是王安石身边的一个小助手，曾参与过制置三司条例司的工作。当时，王安石位高权重，风头正劲，沈括有心攀附，竭力拥护和推动变法，王安石也非常倚重他的才能，可是不久，王安石改变了对他的看法。保甲法实施前，神宗有意委任沈括专主其事，而王安石直接对神宗说："沈括壬人（小人），不可亲近。"[1]

几年后，也就是熙宁六年（1073年），沈括开始时来运转，先是入馆阁，后又为两浙路察访使，贵为钦差大臣了。沈括和苏东坡曾在馆阁一同共事，两人政见不合，尤其是在对青苗法的看法上。巡察江南水利前，神宗对沈括说："苏轼通判杭州，卿其善遇之。"[2]

沈括到杭州后的第一件事，就是去找苏东坡"叙旧"，苏东坡尽地主之谊热情款待，席间当然也会交流彼此的新作。临别前，沈括为了表示对苏东坡的敬重和对其新作的垂青，"恳求"手录近诗一通。苏东坡从无防人之心，欣然同意。

其实，沈括讨要苏东坡的诗集，是另有所图。离开京师前，神宗的叮咛让他心生妒忌，他也知道王安石对苏东坡很不友善。回到京师后，除了极力赞扬青苗法、农田水利法等新法外，就是将苏东坡诗集中他认为有问题的诗句圈出来，逐处加以笺注后，附在察访报告里，一并呈送皇帝，其中就包括后来"乌台诗案"中引起祸患的《山村五绝》《咏桧》《吴中田妇叹》等，告苏"词皆讪怼"。幸运的是，神宗置之不理，但满朝的人，都知道此事。

沈括怎么也没料到，他带回的苏东坡诗集，神宗却手不释卷。苏东坡知道沈括所为后，并没太放在心上，倒是友人刘恕戏曰："不忧进了也。"意思是不愁没人把他的作品呈给皇帝御览了。

---

[1] 《续资治通鉴长编》卷二百六十三，第6419页。
[2] 《宋人轶事汇编》卷十二，第544页。

沈括一生致力于自然科学的研究与探索，在众多科学领域有很深的造诣和杰出的贡献。他崇尚科学、探究科学，这在相信天命、封建迷信盛行的宋代，是非凡之举。因此，他被誉为"中国整部科学史中最卓越的人物"，可谓实至名归。特别是他的代表作《梦溪笔谈》，集历代科学成就之大成，被誉为"中国科学史上的里程碑"，在世界科学史上也有着十分重要的地位。

然而人无完人，仕途上的沈括颇受争议。王安石二次罢相后，吴充继任。此时，沈括已为掌管全国财政的三司使。他发现吴充处处都显出与王安石的不同，为了迎合宰相，就秘密条陈诋毁新法，献于吴充，而吴则密呈神宗。

时为御史知杂事的蔡确知悉后，上疏道："新法始行，朝廷恐有未便，故诸路各出察访以视民愿否。是时，沈括为两浙路察访。使还，盛言新法可行，百姓悦从。朝廷以其言为可信。今王安石出，吴充为相，乃徇时好恶，诋毁良法。其前后之言自相背戾如此。"[1]

六年后，李定、舒亶等人密谋诬陷苏东坡，炮制"乌台诗案"时所玩弄的手法，完全是沈括当年手段的再现。苏辙在《为兄轼下狱上书》中说"向者曾经臣僚缴进"[2]，而臣僚指的就是沈括。

宰相王珪看过苏东坡《湖州谢上表》后，冷笑着对同为新党的奸臣蔡确说：绝妙好词，奇文共赏。蔡确对王珪的意图立刻心领神会，大声附和道：一道谢表，亦富文采。

尽管王珪早年非常欣赏苏东坡的文采，曾收藏过他进士考试时的策论考卷，但在你死我活的政治斗争面前，个人的喜好就变得无足轻重了。王珪在朗读苏东坡谢上表中"知其愚不适时，难以追陪新进；察其老不生事，或能牧养小民"一

---

[1] 《宋人轶事汇编》卷十一，第543—544页。
[2] 《为兄轼下狱上书》，《苏辙集》，第622页。

句话后，不怀好意地评价说：果然文采不差！

"新进"一词，在当时被理解为那些不学无术、阿谀奉承、投机钻营的小人。蔡确心虚，对号入座，便与王珪联手使出借刀杀人的把戏。他们深知李定与苏东坡素来不和，而定期编印的朝廷公报尚需时日，便命人抄录一份交给李定。

李定，江苏扬州人，在当时也称得上是个"名人"。李定少时受学于王安石，熙宁二年（1069年），经黄庭坚的岳父、秦观的老师孙觉推荐，以秀州军事判官召来京师。因李定对青苗法赞许有加，王安石大喜过望，将他引荐给神宗。神宗拟破格提拔重用，但宰相婉拒了其知谏院的任命。

李定生母仇氏改嫁后去世，他假装不知，拒不服丧，被司马光痛斥为"不服母丧，禽兽之不如"。御史陈荐弹劾李定：李为泾县主簿时，闻母仇氏死，匿不服丧。中书舍人知制诰宋敏求、李大临、苏颂，因拒绝起草李定监察御史的任命被免职，被誉为"熙宁三舍人"。御史林旦、薛昌朝、范育对李定的任命也提出不同意见。

恰在此时，发生了一件与李定形成鲜明反差的事情。长安大尹钱明逸奏报：朱寿昌，扬州天长（今安徽省滁州市天长市）人，曾任岳州、阆州、广德军知州，其父朱巽曾任工部侍郎，其生母刘氏为朱巽之妾。朱寿昌三岁时，刘氏被朱巽遗弃，母子间杳无音信五十年。朱寿昌宦游四方，多方寻母未果。熙宁三年（1070年），他辞别家人，弃官入秦，刺血书佛经，沿途散发，祈求遇合，行至同州（今陕西省渭南市大荔县），终于与母重逢，生母刘氏其时已过古稀之年，遂精心奉养。三年后，母亡。

神宗以为至孝，召见朱寿昌，适逢群攻李定不服母丧之时，李定颇为不爽，王安石也颜面无光。

此事本来与苏东坡没有太多牵连，但士大夫们出于伦理正义之感，纷纷写诗褒奖颂扬朱寿昌的孝道德行,并汇编成册。这类事情苏东坡岂能缺席,他也写诗赞许:"嗟君七岁知念母,怜君壮大心愈苦……感君离合我酸辛,此事今无古或闻……西河郡守谁复讥,颍谷封人羞自荐。"[1] 该诗通篇赞扬朱寿昌的孝行,但其中"此事今无古或闻"和"西河郡守谁复讥"这两句,被人附会为讽刺王安石袒护不孝之人,李定如芒刺在背,怀恨在心,因而与苏东坡结下了梁子。

李定见到苏东坡的湖州谢表后,如获至宝,觉得自己报仇雪恨的机会终于来了。他立即与舒亶、何正臣两位御史密谋。舒、何二人一见"新进"二字,就火冒三丈,说着就要以谤讪君上、讥讽大臣、大逆不道等罪名上章弹劾。李定善于权谋,他老谋深算地说:苏东坡乃当今名士,深得皇上和一些公卿的赏识,打虎不死,反被虎伤,务要一击毙命。他们商定集体轮番弹劾苏东坡,希望以此迫使尚义而好名的神宗皇帝就范。

元丰二年(1079年)六月二十七日,按照约定,首先由时任监察御史里行何正臣发难,指责苏东坡湖州谢上表中"知其愚不适时,难以追陪新进;察其老不生事,或能牧养小民"等句"愚弄朝廷,妄自尊大"。又说:"一有水旱之灾,盗贼之变,轼必倡言归咎新法,喜动颜色,惟恐不甚。……轼所为讥讽文字,传于人者甚众。今犹取镂板而鬻于市者进呈。"[2]

李定料定神宗也会像对待沈括当年的举报一样,置之不理。他技高一等,这次采用的是轮番围剿。几天后,同为监察御史里行舒亶的弹劾文字又到了神宗的手中。札子写道:"臣伏见知湖州苏轼近《谢上表》,有讥切时事之言,流俗翕

---

[1] 《朱寿昌郎中,少不知母所在,刺血写经,求之五十年,去岁得之蜀中。以诗贺之》,《苏轼诗集》卷八,第387—388页。
[2] 《监察御史里行何正臣札子》,《苏轼年谱》卷十八,第449页。

然，争相传诵。忠义之士，无不愤惋。"[1]

舒文的开篇，仅是与何正臣做了个呼应，而下文则是节选苏东坡过往可以附会为"谤讪君上"的语句，试图罗织为"大不敬"的杀头之罪，以此来激怒神宗。比如：陛下推行青苗法，苏东坡则说"赢得儿童语音好，一年强半在城中"；陛下实行官盐法，苏东坡则说"岂是闻韶忘解味，尔来三月食无盐"；陛下兴修水利，苏东坡则说"东海若知明主意，应教斥卤变桑田"[2]；陛下明法以课试群吏，苏东坡则说"读书万卷不读律，致君尧舜知无术"[3]；等等。接着舒亶又说："伏望陛下体先王之义，用治世之重典，付轼有司，论如大不恭，以戒天下之为人臣子者，不胜忠愤恳切之至。"[4] 为了显示其弹劾有根有据，舒亶还将印刷发行的苏东坡诗三卷呈上。

何正臣和舒亶的两份弹劾，正如李定等人所料，圣上并没有被激怒，只是批交中书复议。

人以群分，物以类聚。能和李定交好的，人品也好不到哪里。舒亶，浙江慈溪人，治平二年（1065年）进士，初为县尉，因犯事，被停废多年。后经御史张商英举荐，得以重入仕途。"乌台诗案"后，张商英曾有私事相托，谁知舒亶翻脸无情，不但不帮忙，还告发了张商英，张为此受到降级处理。舒亶的口碑很差，在士大夫中为人所不齿，实为不折不扣的小人。

国子博士李宜之，一个默默无闻的小官吏，为捞取政治资本也来插上一手。他认为，若能参与一件整垮名人的大案，无疑可为自己增光。于是，他的举报信

---

[1] 《监察御史里行舒亶札子》，《苏轼年谱》卷十八，第447页。
[2] 《八月十五日看潮五绝》（其四），《苏轼诗集》卷十，第485页。
[3] 《戏子由》，《苏轼诗集》卷七，第325页。
[4] 《监察御史里行舒亶札子》，《苏轼年谱》卷十八，第448页。

也到了皇帝的面前。李宜之的奏状为：昨任提举淮东常平，过宿州灵璧镇，有张硕秀才称："苏轼与本家撰《灵璧张氏园亭记》，内有一节，称：'古之君子，不必仕，不必不仕。必仕则忘其身，必不仕则忘其君。'……是教天下之人，必无进之心，以乱取士之法。……无尊君之义，亏大忠之节……颇涉讥讽，乞赐根勘。"[1]

俗话说，三人成虎。李定不愧是玩弄权术的高手。神宗开始将信将疑了。紧接着李定压轴，拿出他的撒手锏，在七月二日的札子中进一步向神宗进言，说苏东坡至少犯下四项可废之罪，也就是四项杀头之罪。他在奏章的序言中说："（苏轼）初无学术，滥得时名，偶中异科，遂叨儒馆。"[2] 接着又说：皇上对他宽容已久，希望其改过自新，但苏轼死不悔改。另一个当杀的理由是：虽然苏轼所写诗词荒谬浅薄，但伤风败俗，蛊惑人心，全国影响甚大，几乎人人都会背诵他的诗词。

李定说苏东坡的诗词全国影响甚大，还真不是凭空捏造的。宋代印刷术的发展，极大地加快了知识传播速度，丰富了传世方式。杭州当时是全国三大刻版印书中心之一，杭州出版商瞄准了当时的"网红"苏东坡，开版雕印了《苏子瞻学士钱塘集》。据说当时市场反响很好，出版商不断加印，到了元丰元年（1078年），出版商又推出了《元丰续添苏子瞻学士钱塘集》。而恰恰就是这本增订版的《钱塘集》，成为"乌台诗案"的主要"罪证"。"乌台诗案"当然不是我国历史上最早的文字狱，但确实是第一件以印刷出版物为"罪证"的文字狱。

李定深知神宗的喜好和痛点，札子所言，极尽挑拨离间之能事，把苏东坡讽刺和谤讪的对象全都附会成指向神宗，神宗被深深刺痛，何况在他之前已有三个

---

[1] 《国子博士李宜之状》，《苏轼年谱》卷十八，第449—450页。
[2] 《诗案·御史中丞李定札子》，《苏轼年谱》卷十八，第446页。

弹劾奏折。十天不到的时间里，接连四份弹劾，神宗再精明，也难免落入李定等人精心设计的圈套。神宗随即下旨："送御史台根勘闻奏。"1 也就是由御史台彻底查究，并禀报结果。

李定等人的阴谋之所以得逞，除了他们技高一筹，很重要的原因是熙宁和元丰时期的政治情势发生了重大变化。

熙宁二年（1069年）开始变法，至熙宁九年（1076年），主要由王安石执政，其中熙宁七年罢相，八年复出，九年再度罢相，后由神宗亲自主政，1078年改年号为元丰。因此，熙宁时期，苏东坡诗文中针对变法时，虽然言辞激烈，但讥讽和谤讪的对象是王安石；而元丰时期，苏东坡的言辞和语气要比原先缓和很多，但批评和嘲弄的对象却变成了皇帝。

苏东坡恰恰疏忽了这一点，而李定正是抓住了这个要害。这或许正是为什么熙宁时期沈括陷害未成，而元丰时期李定等人阴谋得逞的关键。

苏辙在《为兄轼下狱上书》中也佐证了这一点，他在上书中写道："顷年通判杭州及知密州日，每遇物托兴，作为歌诗，语或轻发，向者曾经臣僚缴进，陛下置而不问。轼感荷恩贷，自此深自悔咎，不敢复有所为。"2 苏辙承认苏东坡在任杭州通判和密州知州时，曾写讽刺诗文，但后来就已改正。他之所以将苏东坡的改正之举选在熙宁后期和元丰初期，就是要在时点上把王安石执政和神宗亲政区分开来。苏辙意在表明苏东坡讥讽、谤讪的对象是王安石，而不是皇帝，一旦神宗亲政，苏东坡便再无"语或轻发"之举。尽管苏辙选择的这个时点与事实并不相符，因为御史台的审问和苏东坡的供述，也涉及不少苏东坡元丰初期的诗文，但他显然比其兄长懂得熙宁与元丰时期的政治环境和言论氛围发生了根本变

---

1 《诗案·御史中丞李定札子》，《苏轼年谱》卷十八，第447页。
2 《为兄轼下狱上书》，《苏辙集》，第622页。

化。可谓用心良苦。

其实，除了熙宁和元丰时期的政治情势发生了重大变化和李定等人采用轮番围剿的战术外，神宗做出"送御史台根勘闻奏"的决定，还有其他原因：一是熙宁变法以来，新法的流弊不断显现，且水灾、旱灾、蝗灾、地震等自然灾害接连发生，不仅反对变法者将这些自然灾害与变法联系起来，而且神宗本人也心存疑虑，他屡下罪己诏，并多次避正殿、减膳食来表明自己对上天的敬畏之心。二是反对变法的保守派虽已全部逐出京师，但反对新政的声音此起彼伏，特别是郑侠所上的《流民图》，让神宗惊心怵目，元丰初期时，他已缺少了登基之初的那份自信，逐渐变得刚愎自用，明知新法的种种弊端，也决不容忍他人的批评，当他的弟弟岐王赵颢向他哭泣进谏时，他竟然恶言相向：是我败坏了国事吗？那么你来做皇帝好了！连对自己弟弟的进谏都是如此态度，岂能容忍官吏的指桑骂槐或严厉批评？神宗对于苏东坡反对新法的态度甚是不悦，因此，近几年来，李师中、李孝孙、陈荐、苏澥、王居卿、陈襄等先后多次举荐过苏东坡，神宗概不理睬，也足以说明他对苏东坡的不满。

御史台接到圣旨后，请求神宗选人参与查处，诏派"知谏院张璪、御史中丞李定推治以闻"[1]。

如前面所说，张璪与苏东坡不仅同科及第，而且曾为同僚。苏东坡在凤翔任签判时，张为法曹，关系融洽。张离任时，苏东坡曾作《稼说》赠行，与其共勉。

知人知面不知心，凤翔时的苏东坡怎么也不会想到，他的这位进士同年，本性奸邪。这些年来，张璪在京师非常活跃，起初追随王安石，很快依附吕惠卿，

---

[1] 《续资治通鉴长编》卷二百九十九，第7266页。

又深得右相王珪的器重。由于王珪的竭力推荐，元丰四五年间，就混上参知政事、中书侍郎之位。后来随着时局的变化，他又成为章惇的朋党，谄媚蔡确，且与舒亶过从甚密，屡屡充当打手，大兴牢狱。北宋大臣刘挚这样评说道："数人之性不同，而能探情变节，左右从顺，各得其欢心。"[1] 此次奉命参与此案，正是他邀功请赏的难得机会，遂与李定等奸人联手，必欲置苏东坡于死地。

李定接到神宗诏派后，随即奏请先罢免苏东坡湖州的现职，并请派员逮捕。神宗"批令御史台、选牒朝臣一员乘驿马追摄"[2]。此项任务落到了太常博士皇甫僎的身上。据北宋孔平仲《孔氏谈苑》记载：为了羞辱苏东坡，皇甫僎曾以安全为由，提议人犯押解途中，必须如江洋大盗一样，每日在当地监狱过夜。他的这个动议，未获神宗准许。神宗主要是为了弄清吟诗一事。

李定、舒亶等人之所以要炮制"乌台诗案"，王珪、蔡确等推波助澜，是为了削弱保守派的潜在势力，生怕司马光、苏东坡等保守派人士重返朝堂。王珪本是一个庸碌无为的"三旨相公"，即上朝时请圣旨，朝堂上领圣旨，退朝后传圣旨，好不容易爬上相位，所有威胁到他权位的人，都是他的敌人。但司马光隐居洛阳，著书立说，免谈国事，政敌们无从下手。而苏东坡率性而为，"自投罗网"，且王安石曾公开指责苏东坡为司马光反对新政的幕后智囊。对苏东坡开刀，可以杀鸡儆猴，杀一儆百。李定原本就是借着鼓吹和支持变法才青云直上，剿灭苏东坡对他而言，公报私仇，一举两得。

---

[1] 《宋史·张璪传》卷三百二十八，第10570页。
[2] 《续资治通鉴》卷第七十四，第1858页。

第二节 | 欲加之罪,何患无辞

元丰二年(1079年)五月二十日,苏东坡到任湖州,七月二十八日,即被押解京师,在湖州仅待了两个月零八天。在这短短的时间里,他几乎走遍了湖州的山山水水,他两上乌程县的卞山黄龙洞祈雨祷晴,并赋诗《和孙同年卞山龙洞祷晴》,刻石置黄龙洞中。

江淮流域常年多雨,空气湿润,而梅雨时节则是阴雨连绵,烟雨笼罩。因此,当地百姓有一习俗,叫"晒伏",也就是在三伏天里,将家里的被褥、棉衣、书籍等拿出来在烈日下暴晒。来到湖州,正好是三伏时节,苏东坡在家晾晒珍藏的书画,不经意间见到亡友文同的《筼筜谷偃竹图》时,睹画思人,悲从中来。苏东坡在《文与可画筼筜谷偃竹记》中写道:"元丰二年正月二十日,与可没于陈州。是岁七月七日,予在湖州曝书画,见此竹,废卷而哭失声。"[1] 此时的苏东坡,怎么也不会想到,京师的政敌们已经给他设计编织了一张天罗地网。

驸马都尉王诜,最早获悉御史台派人来湖州逮捕苏东坡的消息。他为人仗义,又是苏东坡的至交,连夜派人快马加鞭,通知当时在南都任职的苏辙。王诜后来因为"泄露密命",成为"乌台诗案"中处罚最重的人犯之一。若不是驸马这个"护身符",难免牢狱之灾。

苏辙获悉后,心急如焚,火速派人赶往湖州,好让哥哥有个心理准备。

---

[1]《文与可画筼筜谷偃竹记》,《苏轼文集》卷十一,第366页。

第六章｜"乌台诗案"：至暗时刻

（北宋）文同　墨竹图

而另一方面，皇甫僎得到旨令后，携他的儿子和御史台的两名台卒即刻出发，沿途不断换乘驿站快马，若不是皇甫僎的儿子在润州突然生病，耽误了半天，苏辙的信使是不可能抢在他们之前到达湖州的。

苏东坡得知消息时犹如晴天霹雳，但还不知自己究竟犯了何罪。稍事平静后，苏东坡抓紧做了两件事，一是提笔给苏辙写信，托他照看一家老小；二是将州里事务移交给通判祖无颇，由他代理知州一职。

皇甫僎一行穷凶极恶、杀气腾腾地来到州厅，州衙上下人心惶惶。皇甫僎装腔作势，许久都不开口，而两名台卒则一左一右，白衣青巾，凶神恶煞。无奈之下，苏东坡只好首先开口："轼自来激恼朝廷多，今日必是赐死。死固不辞，乞归与家人诀别。"[1] 面目狰狞的皇甫僎这才开口道："不至如此。"众人才算松了一口气。

御史台的两个衙役对苏东坡毫不客气，拿出绳子将他绑了起来。祖无颇和州衙上下所目击的是："顷刻之间，拉一太守如驱犬鸡。"[2] 后来苏东坡《上哲宗皇帝书》中，也说他们逮捕太守犹如捕盗。夫人王闰之和家人见此情景，号哭相随，湖州百姓闻之落泪。是福不是祸，是祸躲不过，此时的苏东坡临危不乱，为了安慰夫人及其他家人，给他们讲述了他在洛阳时，李简夫讲过的一个故事：

唐真宗东封还都时，一路寻访天下隐士，听说杞人杨朴善写诗，请来相见。因杨朴不愿在朝为官，故谎称自己不会写诗。皇帝问："卿临行有人赠诗否？"杨朴回答说："臣妻一首云：更休落拓耽杯酒，且莫猖狂爱咏诗。今日捉将官里去，这回断送老头皮。"[3] 唐真宗哈哈大笑，放他回家了。

故事讲完后，苏东坡便笑着调侃夫人：你是不是也要送我一首诗啊？夫人凄然一笑，苏东坡赶紧快步出门，长子苏迈紧随其后。州衙上下被恐怖的气氛所笼

---

1 （宋）孔平仲撰，杨倩描、徐立群点校：《孔氏谈苑》卷一《苏轼以吟诗下吏》，北京：中华书局2012年版，第186页。

2 同上。

3 《宋人轶事汇编》卷十二，第599页。

罩，祖无颇等都惊恐地躲闪一旁，不敢相送，只有弟子王适、王遹兄弟一直送至郊外，并安慰道："死生祸福，天也。公其如天何！"[1] 湖州百姓争相目送，市河两岸、骆驼桥上摆满了香案，为亲民安民的太守祈祷平安，很多人泪下如雨。飞英寺的众僧也为他诵经祈福。

苏东坡由水路押往京师，儿子苏迈在河岸徒步紧随。行至太湖鲈乡亭下，停船修舵。当晚风高浪急，月色如昼，事发突然，来势汹汹，苏东坡陷入沉思。唯恐连累亲朋好友，他曾想双眼一闭，纵身入水，一了百了。只可惜吏卒看管严密，没有轻生机会。苏东坡后来在《杭州召还乞郡状》中说："定等选差悍吏皇甫僎，将带吏卒，就湖州追摄，如捕寇贼。臣即与妻子诀别，留书与弟辙，处置后事，自期必死。过扬子江，便欲自投江中，而吏卒监守不果。"[2] 此后的行程，看守更加严密，苏东坡再也没有自我了断的机会了。

苏东坡湖州被捕的消息传出后，曾与他有过诗文唱和的官员惶惶不可终日，避之唯恐不及。唯独时为扬州太守的鲜于侁铮铮铁骨，抱一腔浩然正气。消息传到扬州时，亲朋好友劝他道：您与苏东坡相知日久，应赶紧先把与他来往的书信诗词烧掉，否则会惹火烧身。"欺君负友，吾不忍为。"[3] 八月初，苏东坡被押解到扬州时，鲜于侁不怕牵连，请求见面，先是遭到皇甫僎的拒绝，后又被政敌举报。苏东坡曾赞誉鲜于侁"上不害法，中不废亲，下不伤民"[4]。

苏东坡被押解后，夫人王闰之在王适、王遹兄弟俩的帮助下，连忙收拾行李，带着一家二十多口由水路前往子由家寄寓。行至宿州，御史台下令搜查，相

---

1 《王子立墓志铭》，《苏轼文集》卷十五，第 466 页。
2 《杭州召还乞郡状》，《苏轼文集》卷三十二，第 912 页。
3 《宋史·鲜于侁传》卷三百四十四，第 10938 页。
4 《宋史·鲜于侁传》卷三百四十四，第 10937 页。

关州郡沿途拦截。苏东坡后来在《黄州上文潞公书》中写道："轼始就逮赴狱，有一子稍长，徒步相随。其余守舍，皆妇女幼稚。至宿州，御史符下，就家取文书。州郡望风，遣吏发卒，围船搜取，老幼几怖死。既去，妇女恚骂曰：'是好著书，书成何所得，而怖我如此！'悉取烧之。比事定，重复寻理，十亡其七八矣。"1 文潞公，即文彦博。而从恚骂者的语气来看，此人非夫人王闰之莫属。

八月十八日，苏东坡被押赴京城后，关押在御史台的监狱里。御史台又称"乌台"，是京城唯一坐南朝北的官衙。得名"乌台"，一是因为御史台四周种满柏树，乌鸦以柏树为家，筑巢而居，数以千计，御史台自汉代以来就别称"乌台"；二是暗指御史们都是乌鸦嘴。苏东坡因诗文获罪，由御史台审理，故称"乌台诗案"。

苏东坡被关押在"知杂南庑"的一间独立牢房，而"知杂南庑"关押的都是重刑犯。犯人进了这里，死多活少，因此有"知杂南庑鬼门关，十囚进去九不还"之说。苏东坡的这间囚房犹如一口百尺深井，不仅阴暗潮湿，而且投足之间手脚都会碰到墙壁，房顶上的天窗还没有一片席子大。元丰三年（1080 年）五月二十七日，苏东坡坐船到离黄州二十里地的市集巴河口，去接"乌台诗案"期间寄住于苏辙家的王闰之等一家老小时，情不自禁地回忆起关押他的牢房："去年御史府，举动触四壁。幽幽百尺井，仰天无一席。"2

入狱两天后，审讯开始。主审的李定和张璪上来就问苏东坡五代以内有没有"誓书铁券"。苏东坡心里明白，按照北宋的规矩，一般罪犯，只问三代，只有死因才问五代。凡是持有皇帝所赐"誓书铁券"的功臣之家，五代以内的子孙可以赦免死罪。显然，御史台的这帮家伙是要将他往死里整。

1　《黄州上文潞公书》，《苏轼文集》卷四十八，第 1380 页。
2　《晓至巴河口迎子由》，《苏轼诗集》卷二十，第 1052—1053 页。

治罪当然要有证据，何况李定等人欲置之死地的是誉满天下的苏东坡。御史台的审讯者们在搜集证据方面，也是下足了功夫。何正臣缴进的是坊间销售的苏东坡诗集的木版印本，而舒亶交来的是苏东坡的"印行四册"和《元丰续添苏子瞻学士钱塘集》。这三种为市面上的通行刊本。御史台认为苏东坡的诗文散落在相关人士手中，尚未刊印的，肯定还有很多。于是他们就逼迫苏东坡交代尚未刊印诗文的下落。苏东坡唯恐连累他人，所以审讯中他都尽量隐瞒。他们料定苏东坡不会如实招供，因此就行文有关州府，向此案的各个关系人搜寻证据。在如此恐怖的情况下，绝大多数人都不敢隐匿不报，即便片言只语，也都逐一上缴。

即便有人冒险藏着掖着，御史台也会依据有关线索深究下去。据说苏东坡曾将《汤村开运盐河雨中督役》诗寄给王诜，王依仗特殊身份，起初不予理会，于是相关人员就找王诜核查，王不敢隐瞒，只好交出。仅就此诗，苏东坡就被足足审问了五天。

审讯过程中，御史们认为苏东坡没有如实交代的，都会继续追查，直至"水落石出"。关于苏东坡与黄庭坚的诗文和书信往来，他们认为苏东坡的口供，"其间有隐讳未尽"，于是就向北京留守司的黄庭坚行文，获得手稿原件后再审。诗中"顾我如苦李，全生依路傍"[1]，以及《祭文与可文》中"道之不行，哀我无徒。岂无友朋，逝莫告余"[2]，统统被认定为谤讪朝政的证据。

为了最终能说服神宗给苏东坡定罪，李定等人在审问过程中还移花接木，指鹿为马。比如，苏东坡在《八月十五日看潮五绝》一诗中写道："吴儿生长狎涛渊，冒利轻生不自怜。东海若知明主意，应教斥卤变桑田。"[3] 苏东坡供述是讽刺

---

1 《次韵黄鲁直见赠古风二首》（其一），《苏轼诗集》卷十六，第836页。
2 《祭文与可文》，《苏轼文集》卷六十三，第1941页。
3 《八月十五日看潮五绝》（其四），《苏轼诗集》卷十，第485页。

盐法有害，而御史们却认定为讥讽神宗好兴水利，而事不可成。李定等人深知，只有将苏东坡指控为"谤讪君上"，才能将其定为"大逆不道"的死罪。

勘查《司马君实独乐园》诗时，指责苏东坡此前的供述，"不合虚称无有讥讽，再勘，方招"[1]。而诗中"先生独何事，四海望陶冶。儿童诵君实，走卒知司马"[2]，被御史们解读为，天下苍生都盼望司马光执政，陶冶天下，意在讽刺当下的执政者。李定等人的目的，是要激怒神宗和宰相，不仅要给苏东坡治罪，还要将司马光裹挟进来，一石二鸟。

勘查《送范景仁游洛中》诗时，肆意解读苏东坡"小人真暗事，闲退岂公难"[3] 的诗意，目的是要将范镇拉扯进来。

李定等人在审理中故意牵扯司马光、范镇等老臣，是要借"乌台诗案"进一步打击保守派，让他们彻底失去重新进入权力中心的机会，可谓费尽心机。

类似这样的勘问笔录，在南宋朋九万编印的《东坡乌台诗案》一书中不胜枚举。

苏东坡诗文颇多，像这样逐字逐句刨根问底的审问，旷日持久，且必欲威逼苏东坡承认他们的曲解，否则没完没了。审讯者采用的就是车轮大战、疲劳审问的把戏，如若不认，他们还会侮辱谩骂，即便你意志坚韧，体格强壮，到头来也只得屈打成招。据记载，该案证据涉及苏东坡诗文的就达一百多篇。在审讯期间，苏东坡被迫写下四十多份供状，计两万多字。

审讯过程中，苏东坡受尽了严词逼供和非人待遇，几次想自行了断。苏东坡

---

[1] 《司马君实独乐园》，《苏轼诗集》卷十五，第734页。
[2] 《司马君实独乐园》，《苏轼诗集》卷十五，第733页。
[3] 《送范景仁游洛中》，《苏轼诗集》卷十五，第718页。

在《杭州召还乞郡状》中说："到狱，即欲不食求死。"[1] 另据北宋孔平仲《孔氏谈苑》记载："子瞻忧在必死，掌服青金丹，即收其余，窖之土中，以备一旦当死，则并服以自杀。"[2] 当时与苏东坡仅一墙之隔的老臣苏颂，可以清楚地听到李定等御史们在审问中侮辱斥骂，没日没夜，耳不忍闻。他曾写下这样的诗句："却怜比户吴兴守，诟辱通宵不忍闻。"[3] 可见当时的"乌台"审问有多么的恐怖。吴兴，即湖州。

苏颂是位具有传奇色彩的人物，他为官五十多年，正直清廉，曾官至宰相，在党争激烈的环境下无党无派。他是"熙宁三舍人"之一，以不符合法度为由，拒绝起草李定的任命诏书。苏颂还是一位杰出的天文学家、药物学家，他主持制造了世界上最古老的天文钟"水运仪象台"。英国科学史家李约瑟称他为"中国古代和中世纪最伟大的博物学家和科学家之一"。苏颂任开封府尹时，因受陈世儒案牵连，元丰二年（1079年）秋，在濠州（今安徽省滁州市凤阳县）任上被逮捕入狱，"有幸"与好友苏东坡成为狱友。

苏东坡总算熬过了没日没夜、不讲人性的勘问审讯。十月上旬，御史台完成勘状，奏请神宗御批。十月十五日奉御批："见勘治苏轼公事，应内外文武官，曾与苏轼交往，以文字讥讽政事，该取会验问看若干人闻奏。"[4]

十一月二十一日，神宗御批通过中书门下批送御史台根勘所。"奉圣旨，李清臣按后声说，张方平等并收坐。"[5] 意思是这些人在苏东坡定罪量刑后，再行

---

[1] 《杭州召还乞郡状》，《苏轼文集》卷三十二，第912页。
[2] 《皇甫僎深刻》，《孔氏谈苑》卷一，第187页。
[3] （宋）苏颂著，王同策等点校：《苏魏公文集》卷十《元丰己未三院东阁作》，北京：中华书局1988年版，第128页。
[4] 《苏轼年谱》卷十八，第459页。
[5] 同上。

处理，他们都是因苏东坡案而受牵连的。

为了以示慎重，神宗还派遣发运三司度支副使陈睦去监狱录问。十一月三十日，陈睦录问苏东坡，"别无翻异"。此后，该案进入判决阶段。

宋代实行鞫谳分司，即审讯和判决由两个不同的官署分别执掌，这是两宋独特的刑事司法制度。比如开封府有推官负责审讯，还有判官负责判决。具体到苏东坡一案，就是御史台负责"根勘"，也就是审讯，大理寺负责"检法"，也就是定罪量刑，审刑院复议后，最后上奏神宗皇帝圣裁。

南宋李焘《续资治通鉴长编》简要回顾了"乌台诗案"的审判过程："初，御史台既以轼具狱上法寺，当徒二年，会赦当原。"[1] "法寺"，即大理寺，御史台将审讯结果移交大理寺，由大理寺根据相应的法律条文，定罪量刑。而"当徒二年，会赦当原"，意思是苏东坡所犯罪行，应当判处两年徒刑，但适逢朝廷大赦，他该获得赦免。时任大理寺卿的是由审刑院转任的崔台符。

御史台对大理寺的判决极为不满，甚至是恼羞成怒。李定连忙上书神宗，坚决反对赦免："古之议令者，犹有死而无赦。况轼所著文字，讪上惑众，岂徒议令之比？轼之奸慝，今已具服，不屏之远方则乱俗，再使之从政则坏法。伏乞特行废绝，以释天下之惑！"[2] 特行废绝，就是罪当该杀。舒亶也再次上奏，不仅强调苏东坡所犯罪行十恶不赦，还丧心病狂地要求一并诛杀收受苏东坡讥讽朝政诗文的官吏。为了加大反对赦免的力度，御史台在十二月份继续审讯苏东坡，以便罗织更多的罪状。

御史台和大理寺意见严重对立，承担复核职责的审刑院的意见至关重要，所幸的是，审刑院顶住御史台的压力，态度鲜明地支持大理寺"当徒二年，会赦当

---

[1] 《续资治通鉴长编》卷三百一，第7333页。
[2] 《续资治通鉴长编》卷三百一，第7334页。

原"的判决,强调朝廷赦令的法律效力。当时审刑院的最高长官是苏寀。

苏东坡身陷囹圄,无法知晓案情的进展情况,更不知道最终结果是死是活,于是他与每天送饭的长子苏迈暗中有个约定。据北宋叶梦得《避暑录话》记载:"苏子瞻元丰间赴诏狱,与长子迈俱行。与之期,送食惟菜与肉,有不测,则撤二物而送以鱼。"[1] 苏迈每日皆按此约定送饭。

个把月后,苏迈带的盘缠即将耗尽,要离开京师几日,去外地向亲友借钱,便把送饭的任务委托给了一位亲戚。由于走得匆忙,苏迈忘记把父子俩的约定告诉这位亲戚。这天,亲戚好心送来了可口的熏鱼,苏东坡见后,大为震惊,预感凶多吉少。他仰天长叹,心有不甘,胸怀理想竟然成了党争的牺牲品,如蝼蚁一般死得不明不白。可人为刀俎,我为鱼肉,再有不甘和怨恨,也只能面对,于是考虑起后事。当晚他写下了两首情真意切、感人泪下的诀别诗《狱中寄子由二首》[2]。

其一

圣主如天万物春,小臣愚暗自亡身。百年未满先偿债,十口无归更累人。是处青山可埋骨,他时夜雨独伤神。与君今世为兄弟,又结来生未了因。[3]

其二

柏台霜气夜凄凄,风动琅珰月向低。梦绕云山心似鹿,魂惊汤火命如鸡。眼中犀角真吾子,身后牛衣愧老妻。百岁神游定何处,桐乡知葬浙江西。[4]

---

[1] 《宋人轶事汇编》卷十二,第600页。
[2] 一作"予以事系御史台狱,狱吏稍见侵,自度不能堪,死狱中,不得一别子由,故作二诗授狱卒梁成,以遗子由,二首"。
[3] 《苏轼诗集》卷十九,第999页。
[4] 同上。

两首诗情真意切，意境凄凉，既表达了对君王的忠贞，又体现了对弟弟和妻儿的眷念。"与君今世为兄弟，更结来生未了因"，成为千古名句。

两首诗写好了，可如何才能从戒备森严的大牢转交到苏辙手上呢？所幸有一名叫梁成的狱卒，极富仁爱之心，且早就景仰苏东坡的人格与文采，他隐约觉得苏东坡这次身陷囹圄是受奸人陷害。苏东坡狱中的生活起居，他都尽可能悉心照料。梁成知道四川人有每天晚上热水泡脚的习惯，自苏东坡入狱后，就每晚都为他烧壶热水。

据北宋孔平仲《孔氏谈苑》记载：苏东坡托付梁成道：轼必死，有老弟在外，我写了两首诗，托你转交给他，以当诀别。梁成宽慰道：学士不致如此。苏东坡继续说道：假使我万一豁免，则无所恨。如其不免，而此诗不能送到，则死不瞑目矣。梁成慨然应允下来，并将两首诗转交苏辙。而苏辙阅后，并未收下，又退还给了梁成，据说他是希望皇帝能看到苏东坡的一片赤诚之心。果然不出苏辙所料，诗到了神宗案前，神宗阅后甚为满意，他在诗中看到了一个罪臣的忠诚和悔过，看到了一个丈夫、父亲和兄长的情意和担当。

第三节 | 多方施救，终逃一劫

苏东坡被羁押御史台的大牢后，营救行动也迅速展开。与苏东坡关系最亲，也是最早获知消息的，当然是弟弟苏辙。苏辙在苏东坡被捕入狱后，即上书神宗。

他在《为兄轼下狱上书》中写道："臣早失怙恃，惟兄轼一人，相须为命。今者窃闻其得罪逮捕赴狱，举家惊号，忧在不测……轼之将就逮也，使谓臣曰：

'轼早衰多病,必死于牢狱,死固分也。然所恨者,少抱有为之志,而遇不世出之主,虽龃龉于当年,终欲效尺寸于晚节。今遇此祸,虽欲改过自新,洗心以事明主,其道无由。况立朝最孤,左右亲近,必无为言者,惟兄弟之亲,试求哀于陛下而已。'臣窃哀其志,不胜手足之情,故为冒死一言……臣欲乞纳在身官,以赎兄轼,非敢望末减其罪,但得免下狱死为幸。"[1]

苏辙的上书,首先,叙述兄弟二人相依为命的手足之情,并说明苏东坡由于秉性愚直,好谈古今得失,轻议时政。其次,表明其兄对此已有悔悟之意,感恩皇帝的宽恕之情,接着引用苏东坡的原话,表达他报效朝廷的志向和改过自新的愿望。最后,乞请皇帝免去自己的官职,为兄赎罪。全文情真意切,既遵君臣之义,又念兄弟之情,文字质朴,严谨感人。

与苏辙同在南都的张方平,几乎同时知道苏东坡被捕的消息。作为苏东坡的前辈和恩师,他是绝对不会袖手旁观的。在苏东坡被押解经过南都后,张方平也立即上疏神宗。不过阴差阳错,张方平的上疏,没能呈给神宗。张方平原想将自己的上疏附在京递的公文中一起进呈,官府不敢,他只得安排儿子张恕赴京城向登闻鼓院投进。不料这位公子愚钝且懦怯,到了院门前,畏首畏尾,徘徊不前,最终未敢呈上。

所幸张方平的上疏没能如愿呈上,不然很有可能会节外生枝,因为张方平的上疏观点鲜明,言辞激烈,极有可能会激怒神宗。"诗可以怨"这个命题,是由孔子在《论语·阳货》篇中提出的。张方平认为用诗文讽喻时政符合儒家一贯对《诗经》的解释,这种做法是正确的,皇帝御览后,应该自我反省,而不是问罪于作者,有则改之,无则加勉。因此,将苏东坡羁押问罪是错误的。张方平的上

---

[1] 《为兄轼下狱上书》,《苏辙集》,第 622 页。

疏没给神宗留一丁点面子。难怪苏东坡出狱后,"见其副本,因吐舌色动久之"[1]。

苏东坡出事后,以直言敢谏闻名的老臣范镇,知道消息也很早。御史台知道范镇与苏东坡过从甚密,本以为能从他这里获得很多苏东坡的罪证,不料范镇不仅对搜集证据不予理睬,还上书皇帝施救,家人生怕老人受到牵连,竭力劝阻,可他义无反顾,仗义执言。

当时的氛围对苏东坡而言,极为严峻。与苏东坡平日交好的朋友,人人自危,大多噤若寒蝉,但仍有挺身而出、仗义执言者,除了范镇、张方平外,王安石的亲家、当朝宰相吴充就是一位。

据宋代吕本中《杂说》记载:有一天,吴充问皇帝:"魏武帝何如人?"神宗说:"何足道。"接着吴充又说:"陛下动以尧舜为法,薄魏武固宜,然魏武猜忌如此,犹能容祢衡,陛下以尧舜为法,而不能容一苏轼,何也?"神宗听后惊言道:"朕无他意,止欲召他对狱考核是非尔,行将放出也。"[2]

祢衡为东汉末年名士,恃才傲物。孔融向曹操举荐了祢衡,而他称病不去。曹操封他为鼓手,想要羞辱他,却反而被他裸身击鼓而羞辱。后来祢衡对曹操又多有狂言,曹碍于他的才气和声誉,没有杀他,把他送给了刘表。

据宋代周紫芝《读〈诗谳〉》记载:李定等人如此构陷苏东坡,就连三年前已经罢相、隐居金陵不问世事的王安石,亦抛开政见之争,立即上书神宗:"岂有圣世而杀才士者乎?"[3] 王安石的上书,秉承的是宋太祖给后世子孙立下的

---

[1] 《苏轼年谱》卷十八,第465页。
[2] 《苏轼年谱》卷十八,第467页。
[3] (宋)周紫芝撰:《读〈诗谳〉》,曾枣庄主编:《宋代序跋全编》卷一二九,济南:齐鲁书社2015年版,第3648页。

"勒石三戒"。"勒石三戒"的第二条就是不杀士大夫及上书言事的人。

王安石的弟弟王安礼，时为直舍人院、同修起居注，也抛开政见，直言不讳。据明代商辂《续资治通鉴纲目》记载，李定知王安礼为人豪爽，性格中稍有些玩世不恭，怕他在皇帝面前仗义执言，事先曾警告他：苏轼那么锐利地讥议新法，反对的是你家大哥，你可别为他说好话。

王安礼压根儿就不理睬他。有一天，他对神宗劝谏道："自古大度之主，不以言语罪人。轼以才自奋，谓爵位可立取，顾录录如此，其心不能无觖望。今一旦致于理，恐后世谓陛下不能容才。"[1]

在一干施救人员中，仁宗皇后，也就是神宗的祖母，慈圣光献皇后曹氏，应该是苏东坡的最大救星。据宋代方勺《泊宅编》记载，"乌台诗案"之初，太皇太后已在病中，看到神宗接连几天都不太高兴，便问："官家何事数日不怿？"神宗说："更张数事未就绪。有苏轼者，辄加谤讪，至形于文字。"太皇太后回忆起神宗祖父仁宗皇帝当年策试结束后，回到宫中所言："今日得二文士，然吾老矣，度不能用，将留以遗后人。"[2]

当得知苏东坡身陷囹圄时，太皇太后流泪说道："今闻轼以作诗系狱，得非仇人中伤之乎？捃至于诗，其过微矣。吾疾势已笃，不可以冤滥致伤中和。"神宗原本秉守孝道，听了太皇太后的话语，也动情地流下了眼泪。

另据南宋陈鹄《耆旧续闻》记载：十月间，太皇太后病情加重，当她获悉神宗欲大赦天下为其祈祷时说："不须赦天下凶恶，但放了苏轼就足矣。"十月十五日，神宗降诏："死罪因流以下，一律开释。"遗憾的是，大赦未能挽救太皇太后的生命，她五天后就逝世了。

---

[1] 《宋史·王安礼传》卷三百二十七，第10554页。
[2] 《泊宅编》卷一，第2页。

按照神宗诏令，苏东坡只要不是死罪，理所当然应在"开释"之列。李定、舒亶等人眼看功败垂成，岂肯善罢甘休，唯有进一步激怒神宗，将苏东坡整成大逆不道的死罪。他们从苏东坡的诗集中，挑出《王复秀才所居双桧二首》（其二）在神宗面前挑拨离间。诗为："凛然相对敢相欺，直干凌空未要奇。根到九泉无曲处，世间惟有蛰龙知。"1 于是右相王珪在几个御史的蛊惑下，以苏东坡双桧诗中有"根到九泉无曲处，此心惟有蛰龙知"为证，在神宗面前陷害苏东坡，称他有谋反之意。

据李焘《续资治通鉴长编》记载，王珪对神宗说：诗中"蛰龙"一句对"陛下有不臣意"，陛下"飞龙在天，轼以为不知己，而求之地下之蛰龙，非不臣而何？"2 其实，这首诗原本是苏东坡熙宁五年在杭州时，写给钱塘中医王复之作，而王复大门前面种了两棵桧树，苏东坡以赞美这两棵古树来暗指他对王复的景仰。

神宗看了苏东坡的这首诗后，不以为然地说："诗人之词，安可如此论？彼自咏桧，何与朕事？"章惇在旁也为苏东坡辩护道："龙者，非独人君，人臣俱可以言龙也。"神宗接着说道："自古称龙者多矣，如荀氏八龙、孔明卧龙，岂人君也？"3

退朝后，章惇责问王珪说："相公乃欲覆人家族耶？"王珪辩解道："此舒亶语耳。"章惇气愤地大叫道："亶之唾亦可食乎？"4

此时的章惇还是苏东坡的挚友，两人在变法问题上虽政见不合，分属对立的

---

1 《王复秀才所居双桧二首》（其二），《苏轼诗集》卷八，第413页。
2 《续资治通鉴长编》卷三百四十二，第8228页。
3 同上。
4 《续资治通鉴长编》卷三百四十二，第8229页。

两个政治阵营,但从"乌台诗案"中章惇的言行来看,他还是很恋旧情、良知未泯的。两人何时结怨、因何结怨?章惇后来为何欲置苏东坡于死地而后快?文献无证。

但林语堂在《苏东坡传》中还是隐约给出了线索:(元祐初期)可是却有许多事故发生,使苏东坡的政敌受到刺激,不得不对他做殊死战。这次战斗,说公道话,实在是由东坡的弟弟子由所引起。苏子由在此一批新人当政之始,自外地来京为右司谏,他心想有责任刷新朝政,清除所有那些骑墙派以及与王安石有过从的残余政客。他使恶迹昭彰的吕惠卿遭贬谪出京,总算成功,蔡确、蔡京、章惇也暂时降职,但是这几个降职的官僚,后来却力谋再起。子由也用十道奏章之多弹劾了朔党的一个领导人物,直到此人遭到罢黜。他曾把朔党都以"饭袋"称之。[1]

细细推敲琢磨以上内容,不难看出,就连在《苏东坡传》中一直"偏袒"苏家的林语堂也认定,这次战斗是由苏辙引起的。《栾城集》中收录了苏辙《乞黜降韩缜状》《乞罢章惇知枢密院状》《再乞责降蔡京状》等。林语堂文中提及的朔党领导人物应为韩缜。韩家为官宦世家,在京都的关系盘根错节。后来,苏东坡和苏辙也因得罪韩家而付出很大的代价。

有野史说,章惇虽为人豪爽,但心胸极其狭窄,因苏辙曾弹劾过他,朝廷之上他与苏辙发生龃龉时,苏东坡三缄其口,便怀恨在心,因而迁怒于他昔日的好友。这也许是两人关系不睦的导火索。

有不少人怀疑,可能是苏东坡写给章惇的一封书信,成为他们关系恶化的开端。元祐元年(1086年)二月间,章惇因免役法在殿上与司马光发生激烈争论,

---

[1] 林语堂著,张振玉译:《苏东坡传》,长沙:湖南文艺出版社2016年版,第257页。

他言语冲动、态度豪横,甚至口出狂言:"它日安能奉陪吃剑!"1 太皇太后大怒,训斥章惇。而章惇早就对她垂帘听政后的所作所为大为不满,一气之下顶撞了高太后,因此当月即被罢官,以正义郎知汝州。时年五十二岁的章惇,以方便照顾在杭州的八十岁的老父亲为由,一再上表请求改知扬州,但都被拒绝。

章惇离开京城时,苏东坡给他写了一封信,也就是《归安丘园帖》。这封信写于腊月二十七,七年前的腊月二十九,苏东坡在若干人的施救下,刚刚走出御史台的大狱,大年初一被押解去黄州。他在信中以一如既往的幽默风格安慰对方,而性格刚烈、怒火中烧的章惇,则误解了苏东坡的善意。因为两个人对待仕途跌宕起伏的态度和认知存在本质的差异。

也有人认为,两人关系交恶,时间或许更早。熙宁八年(1075年),是苏东坡《和章七出守湖州二首》诗中"方丈仙人出渺茫,高情犹爱水云乡"2 的句子,让章惇怀疑苏东坡是在嘲讽他的身世,因此结下梁子,怀恨在心。章惇的父亲章俞,行为不端,与早寡的岳母杨氏勾搭成奸,生下章惇。因不光彩,原想溺死,可杨氏之母不忍,劝她住手。章俞一看这孩子的五行很好,相信将来能光宗耀祖,便雇了乳母,将其抚养成人。而章惇对自己的这段身世极为敏感。其实,这个揣测应无道理。苏东坡《和章七出守湖州二首》写于1075年,而"乌台诗案"发生在1079年,当时章惇仗义执言,不惜得罪宰相王珪。苏东坡谪居黄州后,苏章二人亦书信往来不断。

就在"乌台诗案"进入尾声,苏东坡吉凶未卜之际,还发生了一件趣事。一天晚上,夜鼓打后,苏东坡正打算就寝,忽然一个人走进牢房,二话不说,扔下

---

1 汪圣铎点校:《宋史全文》卷十三上,北京:中华书局2016年版,第790页。
2 《和章七出守湖州二首》(其一),《苏轼诗集》卷十三,第650—651页。

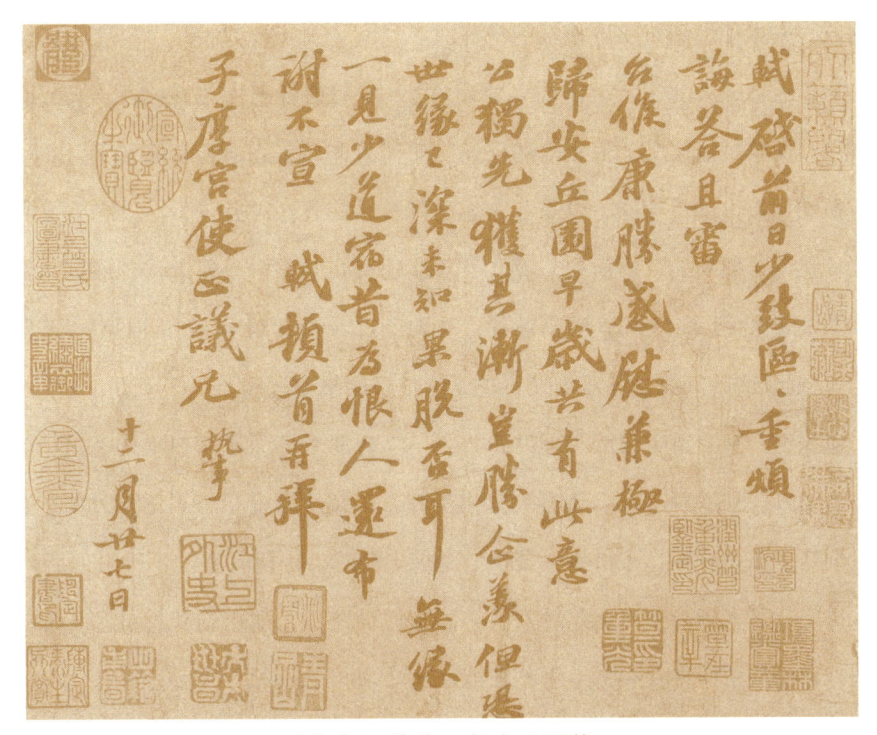

（北宋）苏轼　归安丘园帖

一个小箱子当枕头，倒地就睡。苏东坡以为是新来的狱友，没去多想，自己躺下也很快就睡着了。大约四更时分，神秘狱友推醒苏东坡后说："恭喜学士！恭喜学士！"戴罪之身，身陷囹圄，喜从何来？苏东坡翻过身问他什么意思。他说："安心熟寝就好。"说完，拎着小箱子神叨叨地走了。

数年后，苏东坡告诉朋友说：后来我才知道，狱案结奏后，舒亶这帮人还在皇上面前竭力攻讦，非欲置他于死地不可，可皇上却无深罪之意，秘密派遣一个小黄门来，察看我的起居情状，适某熟睡，鼻息如雷，他就以所见驰报皇上，皇上顾谓左右道："朕知苏轼胸中无事者。"神宗认为，一个天性喜欢谤讪他人的人，身陷囹圄，一定怨言多多，因此快到定谳处分时，他就秘密派了身边的一个小太监，去狱中悄悄观察苏东坡的动静。

这个故事来自北宋何薳的《春渚纪闻》。尽管整件事太过戏剧性，但可信度却很高。何薳是依据其父何去非的记述，而何去非又是亲耳听苏东坡讲述的。何去非是宋代杰出的兵学家，也是苏东坡的好友，其著作《备论》一书，还是由苏东坡具状呈送朝廷的。据何去非说，苏东坡任杭州知州时，曾邀请他和同为武官的刘景文游览西湖，中途苏东坡讲："某今日余生，皆裕陵（神宗）之所赐也。"[1] 刘景文问其故，苏东坡便讲述了这件事的整个过程。

应该说，神宗不失为颇有理性的君主，综合两个方面截然相反的意见，十二月二十九日，神宗对"乌台诗案"做出圣裁：苏轼"责受检校水部员外郎、黄州团练副使、本州安置，不得签书公事。令御史台差人转押前去"。[2]

神宗认可大理寺和审刑院的判决，同意遵循法律，适用朝廷恩赦法免罪，而他法外动用皇帝的特责权，给予苏东坡以惩处。

受到"乌台诗案"牵连的官吏众多，其中三人处罚最重。

第一个是驸马都尉王诜，除因泄露机密外，身为皇亲竟然不主动将此等毁谤朝廷的诗文交出，且与苏东坡时常交换礼物，被追两官，勒停（勒令停职）。

第二个是好友王巩，两代宰相家的贵族子弟，他在此案中最为无辜和冤枉，也是处理最重的人之一，处罚竟然重过了主犯。他并没有从苏东坡那里得到任何毁谤诗文，只是二人经常宴游，交往甚密，因其在秘书省供职，被指私下与苏东坡聊起过他和神宗皇帝的谈话内容，因此被贬到宾州（今广西壮族自治区南宁市宾阳县）监盐酒税务。宾州比黄州更远、更荒凉，距离京师三千三百多里。御史们这样处理王巩，是出于个人恩怨，挟嫌报复而已。他们原本想借此好好整整张

---

1 《宋人轶事汇编》卷十二，第601页。
2 《续资治通鉴长编》卷三百一，第7333页。

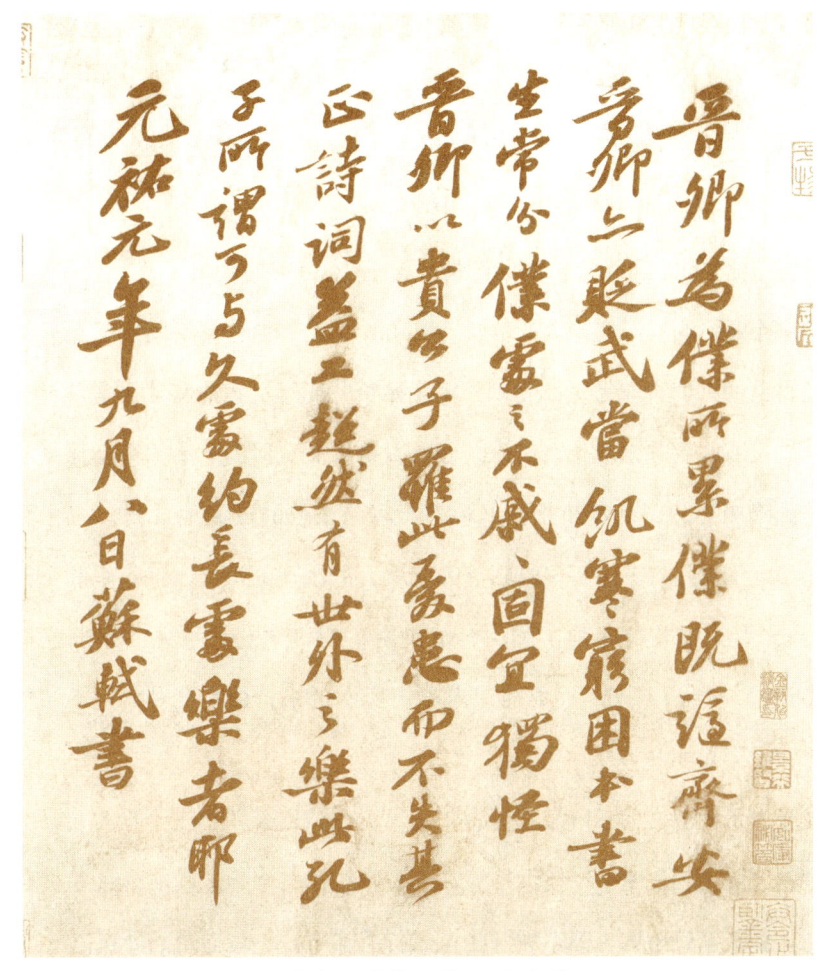

（北宋）苏轼　题王诜诗帖

方平，可张方平敢说敢为，且三朝元老，不太好惹。作为张方平的女婿，王巩就成了替罪羊。

王巩平日生活奢靡，养尊处优，而这次他被贬最远，责罚最重，苏东坡一直深感内疚，不同场合多次提及王巩被贬都是"拜他所赐"。

被贬三年，王巩的情况非常糟糕。《王定国诗集序》中写道："以余故得罪，贬海上三年，一子死贬所，一子死于家，定国亦病几死。"1 但王巩从来不怨苏东坡，还经常从宾州寄来诗文，时时与他追忆昔日从游的愉悦往事。苏东坡《定风波·南海归赠王定国侍人寓娘》中"万里归来年愈少，微笑，笑时犹带岭梅香。试问岭南应不好？却道，此心安处是吾乡。"2 写的就是几年后，元丰六年（1083年）他与北归的王巩会晤时的情景与感受。

第三个是时为应天府判官的苏辙。兄弟如手足，他曾奏请朝廷赦免兄长，自愿纳还自己的一切官职为兄长赎罪，冀免兄长一死。从案情和证据来看，一般认为苏辙并没有收到苏东坡什么言辞激烈的毁谤诗文，但因兄弟关系，他也没能幸免，受到降职处分，贬监筠州盐酒税务，离苏东坡的贬谪地黄州，约一百六十里。而实际情况是，苏辙不仅收到过苏东坡言辞激烈的诗文，且有唱和，苏辙的《栾城集》卷五中有《次韵子瞻山村五绝》的唱和之作。可见，苏东坡不仅将《山村五绝》寄给了王诜，也寄给了苏辙。所幸的是，御史台对此并不知情，否则，苏辙定会罪加一等。

收受过讥讽诗文而不申缴官司者张方平、李清臣各罚铜三十斤，司马光、范镇、刘攽、曾巩、黄庭坚、钱世雄等二十人各罚铜二十斤。其实，这些被罚的人都很冤，如范镇就是因为苏东坡《送范景仁游洛中》一诗而遭到处罚。

苏东坡于八月十八日入狱，十二月二十九日出狱，被囚一百三十多天。亦有史料记载出狱时间为十二月二十八日。走出阴云笼罩、寒气逼人的大牢，苏东坡在冬日的阳光下呼吸着久违的新鲜空气，一气呵成写下了两首诗。他在（其二）

---

1 （元）马端临撰：《文献通考》卷二百四十五，北京：中华书局2011年版，第6616页。
2 《定风波》，《苏轼词编年校注》，第579页。

中写道:"平生文字为吾累,此去声名不厌低。塞上纵归他日马,城东不斗少年鸡。"1 此处他将佞臣、小人比作唐朝长安城里只会旁门左道,却赢得皇帝喜欢的斗鸡小人贾昌。

写成之后,苏东坡仰天长叹道:"怎还不改?"他也知道自己看来是"无药可救"了。

至此,北宋开国以来的第一起文字狱终于落下帷幕。该案的发生,严重破坏了北宋的政治生态,从最初的广开言路,逐渐演变成以道德为名的党同伐异,本应纠察官吏之奸邪、肃正朝廷纲纪的御史台,沦为攻讦政敌、排除异己的工具。

十年后的"车盖亭诗案",是北宋发生的另一起著名的文字狱,只不过案件的主角变成了新党的领袖人物、由宰相贬为安州(今湖北省孝感市安陆市)知州的蔡确。蔡确游览安州车盖亭时,一气写下十首绝句,其中一首引用了唐朝郝处俊谏高宗传位武后的典故,被定为讪谤。蔡确被贬至岭南新州(今广东省云浮市新兴县),后死于贬所。"车盖亭诗案"是北宋以来打击面最广、打击力度最大的文字狱。旧党利用高太后对蔡确等新党人士的不满,对新党诸多人物进行了一次较大规模的清洗。这也就不难理解绍圣年间新党重新掌权后,章惇等人对苏东坡等旧党人士的疯狂报复了。

从"乌台诗案"和"车盖亭诗案"这两起文字狱来看,新党、旧党之间的矛盾发生了质的变化,已从政见之争,转变为结党营私、诛除异己。从这个意义上讲,神宗、哲宗和以他们为核心的北宋王朝是"乌台诗案"和"车盖亭诗案"的最大输家。

---

1 《十二月二十八日,蒙恩责授检校水部员外郎黄州团练副使,复用前韵二首》(其二),《苏轼诗集》卷十九,第1006页。

第七章

从苏轼到苏东坡的人生蜕变

第七章 从苏轼到苏东坡的人生蜕变

苏东坡的宦海生涯跌宕起伏，但"乌台诗案"无疑是其人生的重大转折点，他由此进入了人生的第一个低谷。从"奋厉有当世志"的少年，科举脱颖而出的精英，奋发有为、政绩显赫的良吏，到被贬黄州，命运轨迹形成巨大落差。四年多来的贬谪生活，使其思想产生了裂变。从初来黄州时的孤独凄凉、苦闷惆怅，表现出逃避现实、消极避世的价值取向，到旷达释然、随遇而安，重现不甘沉寂、忧国忧民的济世情怀，苏东坡经历了从苦闷到直面、从直面到省悟、从省悟到超越的心路历程。通过儒释道的兼收并蓄，苏东坡的思想境界和精神层面，几乎达到超然状态，实现了从苏轼到苏东坡的人生蜕变，文学创作也进入巅峰时期。

第一节 黄州的"缥缈孤鸿"

苏东坡入狱时还是初秋，而出狱时，已是年近岁除。仅仅隔了除夕一天，元丰三年（1080年）正月初一，苏东坡和长子苏迈便在御史台差役的押解下，匆忙离开京师前往贬谪地黄州，时年四十五岁。当时的汴京城中，家家户户张灯结彩喜迎新年，而苏东坡父子二人却在严冬踏上了凄苦的旅途。

贬谪，是我国古代对有过错或犯罪的官吏最为常见的惩罚方式，除了官衔降低多少的差别之外，朝廷还以贬谪地的远近程度区别责罚的轻重。在宋代，被贬官吏基本属于"三无"人员：无职权、无俸禄、无期限。苏东坡在《初到黄州》一诗中写道："自笑平生为口忙，老来事业转荒唐。长江绕郭知鱼美，好竹连山觉笋香。逐客不妨员外置，诗人例作水曹郎。只惭无补丝毫事，尚费官家压酒囊。"1 压酒囊，作者自注："检校官例，折支多得退酒袋。"2 退酒袋为官府酿酒用剩的酒袋，多用来作"折支"。

（明）文徵明　书赤壁赋（部分）

1　《初到黄州》，《苏轼诗集》卷二十，第 1032 页。
2　同上。

贬谪对于官吏而言，无疑是一场灾难，但久而久之却形成了贬官文化。柳宗元的《永州八记》、范仲淹的《岳阳楼记》、欧阳修的《醉翁亭记》和苏东坡的"前后赤壁赋"都创作于谪居地。同为贬官的白居易、韩愈和柳宗元对江州、潮州、柳州的社会发展，尤其是文化繁荣，都发挥了不可替代的作用，也成就了我国文学史上的一座座丰碑。

刚刚出狱，又被逐出京师，虽然惊魂未定，但有两件事苏东坡急于处理。一件是"乌台诗案"发生时，一家老小二十多口全都寄住在南都弟弟家中，苏辙家庭负担原本就重，一下子新添了二十多张嘴，无疑是雪上加霜。如今弟弟因受自己牵连，又被贬到筠州，做兄长的不能再拖累老弟了。第二件事是兄弟俩的表兄文同，去年正月在陈州任上病故，至今已近一年，因没有盘缠，无法将灵柩运回四川安葬，家人束手无策，而苏东坡认为他们兄弟俩有责任帮助文家。

文同不仅是苏家的亲戚，更是兄弟俩的好友。苏东坡对文同的评价极高，称其有四绝：诗一、楚辞二、草书三、画四。他在《文与可画墨竹屏风赞》中写道："与可之文，其德之糟粕；与可之诗，其文之毫末。诗不能尽，溢而为书，变而为画，皆诗之余。"[1] 这也成为评判中国文人画纯正与否的重要标准。苏东坡画竹，从凤翔开元寺王维的壁画得到启迪，而从文同的指导中学到技法。虽然苏东坡在京师的朋友很多，但气味最相投的，非文同莫属，而文同也是将苏东坡视为毕生的知己。陈州是从开封去黄州的途经之地。出发前，苏东坡已请人联系子由，约他赶往陈州文家相会。

正月初四，苏东坡来到陈州文家。正月初十，苏辙从南都跋涉二百里来到陈州。劫后重见，感慨万千。兄弟俩与文家共同筹划了文同灵柩回蜀的办法，也商

---

[1] 《文与可画墨竹屏风赞》，《苏轼文集》卷二十一，第614页。

定了苏东坡家眷到黄州的方案。三天时间，匆匆而过，转眼兄弟二人又要各奔东西。想到文同在京师送别苏东坡时"北客若来休问事，西湖虽好莫吟诗"的忠告，苏辙也劝告哥哥谨言慎行，小心笔墨。苏东坡作《子由自南都来陈三日而别》诗，他用"至言难久服，放心不自收。悟彼善知识，妙药应所投"[1] 表达自责之意；又用"畏蛇不下榻，睡足吾无求"[2] 来宽慰弟弟，表明自己从此安分守己，踏踏实实地做个黄州百姓。

一曲清歌满樽酒，人生何处不相逢。正月十四，兄弟二人分手后，苏东坡在差役的押解下，策马向黄州进发。行至蔡州（今河南省驻马店市汝阳县），遭遇大雪，道路泥泞，北风飕飕，其中辛苦，自不待言。一行人在新息（今河南省信阳市息县）渡过淮河。从湖州到京城，从入狱到出狱，从京师到被贬黄州，长子苏迈一直陪伴左右。苏东坡在《过淮》诗中对儿子

（北宋）苏轼　石竹神品

1　《子由自南都来陈三日而别》，《苏轼诗集》卷二十，第1018页。
2　《子由自南都来陈三日而别》，《苏轼诗集》卷二十，第1019页。

赞赏有加："独喜小儿子，少小事安佚。相从艰难中，肝肺如铁石。便应与晤语，何止寄衰疾。"1

随后，一行人渡关山，过麻城。在岐亭以北二十五里的地方苏东坡偶遇好友陈慥。陈慥，字季常，他为人慷慨，嗜酒好剑，有江湖豪杰之气，是苏东坡在凤翔时的后任知州陈希亮的幼子，此时他正在麻城的岐亭山上过着求仙问道的隐士生活。虽然苏东坡起初与陈希亮相处并不融洽，但与陈季常却非常投缘。尽管苏东坡是戴罪之身，陈季常还是非常热情地邀请苏东坡父子到他家中盘桓几日，全家上下为此忙得热火朝天。

苏东坡被贬时，陈季常已隐居此地，且声名显赫。陈季常后来成为苏东坡在黄州最要好的朋友。苏东坡在黄州期间，陈季常前来看望多达七次。

苏陈关系好到什么程度呢？好到苏东坡可以随时随地和他开玩笑。相传陈季常的妻子柳氏非常剽悍，且爱吃醋。每逢陈季常请客，如召歌伎侑酒，柳氏就会拿起木杖，把照壁敲得砰砰响，嘴上还大呼小叫，客人们吓得落荒而逃，弄得陈季常在宾客面前很没有面子。苏东坡在《寄吴德仁兼简陈季常》一诗中开涮说："龙丘居士亦可怜，谈空说有夜不眠。忽闻河东狮子吼，拄杖落手心茫然。"2 这首诗的贡献很大，一是"河东狮吼"的成语诞生了；二是中文里有了"季常之癖"这个典故；三是陈季常这个名字因此而流传千古。

可是据史料记载，陈季常本是放意自恣、浮湛俗间的豪杰，悠然自在，且艳福不浅，那么"河东狮吼"从何而来的？林语堂是这么认为的："我想可能的理由是陈季常的太太一定嗓门儿很高，苏东坡只是拿他开个玩笑而已。"

针对苏东坡逢人便讲笑话、见人就起外号的个性，北宋著名史学家、文学家

---

1 《过淮》，《苏轼诗集》卷二十，第1023页。
2 《寄吴德仁兼简陈季常》，《苏轼诗集》卷二十五，第1341页。

范祖禹曾认真地劝说，告诫他"戏谑不可过分"，故苏东坡每次与人戏言过后，总是提醒当事人不能让范十三知道。范祖禹在家排行十三。其实，苏东坡并不是惧怕范祖禹，只是不想辜负了他的善意和真诚。范祖禹的告诫并非没有道理。据北宋王辟之《渑水燕谈录》记载：刘攽晚年患病，胡须眉毛全都脱落，鼻梁断塌。有一天，苏东坡等几个朋友一起小酌，席间各引古人语相戏。苏东坡戏谑刘攽道："大风起兮眉飞扬，安得壮士兮守鼻梁。"[1] 话音刚落，一座大笑，如此嘲弄，刘攽感到难堪，非常生气。好在这种戏谑并未影响挚友间的关系。

经过整整一个月的跋涉，苏东坡于元丰三年（1080年）二月初一到达黄州。

黄州（今湖北省黄冈市），位于长江以北，汉口下游约六十里，为荆楚之门户，既为贬所，贫穷与萧条不言而喻。苏东坡在给章惇的信中曾这样描述："黄州僻陋多雨，气象昏昏也。鱼稻薪炭颇贱，甚与穷者相宜。"[2]

来到黄州后，苏东坡首先向时任知州的陈轼报到。陈轼，字君式，临川（今江西省抚州市临川区）人，生于仕宦之家。《永乐大典》所引《临川志·陈轼传》记载了他的政声和与苏东坡的交往："元丰中知黄州，驭吏急而治民宽，郡境称治。昔东坡谪居于黄，人多避祸，公独愿交，期与同忧患。"[3] 陈轼为人仗义，不怕牵连，给落难黄州的苏东坡以慰藉和温暖。他先是将苏东坡安置到定惠院（一作定慧院）里暂住，父子俩"随僧蔬食"，陈轼经常前来探望，为解决苏东坡家眷来到后的居住问题，随后他又命人将城南的官驿临皋亭修葺一新。

苏东坡在《与王定国书四十一首》（其一）中写道："某寓一僧舍，随僧蔬食，甚自幸也。感恩念咎之外，灰心杜口，不曾看谒人。所云出入，盖往村寺沐

---

[1] 《渑水燕谈录》卷十，第 125 页。
[2] 《与章子厚参政书二首》，《苏轼文集》卷四十九，第 1412 页。
[3] 马蓉等点校：《永乐大典方志辑佚·江西省》，北京：中华书局 2004 年版，第 1946 页。

浴，及寻溪傍谷钓鱼采药，聊以自娱耳。"[1] 由此看来，苏东坡初到黄州时的日子，过得还算不差。

人生何处不相逢。说来也巧，苏东坡非常敬重的刺血写经、千里寻母的大孝子朱寿昌，时在与黄州隔江相望的武昌（今湖北省鄂州市）任鄂州太守。朱寿昌感念他与苏东坡的友情，也常常派人送来酒食。

同年七月，陈君式以朝奉大夫致仕归乡，苏东坡的感激之情油然而生，挥毫泼墨书写西汉李陵（少卿）赠苏武的三首诗送给他。苏东坡在诗后题跋中婉转道出了个中原委："此李少卿赠苏子卿之诗也。予本不识陈君式，谪居黄州，倾盖如故。会君式罢去，而余久废作诗，念无以道离别之怀，历观古人之作辞约而意尽者，莫如李少卿赠苏子卿之篇，书以赠之。春秋之时，三百六篇皆可以见志，不必己作也。"[2] 显然，"乌台诗案"的阴影，令其心有余悸。三年后，陈君式在家乡临川病逝，苏东坡沉浸在悲痛之中，回首他们的相交之情，作《祭陈君式文》以表达自己的哀思。

陈轼离任后，徐大受出知黄州。徐大受，字君猷，东海建安（今福建省南平市建瓯市）人，生于官宦世家。苏东坡与徐君猷因志趣相投，共同语言甚多，两人一见如故。后来苏东坡曾说："始谪黄州，举目无亲，君猷一见，相待如骨肉，此意岂可忘哉！"[3]

一年节令中，宋人最重视的是寒食节和重阳节。是岁重阳佳节，徐君猷邀请苏东坡相聚涵辉楼，涵辉楼时为黄州的四大名楼之一。微醺时，应徐君猷之请，苏东坡填词《南乡子·重九涵辉楼呈徐君猷》一首。词中"万事到头都是梦，休

---

[1] 《苏轼文集》卷五十二，第1513页。
[2] 《书苏李诗后》，《苏轼文集》卷六十七，第2089页。
[3] 《与徐得之十四首》（其一），《苏轼文集》卷五十七，第1721页。

休，明日黄花蝶也愁"1，表达了他内心的无限惆怅。

当年十二月二日，徐君猷顶着小雪，冒着严寒，携酒带菜来到苏东坡的住地看望。面对徐君猷的关爱，苏东坡席间填词《浣溪沙》三首，第二天大雪纷飞，酒醒后，苏东坡兴致陡增，又填两首。第五首"但令人饱我愁无"2，体现了苏东坡虽身处逆境仍关怀天下苍生的民本思想。

每到寒食和重阳，徐君猷总会在黄州的涵辉楼或栖霞楼设宴款待苏东坡，共度佳节。栖霞楼也是黄州的四大名楼之一，北宋初年就有"不登栖霞楼，枉到赤壁游"之说。徐君猷虽不善饮酒，却以传杯换盏为乐。不久，苏东坡便成了徐府的常客。元丰五年（1082年）九月，徐君猷任期将满，重阳佳节，徐君猷再次邀请苏东坡栖霞楼相聚。苏东坡感念三年间的亲切交往，填《醉蓬莱》一词抒发感激之情。

离开黄州前，徐君猷邀请苏东坡再游安国寺，苏东坡的老乡，也是苏东坡儿子的家庭教师巢谷一同前往。游到苏、徐二人经常游饮的竹林中的小亭时，安国寺和尚继连为竹间亭请名，感念徐君猷在黄州政绩斐然，百姓交口称赞，苏东坡为亭起名曰"遗爱亭"。他在《遗爱亭记》中写道："东海徐公君猷，以朝散郎为黄州，未尝怒也，而民不犯；未尝察也，而吏不欺；终日无事，啸咏而已。"3 高度赞扬徐君猷为政清静、无为而治的黄老之风。此前，苏东坡已在《少年游·端午赠黄守徐君猷》中，称赞他治理有方的清平政绩。

徐君猷履新湖南不到半年，因病去世。噩耗传来，苏东坡悲痛欲绝，作《徐君猷挽词》和《祭徐君猷文》，表达自己的无尽哀思。

1　《南乡子·重九涵辉楼呈徐君猷》，《苏轼词编年校注》，第331页。
2　《浣溪沙》（其五），《苏轼词编年校注》，第346页。
3　《遗爱亭记》，《苏轼文集》卷十二，第400页。

第七章 从苏轼到苏东坡的人生蜕变

风云变幻莫测，人生百态难料。"乌台诗案"让苏东坡的人生发生了天翻地覆的变化，从事业有成、好评如潮的地方主官到御史台的阶下囚，从经历生死未卜、严刑审讯的囚犯到逃过一劫、贬谪偏远之地的戴罪之身，这样巨大的落差，对于任何人而言，都会造成浓重的心理阴影。苏东坡自不能例外。

还在御史台的大牢时，苏东坡就开始了他的自我救赎之路。他在《御史台榆、槐、竹、柏四首》之《竹》中写道："今日南风来，吹乱庭前竹。低昂中音会，甲刃纷相触。萧然风雪意，可折不可辱。风霁竹已回，猗猗散青玉。故山今何有，秋雨荒篱菊。此君知健否，归扫南轩绿。"[1] 苏东坡爱竹，人人皆知。他在另一首诗中写道："可使食无肉，不可居无竹。无肉令人瘦，无竹令人俗。"[2] 可见对竹情有独钟。苏东坡身陷囹圄，而御史台前的竹子，成为他的精神寄托。风雪中处于恶劣环境下的竹子，虽然有些孤寂冷落，但始终保持着昂首凛然的姿态。作者看似在咏竹子柔韧刚毅的崇高品格，实则抒写自己的刚正不阿，宁可受尽摧残，也不接受污辱的傲骨。但从苏东坡来到黄州后的思想变化、心路历程来看，这仅仅是他自我救赎的开始。

尽管来黄州前，苏东坡思想上已有所准备，来到后又有黄州太守陈君式、徐君猷和鄂州太守朱寿昌的关照，但初来黄州的苏东坡，在较长一段时间里还是陷入了孤独寂寞和茫然迷惘。

来到黄州后，日常生活的困难，尚可以克服解决，精神上的创痛却难以抚平。面对全新的人生，他既不能效仿陶渊明挂冠而去，又改变不了"皇恩浩荡"的朝廷决定。对他而言，既无法选择，也逃避不了，只有坦然面对和接受考验。这对于怀抱致君尧舜、济世救民理想，追求高雅、情感丰富的苏东坡来说，不是

---

[1] 《御史台榆、槐、竹、柏四首》之《竹》，《苏轼诗集》卷十九，第1004页。
[2] 《於潜僧绿筠轩》，《苏轼诗集》卷九，第448页。

一道可以轻而易举跨过的坎儿。

知易行难,这个道理不仅适用于凡人,对于苏东坡这样的大家也不例外。初到黄州时,他的思想情感还是掀起不小的波澜。"畏蛇不下榻,睡足吾无求",这是苏东坡在陈州时宽慰弟弟苏辙的话。来到黄州后,他白天呼呼大睡,晚上一个人才悄悄到寺外溜达一下。这样的日子,诚如他在赴黄州途中过禅智寺时所作的一首诗中所写:"佛灯渐暗饥鼠出,山雨忽来修竹鸣。知是何人旧诗句,已应知我此时情。"1

"缺月挂疏桐,漏断人初静。谁见幽人独往来,缥缈孤鸿影。惊起却回头,有恨无人省。拣尽寒枝不肯栖,寂寞沙洲冷。"2《卜算子》这首词,为苏东坡初到黄州、寓居定惠院时所作。"缺月""幽人""孤鸿""寒枝"等,这些孤寂意象,清晰地反映出他凄凉的心境。

"世事一场大梦,人生几度秋凉。夜来风叶已鸣廊,看取眉头鬓上。酒贱常愁客少,月明多被云妨。中秋谁与共孤光,把酒凄然北望。"3 这是苏东坡来到黄州后第一个中秋节填的词。作者以中秋这一阖家团圆的节日为背景,抒发了被贬黄州后孤独凄凉的心情。年近半百,前路茫茫,中秋佳节,孤对广寒。在这中秋月明之夜,他只能在北望中借明月遥寄相思,对弟弟一诉衷肠。读者从清寒孤寂的意境、哀婉凄切的柔肠,可以见到这位豪放词人超然旷达背后悲情婉约的一面。一说该诗作于儋州。

由于"乌台诗案"牵连了那么多人,初来黄州时,苏东坡的一些亲友避之唯恐不及,他也不敢轻易拜访附近的朋友,就连给朋友写信都要字斟句酌,且再三叮嘱

---

1 《少年时,尝过一村院,见壁上有诗,云:夜凉疑有雨,院静似无僧。不知何人诗也。宿黄州禅智寺,寺僧皆不在,夜半雨作,偶记此诗,故作一绝》,《苏轼诗集》卷二十,第1031页。
2 《卜算子·黄州定慧院寓居作》,《苏轼词编年校注》,第275页。
3 《西江月·中秋和子由》,《苏轼词编年校注》,第798页。

第七章 | 从苏轼到苏东坡的人生蜕变

注意保密或阅后销毁,以免连累他人,殃及无辜。他在《与章子厚参政书二首》中写道:"轼自得罪以来,不敢复与人事,虽骨肉至亲,未肯有一字往来……初到,一见太守,自余杜门不出。闲居未免看书,惟佛经以遣日,不复近笔砚矣。"[1]

苏东坡在《答李端叔书》中写道:"得罪以来,深自闭塞,扁舟草履,放浪山水间,与樵渔杂处,往往为醉人所推骂,辄自喜渐不为人识。平生亲友,无一字见及,有书与之亦不答,自幸庶几免矣。"[2] 苏东坡在信的结尾处叮嘱:"自得罪后,不敢作文字。此书虽非文,然信笔书意,不觉累幅,亦不须示人。必喻此意。"[3]

从上述两封信的内容,不难看出苏东坡初到黄州时的心境。他一度为能够混迹于渔樵、不被人认出而庆幸,以一天不讲一句话而自鸣得意。这个时期,反映苏东坡惊恐和凄寂心境的诗词俯拾皆是:"幽人无事不出门,偶逐东风转良夜"(《定惠院寓居月夜偶出》);"昏昏觉还卧,辗转无由足。强起出门行,孤梦犹可续"(《二月二十六日雨中熟睡至晚强起出门还作此诗》);"饥寒未至且安居,忧患已空犹梦怕"(《次韵前篇》)……这些作品,无不透露出经历"乌台诗案"后,苏东坡内心的惊恐、孤寂与痛苦。

定惠院住持颙师见苏东坡整日闷闷不乐、郁郁寡欢,便在寺院的竹林中修筑了一间木屋,取名啸轩,供苏东坡修身养性。苏东坡在《定惠院颙师为余竹下开啸轩》诗中写道:"道人开此轩,清坐默自照。冲风振河海,不能号无窍。累尽吾何言,风来竹自啸。"[4]

在众多关于苏东坡的传记作品中,笔者尤爱林语堂的《苏东坡传》和李一冰

---

[1] 《与章子厚参政书二首》,《苏轼文集》卷四十九,第1411—1412页。
[2] 《答李端叔书》,《苏轼文集》卷四十九,第1432页。
[3] 《答李端叔书》,《苏轼文集》卷四十九,第1433页。
[4] 《定惠院颙师为余竹下开啸轩》,《苏轼诗集》卷二十,第1058—1059页。

的《苏东坡新传》。林语堂称苏东坡是个不可救药的乐天派,从他的书中更多看到的是"一蓑烟雨任平生""也无风雨也无晴"的苏东坡。而李一冰不像林语堂那么理想浪漫,他既看到了横空出世、天资聪慧的苏东坡,看到了"上可陪玉皇大帝,下可陪卑田院乞儿"的苏东坡,也看到了狱中受尽凌辱、做好轻生打算的苏东坡,更看到了劫后余生、多次被贬,从孤寂凄凉中逐步走向坚韧刚毅、豁达洒脱的苏东坡。

是人总会有七情六欲,总会有喜怒哀乐,苏东坡自不例外。从苏东坡初到黄州时的书信、诗词内容来看,痛楚、苦闷、孤独、凄寂比比皆是。如此看来,似乎李一冰笔下的苏东坡,更趋近真实。读者需要看到一个活生生的苏东坡,既要他的有滋有味,也要他的有血有肉,更需要一个既食人间烟火,又有喜怒哀乐,一半烟火、一半清欢的苏东坡。

第二节 | "东坡居士"的由来

陈州一别,已近半年。回到南都后,苏辙快速办完工作交接,即偕自己和兄长的家眷由水路离开,到达九江后,他便安排自家眷口在此等候,自己则亲自护送哥哥的二十余口家眷,由水路前往黄州。

五月二十七日黎明,苏东坡乘船到距黄州二十里远的市集巴河口迎接。夫人王闰之及家眷来到后,自然不便继续住在定惠院。五月二十九日,一家老小住进了官府驿站临皋亭,临皋亭在回车院中,而回车院为三司巡视黄州时所住的官邸。按理说,像苏东坡这样被贬谪的罪官,是不可以在此居住的。所幸有鄂州太守朱寿昌的斡旋,黄州太守陈君式的关爱。苏东坡搬进临皋亭后在给朱寿昌的信中写道:"已迁居江上临皋亭,甚清旷。风晨月夕,杖履野步,酌江水饮之,皆公恩庇之余波。"[1]

临皋亭本不宽敞,而苏东坡家眷又多,几乎到了难以安置的地步。同年夏天,陈季常要来黄州时,苏东坡为安排其住宿曾大伤脑筋。但无论如何,一家人终于团聚,且条件比寓居定惠院时强了许多。临皋亭虽然狭小拥挤,但这儿的风景极佳,亭下八十余步,便是滔滔江水。苏东坡在《迁居临皋亭》诗中说:"全家占江驿,绝境天为破。"[2]

临皋亭对苏家而言,虽然拥挤,但不论怎么说,经过近一年的生离死别、漂泊不定,一家人终于聚在了一起。精神生活固然重要,物质基础亦不可或缺。现实的贬谪生活远比预想的要严峻、残酷得多。

家眷来黄州前,苏东坡在给章惇的信中说:"(黄州)鱼稻薪炭颇贱,甚与穷者相宜。然轼平生未尝作活计,子厚所知之。俸入所得,随手辄尽。而子由有七女,债负山积,贱累皆在渠处,未知何日到此。见寓僧舍,布衣蔬食,随僧一餐,差为简便,以此畏其到也。穷达得丧,粗了其理,但禄廪相绝,恐年载间,遂有饥寒之忧,不能不少念。"[3] 这也从一个侧面反映了苏东坡一家当时的经济状况。

苏东坡被贬黄州后,没有俸禄可言,只有一份微乎其微的实物配给可领。从嘉祐六年(1061年)任凤翔签判时起,至元丰二年(1079年)在湖州知州任上被逮捕时止,他为官近二十年,由于常年在外任职,又不善持家理财,几乎没有什么积蓄。他在《次韵和王巩六首》(其五)中写道:"若问我贫天所赋,不因迁

---

[1] 《与朱康叔二十首》(其五),《苏轼文集》卷五十九,第1786页。
[2] 《迁居临皋亭》,《苏轼诗集》卷二十,第1054页。
[3] 《与章子厚参政书二首》,《苏轼文集》卷四十九,第1412页。

谪始囊空。"1

一大家子人来到黄州后,嗷嗷待哺,钱从何来？无奈之下,苏东坡想起了他在湖州相识的隐士贾收（耘老）。贾耘老,家贫好酒,在苕溪上面建造了一座水阁隐居,日子过得很苦,可他摸索出一套如何过好清贫日子的方法。南宋胡仔《苕溪渔隐丛话》写道："贾耘老旧有水阁在苕溪之上,景物清旷；东坡作守时,屡过之,题诗画竹于壁间。"2 忧虑之余,苏东坡也效仿贾耘老。他在给秦观的信中写道："初到黄,廪入既绝,人口不少,私甚忧之。但痛自节俭,日用不得过百五十,每月朔便取四千五百钱,断为三十块,挂屋梁上,平旦用画叉挑取一块,即藏去叉,仍以大竹筒别贮用不尽者,以待宾客。此贾耘老法也。"3 纵然当天的钱不够用,也绝不寅吃卯粮。如有结余,就存在竹筒里,用于招待宾客。如此窘境,他在给王定国的信中也曾描述过。

即便如此节俭,家里仅有的一点钱也只够维持一年左右,就算再会持筹握算,也难以避免坐吃山空的窘境。当王适来黄州看望他时,苏东坡连送行的酒都拿不出来,只得以水代酒,他在《武昌酌菩萨泉送王子立》中这样写道："送行无酒亦无钱,劝尔一杯菩萨泉。何处低头不见我,四方同此水冲天。"4

光阴荏苒,岁月如梭。眼看就是元丰四年（1081年）了,手头的拮据、生活的压力正向苏东坡步步逼近。仅靠节流,对苏家而言,显然是解决不了根本问题的,重要的是开源。开源节流,是战国时期思想家荀况在《富国》中阐述的富国战略,家庭生活亦是同理,苏东坡怎会不知？更何况,贬谪这种惩罚,在没有遇

---

1 《次韵和王巩六首》（其五）,《苏轼诗集》卷二十一,第1131页。
2 唐圭璋编：《词话丛编》,北京：中华书局2005年版,第164页。
3 《答秦太虚七首》（其四）,《苏轼文集》卷五十二,第1536页。
4 《武昌酌菩萨泉送王子立》,《苏轼诗集》卷二十一,第1085页。

到大赦或重大政治变故的情况下，等于判的是"无期徒刑"。前程路漫漫，何时是尽头？必须另辟蹊径，才能解决一大家子的生存问题。

面对生活的窘境，苏东坡曾在诗中写道："我生无田食破砚，尔来砚枯磨不出。"意思是说，我本来是靠文字谋生的，但现在文章也不敢写了，怎么办？在农耕社会中，对于一个没有俸禄的贬谪官吏而言，要想解决一大家子的生计问题，首选当然是拥有一块自己的土地。那时的苏东坡迫切希望能够有一块自由支配的田地，做一个不辞辛劳、躬耕自给的农夫，而不是追求陶渊明"采菊东篱下，悠然见南山"的理想生活状态。苏东坡的这个梦，友人马梦得帮他圆了。

新年二月，马梦得来黄州时，看到苏东坡如此窘迫，便主动替苏东坡向当地政府申请，获批得到了黄州东城门外约五十亩官府练兵的废弃营地，供苏家无偿耕种，以解决他家捉襟见肘的生活窘境。苏东坡在《东坡八首》中云："余至黄州二年，日以困匮。故人马正卿哀余乏食，为于郡中请故营地数十亩，使得躬耕其中。"[1]

世事难料，苏东坡自己也没有想到，他早年厌恶官场的尔虞我诈，曾有弃官为农的念头。在被贬黄州后的生活压力下，这一想法竟然变成了现实。

人们不禁要问，马梦得何许人也？为什么能非常顺利地帮苏东坡拿下这块地？据明代弘治《黄州府志》记载："东坡故居在今县学东。宋元丰三年苏轼为吴兴守，谪黄州三年。故人马正卿为守，以故营地数十亩与之，是为东坡。以大雪中筑室为雪堂，自号东坡居士。"[2]

苏东坡谪居黄州期间，前后三任太守分别是陈君式、徐君猷和杨君素，弘治《黄州府志》怎么记载"故人马正卿为守"呢？是不是《黄州府志》记载有误？

---

[1] 《东坡八首》，《苏轼诗集》卷二十一，第1079页。
[2] （明）卢希哲纂：《黄州府志》卷四，明弘治十三年（1500）刻本，第49页。

一种意见认为，宋代的知州，也称太守，为地方主官，而通判辅佐地方主官处理政务，联署公文，并有监督地方官吏之权，是名副其实的二把手，亦称"通守""监州"。如苏东坡在杭州任通判时，曾有"熙宁中，轼通守此郡。除夜，直都厅，囚系皆满，日暮不得返舍，因题一诗于墙，今二十年矣"。又如苏东坡在《后杞菊赋》并序中写道：及移守胶西，意且一饱。而斋厨索然，不堪其忧。日与通守刘君廷式，循古城废圃，求杞菊食之。刘廷式时为密州通判。如此看来，《黄州府志》称"马正卿为守"，并不为错。另一种意见认为，弘治年间的《黄州府志》，是在苏东坡被贬黄州四百多年后，由时任黄州知府卢濬主持修纂的，相隔时间较长，差错在所难免。《黄州府志》记载差错，也确实存在，如"谪黄州三年"，而苏东坡在黄州实际为四年多。

后来，明代万历朝《湖广总志》，清代康熙、雍正、宣统朝《湖北通志》，康熙、乾隆、光绪、宣统朝《黄州府志》，都沿用了明代弘治朝《黄州府志》之说，称马正卿元丰年间知黄州。由于年代久远，史料又不充分，此说姑且作为一家之言。但马梦得为落魄老友获得废弃营地，则是不争的事实。

获得耕地让一筹莫展的苏东坡喜出望外。因为，以他当时的身份和经济状况，不可能凭一己之力买下这块地。这块荒地本无地名，因地处黄州东城门外一百余步，地势东高西低，还因苏东坡所喜爱的白居易被贬忠州刺史时，写有《东坡种花二首》，并留有"朝上东坡步，夕上东坡步。东坡何所爱，爱此新成树"[1]的《步东坡》诗，且忠州、黄州都是贬谪之地，更为巧合的是两地皆在城东，因此，苏东坡将这块地命名为"东坡"，自称"东坡居士"。

唐宋以来，文人、士大夫都喜欢以"居士"自称，以示高雅和超凡脱俗，如

---

[1] 《步东坡》，《白居易诗集校注》卷十一，第878页。

李白自称"青莲居士"、白居易自称"香山居士",又如欧阳修号"六一居士"、张方平号"乐全居士"、李清照号"易安居士"。后来,"东坡居士"的名号大大超过了他的本名苏轼,人们更习惯、更亲切地称他为"苏东坡"。

在《东坡八首》(其八)中,苏东坡这样描述马梦得这位忠贞不渝、无怨无悔的朋友:"马生本穷士,从我二十年。日夜望我贵,求分买山钱。我今反累君,借耕辍兹田。刮毛龟背上,何时得成毡?可怜马生痴,至今夸我贤。众笑终不悔,施一当获千。"[1]

苏东坡的诙谐可以说是无处不在。自己身处逆境,面对不怕牵连、雪中送炭的朋友,他也不忘幽默诙谐。他自嘲马正卿这么帮助自己,如龟背刮毛,何时才能成为毛毡?众人笑话都不悔,是希望得到千倍的回报吧。字面上看,苏东坡是在调侃自己的好友,其实,内心深处非常感谢马梦得的不离不弃。

尽管东坡地块是一片满目草棘、瓦砾的荒地,土地并不肥沃,若不是戴罪之身、生计所迫,谁会在乎这块贫瘠的土地?但苏东坡深知来之不易,倍加珍惜,获得批准后,即带领全家老小拓荒,早出晚归,往来于临皋亭和东坡地块间。

苏东坡虽然不懂农耕,但统筹谋划、合理布局可是他的强项。他环顾地块四周,目测高低,很快一幅蓝图在他心中绘制而成。地势较低的地方,种植粳稻和麦子;东面那片平地栽上栗树和枣树;其他地方种植黄桑和蔬菜;哪里打井,哪里筑坝,他都规划在胸。他还要预留一块视野比较好的空地,等条件成熟时建筑一幢安家的宅子。谋划完成后,苏东坡的心情顿时畅快起来,仿佛一片片绿油油的稻田,一串串金黄色的麦穗,一茬茬新鲜的瓜果蔬菜,已展现在他的眼前。这不是一块荒地,而是希望的田野。

---

[1] 《东坡八首》(其八),《苏轼诗集》卷二十一,第 1084 页。

真是喜从天降，枯草烧尽后，童子兴奋不已地来报，竟然发现了一口暗井。苏东坡立马察看，原来这口井中的水源来自岭背的一道清泉，由于久旱不雨，泉水不足，水位较低，没有流下岭来。这可把苏东坡高兴坏了，他兴奋地说："一饱未敢期，瓢饮已可必！"[1] 一夜忽降大雨，次日清晨便有泉水沿着旧道流经东坡田地，到柯氏林园附近，汇聚成了约十亩方圆的池塘，东坡田里的灌溉用水算是有了着落。

为了开荒种地，苏东坡还购买了耕牛，添置了农具，从现在起，他就是一位名副其实的农夫了。躬耕自种，虽然辛苦，但苏东坡的心里却很踏实，他正一步一步地走出"乌台诗案"的阴影。"腐儒粗粝支百年，力耕不受众目怜。"[2] 他不需要别人的怜悯和救济，他要自力更生，自食其力。

苏东坡垦荒种地的消息不胫而走，除马梦得外，黄州小有名气的潘丙、郭遘和古耕道也伸出援助之手。潘丙，字彦明，为屡试不中的举人，在江对岸的樊口开个酒坊。郭遘和古耕道，是经潘丙介绍与苏东坡相识的。郭遘，字兴宗，自称是唐代名将郭子仪的后裔，一身武艺，在西市卖药。酒和药都是苏东坡平生喜欢之物，自然与潘、郭二人共同语言较多，不久就成了好友。古耕道，虽然学问不多，但为人真诚纯朴，人缘很好，且热心公益，爱打抱不平，也成了苏东坡的好友。

苏东坡在《东坡八首》（其七）中提到潘丙等三人，从诗的内容来看，他与三人交情匪浅。"潘子久不调，沽酒江南村。郭生本将种，卖药西市垣。古生亦好事，恐是押牙孙。家有一亩竹，无时容叩门。我穷交旧绝，三子独见存。从我

---

[1] 《东坡八首》（其二），《苏轼诗集》卷二十一，第1080页。

[2] 《次韵孔毅甫久旱已而甚雨三首》（其二），《苏轼诗集》卷二十一，第1123页。

于东坡，劳饷同一飨。可怜杜拾遗，事与朱阮论。吾师卜子夏，四海皆弟昆。"[1] 潘子，即潘丙；郭生，即郭遘；古生，即古耕道。有人将他们称为苏东坡的"躬耕三友"。

等到荒地整成农田可以种植，时已深秋，种稻时节已过，只能先种麦子。自出仕以来，苏东坡一直是靠朝廷的俸禄养家糊口，不知农家的艰辛和农耕的基本知识。所幸他人缘好，一位热心肠的老农悉心指导：麦苗出芽后，不要任其生长，若想有个好收成，就得让牛羊吃掉初生的麦苗，等到春天时再生长的麦苗会更加茂盛。

这年冬天，苏东坡堂兄苏不疑的儿子安节来黄州看望叔父。人在失意倒霉之时，最怕见到家乡的亲人。面对亲人，大有伤疤被再次揭开之感。他在《侄安节远来夜坐三首》其一中写道："南来不觉岁峥嵘，坐拨寒灰听雨声。遮眼文书原不读，伴人灯火亦多情。嗟予潦倒无归日，今汝蹉跎已半生。免使韩公悲世事，白头还对短灯檠。"[2] 寒雨添冷，孤灯白首，蹉跎半生，如此凄凉萧条，读来着实令人心生凄楚之感。

那段时间，苏东坡不是在田间劳作，就是忙于盖房，日晒雨淋，人是又黑又瘦，唯恐久别的侄儿认不出自己，但细细想来，一个人的容貌会变，但声音语调轻易不会变的。所以他在诗中写道："心衰面改瘦峥嵘，相见惟应识旧声。"[3] 当苏东坡问起老家故旧，得知半已死亡时，昏暗的油灯下，数九的严寒里，呼啸的江涛声，汇聚成一幅凄惨的画面，思乡怀旧与哀痛感油然而生，他在《侄安节远

---

[1] 《东坡八首》（其七），《苏轼诗集》卷二十一，第 1083—1084 页。
[2] 《侄安节远来夜坐三首》（其一），《苏轼诗集》卷二十一，第 1094 页。
[3] 《侄安节远来夜坐三首》（其二），《苏轼诗集》卷二十一，第 1095 页。

来夜坐三首》（其二）中写道："畏人默坐成痴钝，问旧惊呼半生死。"1 所幸来到黄州后，经一年左右的心态调适，加之拓荒躬耕的辛勤劳作，苏东坡初步拥有了自我调节心境的能力和克服颓废的豪气，他在这首诗的尾联洒脱地写道："梦断酒醒山雨绝，笑看饥鼠上灯檠。"2 连家里的老鼠都无处觅食，苏东坡竟然还能笑看，真是洒脱。

来到黄州的第二年，对于苏东坡而言是双喜临门。一是麦子喜获丰收，果树长势喜人，蔬菜自给有余，土地整理和农田灌溉等基础设施基本到位。二是他所心仪的朝云已长大成人，正式成为他的侍妾。

元丰六年（1083年）九月二十七日，四十八岁的苏东坡又喜得贵子，朝云给他生了第四子，名为遁儿。在"洗三"之日，也就是婴儿出生后的第三日举行的沐浴仪式上，苏东坡曾写下自嘲诗《洗儿戏作》："人皆养子望聪明，我被聪明误一生。惟愿孩儿愚且鲁，无灾无难到公卿。"3

农耕时期，耕牛是最为贵重的生产资料，也是减轻农家劳动强度的主要帮手。一次，苏家的耕牛得了重病，濒临死亡，兽医束手无策，幸好夫人王闰之见过此病，且有一味单方，竟然奇迹般地治好了耕牛的疾病。苏东坡大喜过望，写信告诉章惇："仆居东坡，作陂种稻。有田五十亩，身耕妻蚕，聊以卒岁。昨日一牛病几死，牛医不识其状，而老妻识之，曰：'此牛发豆斑疮也，法当以青蒿粥啖之。'用其言而效。勿谓仆谪居之后，一向便作村舍翁。老妻犹解接黑牡丹也。言此，发公千里一笑。"4 豆斑疮：形如豆斑的疮疖；黑牡丹：牛的戏称。

---

1 《任安节远来夜坐三首》（其二），《苏轼诗集》卷二十一，第1095页。
2 同上。
3 《洗儿戏作》，《苏轼诗集》卷四十七，第2535页。
4 《与章子厚二首》（其一），《苏轼文集》卷五十五，第1639页。

拓荒东坡的同年冬季，苏东坡又在东坡地块的附近，为自己选好了一块地势较高、视野开阔的建房之地。此地原为养鹿场，距东坡地块四百多步。在友人们的帮助下，苏东坡领着家人按照自己的喜好和构想，在元丰五年（1082年）二月，建起了拥有五个房间的安乐窝。因房子竣工时大雪纷飞，堂屋墙壁四周都是苏东坡自己所绘的雪景，故取名为"雪堂"。他自书"东坡雪堂"作为匾额。雪堂既美观又温馨，苏东坡自认为"起居偃仰，环顾睥睨，无非雪者。苏子居之，真得其所居者也"[1]。后来大凡有远道朋友来访，苏东坡都安排他们在此下榻。

元丰五年（1082年）三月，当时还默默无闻、后来成为著名书画家的米芾，前来黄州拜会苏东坡。在刚竣工的雪堂，苏米二人热议书画艺术和诗道。也是在这里，苏东坡将珍藏的画圣吴道子的《释迦佛图》拿出来供客人欣赏。还是在这里，苏东坡酒酣时濡笔弄墨，面壁而立，悬肘作画，赠与米芾，是为订交之始，后来二人成为挚友。苏东坡当时画的是墨竹，竹竿从地而起一口气直到竹梢。米芾非常惊讶："何不一节一节画呢？"苏东坡富有禅机地回答道："你何时看见竹子是一节节长出的呢？"

"东坡雪堂"落成的同年十月，江西临川的蔡承禧被任命为淮南转运副使，黄州恰好是他的辖区。蔡承禧，字景繁，欧阳修的门生，颇为有趣的是，嘉祐二年（1057年）他与父亲蔡元导同登进士，与苏东坡兄弟俩亦为同年。蔡承禧重情重义，是月巡视黄州时，眼见临皋亭年久失修，四处漏雨，且比较拥挤，就提议时任黄州太守的杨寀在临皋亭附近的水驿高坡上，为苏家建三间瓦房。水驿，是指以船为主要交通工具的驿站。

元丰六年（1083年）五月，三间瓦房在临皋亭南侧建成，苏东坡将其取名为

---

[1] 《雪堂记》，《苏轼文集》卷十二，第410页。

"南堂"。"南堂"面朝大江，适宜消夏。三间房屋对于苏东坡而言，不仅是贫而暴富，而且非常适用。这"南堂"做了客室、卧房、书斋和丹室，苏东坡兴奋地写下了《南堂五首》。"故作明窗书小字，更开幽室养丹砂。"1 "更有南堂堪著客，不忧门外故人车。"2 "客来梦觉知何处，挂起西窗浪接天。"3 这些诗句是他对这三间房屋里生活场景的记述。苏东坡对蔡承禧感激不尽，他在给后者的信中写道："某病咳逾月不已，虽无可忧之状，而无憀甚矣。临皋南畔，竟添却屋三间，极虚敞便夏，蒙赐不浅。"4

来到黄州后的生活，对苏东坡而言，是孤独凄寂的，又是辛劳踏实的。他在给友人孔毅甫的诗中写道："去年东坡拾瓦砾，自种黄桑三百尺。今年刈草盖雪堂，日炙风吹面如墨。"5 "良农惜地力，幸此十年荒。桑柘未及成，一麦庶可望。"6 这是《东坡八首》（其五），从诗的内容来看，丰收的喜悦不仅冲淡了家贫窘迫的忧愁，耕耘的劳作也缓解了"乌台诗案"和贬谪生活带来的孤寂与烦恼。

苏东坡每天与家人往返于临皋亭与东坡之间，经过黄泥岗，路过承天寺，总共不到一里地，途中他经常吟诵陶渊明的《归去来兮辞》，日复一日的劳作逐渐给他带来了快乐，他也越来越陶醉于日出而作、日入而息的田园生活了。

一日，苏东坡大醉，他将陶渊明的《归去来兮辞》改编成《黄泥坂词》："出临皋而东骛兮，并丛祠而北转。走雪堂之陂陀兮，历黄泥之长坂。大江泓以左缭

---

1 《南堂五首》（其二），《苏轼诗集》卷二十二，第1167页。
2 《南堂五首》（其四），《苏轼诗集》卷二十二，第1167页。
3 《南堂五首》（其五），《苏轼诗集》卷二十二，第1167页。
4 《与蔡景繁十四首》（其九），《苏轼文集》卷五十五，第1663页。
5 《次韵孔毅甫久旱已而甚雨三首》（其二），《苏轼诗集》卷二十一，第1122页。
6 《东坡八首》（其五），《苏轼诗集》卷二十一，第1081页。

兮，渺云涛之舒卷……朝嬉黄泥之白云兮，暮宿雪堂之青烟。喜鱼鸟之莫余惊兮，幸樵苏之我嫚。初被酒以行歌兮，忽放杖而醉偃。"[1]

苏东坡和陶渊明虽然归田和躬耕的原因有所不同，但两人都以旷达的态度对待人生的逆境。

然而，人的心态和思想感情，总是随着年龄、身体和客观环境的变化而产生一定的波动。看似心态和情绪都已调整得比较好的苏东坡，在来到黄州后第三个寒食节，心灵深处还是掀起了不小的波澜。

寒食节，是中华民族的传统节日，始于春秋时期，在夏历冬至后一百零五日，清明节前一二日。清代历法改革后，定为清明节的前一日。寒食节禁烟火，只吃冷食，曾被称为中国民间的第一大祭日，是汉族传统节日中唯一以饮食习俗来命名的节日。随着岁月的变迁，寒食节渐渐地融入了清明节。

元丰五年（1082年）的寒食节，阴雨绵绵，江水暴涨，几乎与临皋亭的地面齐平，由于年久失修，房屋多处漏雨，家里更是冰锅冷灶。拓荒东坡，建筑雪堂，苏东坡积劳成疾，痔疮复发，卧床不起，苦不堪言。家里家外的凄凉情景令其心寒，想着一大家子跟着自己受苦受难，苏东坡百感交集，他强忍病痛，研墨挥毫，作《寒食雨二首》[2]，记下窘境。

其一：

自我来黄州，已过三寒食。年年欲惜春，春去不容惜。今年又苦雨，两月秋萧瑟。卧闻海棠花，泥污燕脂雪。暗中偷负去，夜半真有力。何殊病少年，病起头已白。

---

[1] 《黄泥坂词》，《苏轼诗集》卷四十八，第2643页。
[2] 《寒食雨二首》，《苏轼诗集》卷二十一，第1112—1113页。

其二：

春江欲入户，雨势来不已。小屋如渔舟，蒙蒙水云里。空庖煮寒菜，破灶烧湿苇。那知是寒食，但见乌衔纸。君门深九重，坟墓在万里。也拟哭途穷，死灰吹不起。

诗中苦雨、萧瑟、空庖、寒菜、破灶、坟墓等阴郁凄寂的意象，传达出作者内心的悲凉和凄苦。苏东坡当时的处境确实令人揪心，但所幸的是，与王羲之的《兰亭序》、颜真卿的《祭侄文稿》并称为"天下三大行书"的《寒食帖》，正是苏东坡此时的杰作。黄庭坚曾这样评价："此书兼颜鲁公、杨少师、李西台笔意，诚使东坡复为之，未必及此。"[1]

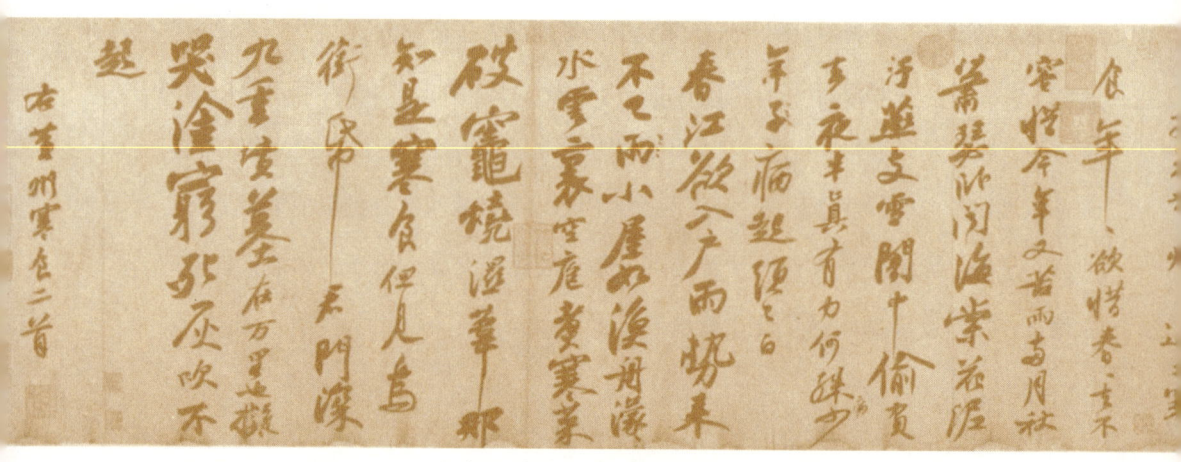

（北宋）苏轼　黄州寒食帖（部分）

---

[1] （宋）黄庭坚撰：《跋东坡书〈寒食诗〉》，《宋代序跋全编》卷一一四，第3209页。

第三节 | 儒释道的融会与兼收

日常生活固然现实和骨感，而苏东坡的精神追求和情感世界与常人相比，则是异常丰富而敏感的。"乌台诗案"后，经过一段时间的调适和辛勤劳作，初来黄州时的惊恐、孤寂、凄凉等明显好转，他开始思考人生的价值和意义。

刚到黄州的当年六月，苏东坡在"别弟诗"中，曾形容自己的生命就像爬在旋转中的磨盘上的蝼蚁，又像旋风中的羽毛。他在《迁居临皋亭》诗中也曾说："我生天地间，一蚁寄大磨。区区欲右行，不救风轮左。"[1] 苏东坡开始反思自己的个性，思考如何才能得到心灵的真正安宁。"物我相忘，身心皆空"是苏东坡所要追求的精神境界，而学道礼佛、厚自养炼和焚香默坐，则是他在黄州时的自我调适之法。其实，苏东坡涉足儒释道，远远早于黄州时期。

儒家思想作为我国封建社会的主流思想，一直延续了两千多年，而苏东坡恰好又生于儒家思想和文化底蕴深厚的家庭。父亲苏洵穷究四书五经、诸子百家，贯穿古今，文风纵横恣意，其《六国论》议论古今，借古讽今，是儒家风范的典型体现。母亲程氏受过良好的文化熏陶，苏洵游学期间，操持家务和两个儿子的教育，都由她一人承担。程夫人在重视文化教育的同时，特别注重儒家思想的学习教育和家风家教的养成。十一岁时，苏东坡进入寿昌书院，系统学习儒家思想。苏东坡正是在这样的家庭背景、学校氛围和社会环境下成长的，儒家思想无

---

[1] 《迁居临皋亭》，《苏轼诗集》卷二十，第 1053 页。

疑是其人生态度的主流。

王安石变法时，苏东坡不畏权势，反对新法，后来司马光为相时，他又"不识时务"，反对尽废新法。苏东坡不计个人得失的所作所为，其实是儒家以人为本、仁政爱民思想在其身上的彰显。先后被贬黄州、惠州、儋州后，苏东坡仍然不遗余力地关注民生，充分说明儒家的仁爱思想已深入他的灵魂。

佛教早期对于苏东坡的影响，既有地域因素，也有家庭原因。由于地域关系，巴蜀是我国最早传播佛教的地区之一，信众甚广，高僧辈出。祖父苏序乐善好施，远近闻名。相传苏东坡的外祖父程文应年轻时外出，遭遇蜀乱，没有盘缠回家，危难之时得到十六位僧人的救助，才得以回到家乡。事后为了报恩，程文应曾尽力寻访，但始终未果，于是他就怀疑是阿罗汉搭救了自己，从此便在家中供奉着十六尊罗汉。

苏东坡一生中有很多僧人朋友，从目前的史料来看，最早的僧人朋友应该是成都大慈寺的惟度、惟简两位法师。至和二年（1055年），"三苏"在成都拜谒张方平时，乘便游览了大慈寺，拜会了两位法师。嘉祐四年（1059年），苏东坡兄弟俩为母亲程氏丁忧期满，即将离开眉山回到京师前，再次前往成都大慈寺，拜访两位法师。

惟度、惟简两位法师，事佛虔诚，博学多才，待人友善。两位法师与苏东坡兄弟二人相谈甚欢，结为好友。从此，苏东坡兄弟俩与佛结下了不解之缘。苏东坡在《中和胜相院记》中写道："吾昔者始游成都，见文雅大师惟度，器宇落落可爱，浑厚人也。能言唐末、五代事传记所不载者，因是与之游，甚熟。惟简则其同门友也。其为人，精敏过人，事佛齐众，谨严如官府。二僧皆吾之所爱。"[1]

---

[1] 《中和胜相院记》，《苏轼文集》卷十二，第384—385页。

第七章 | 从苏轼到苏东坡的人生蜕变

苏东坡被贬黄州后不久，在众人避之唯恐不及的情况下，惟简不怕牵连，委派徒孙悟清前来探望，并请苏东坡为成都大慈寺新落成的专门用于收藏佛经的"大宝藏"作记，以此希望他能在逆境中以佛法养心，随遇而安。

苏东坡的文学作品中最早出现信佛、谈论佛法的言论，当追溯到嘉祐六年（1061年），彼时他刚刚出仕，在凤翔任签判。苏东坡对当地的名胜古迹兴趣浓厚，对寺庙中精美绝伦的佛教壁画更是流连忘返。而他的同僚好友，时为凤翔监军的王大年不仅信奉佛教，并热心为他讲解佛法，这让他自觉不自觉地浸润其中。

熙宁四年（1071年）十一月底，苏东坡抵达杭州任通判，刚到三天，他就前往西湖孤山拜访惠勤、惠思两位僧人。巡视辖属各县时，他也多次到访、下榻寺庙，结交僧友。杭州僧寺星罗棋布，据明代田汝成《西湖游览志余》说：杭州城内城外及湖山之间，唐代以前佛寺就多达三百六十处，钱氏吴越立国后，更是增至四百八十寺。苏东坡在与寺僧们的交往中，开始悟出佛门的道理。这个时期，他开始涉猎佛学，虽不是系统研究佛典，但由此缓释了不少心理上的压力。

苏东坡曾说："吴越多名僧，与予善者常十九。"江浙地区的名僧很多，其中绝大部分是他的好友。在他交往的众多僧侣朋友中，友谊最深的当属同在西菩山智明寺出家的参寥和辩才两位法师。苏东坡诗中提及"参寥"的近一百五十处。苏东坡的次子苏迨，自小体弱多病，三岁多还不会走路。他和夫人王闰之害怕苏迨养不大，便恳求辩才法师在观音菩萨座前为他剃度，取名"竺僧"。辩才为他摩顶，祷告于佛菩萨，祈求福佑。这也说明苏东坡对佛教是深信不疑的。

苏东坡一生中曾多次梦见自己身披袈裟，他常常怀疑自己前世是位僧人。不仅如此，他恍惚觉得前世曾住在杭州。他的这个念头在他的诗中以及同代人的笔记里都有过记载。据北宋何薳《春渚纪闻》记载：西湖寿星院老僧则廉说，苏轼做杭州通判时，曾与参寥一起游览寿星院，苏东坡环顾四周，疑惑地对参寥说：

"某生平未尝至此,而眼界所视,皆若素所经历者。自此上至忏堂,当有九十二级。"[1] 派人去数,果如其言。他在密州时写给陈师仲的信中也说:在杭州,尝游寿星院,入门便悟,曾到。能言其院后堂殿山石处,故诗中尝有"前生已到"之语。

综上所述,人们不难理解苏东坡躬耕东坡后,为何自号"东坡居士"了。

苏东坡与道结缘也是很早的。他八岁在天庆观读书时,老师张易简就是位道士。不仅如此,苏东坡似乎与道士颇有缘分。张易简的朋友眉山老道士李伯祥在学校见到苏东坡时,便叹赏道:此郎君贵人也。苏东坡很是好奇,不知道其如何知之,他在《题李伯祥诗》中曾有所表达。晚年贬谪儋州后,他还梦见自己回到了眉山儿时的学堂,像往昔一样遇见了恩师张易简,并在名篇《众妙堂记》中记录下了这次梦幻。

嘉祐八年(1063年)秋,苏东坡在凤翔任签判时,因与太守陈希亮相处不太融洽,他怀着孤寂郁闷的心情,来到终南山的上清太平宫,宫有道藏,为先朝所赐。苏东坡在此饱读众多道家经典后,写下《读道藏》一诗。他此番读道藏,一是寻求精神慰藉,二是打算仕途受挫后,也像父亲当年那样专注于学术。苏东坡首次全面研学道藏,只是小有收获,并未领悟真谛。

苏东坡年少时读《庄子》就有感悟。庄子主张清静无为、无为而治,强调人与自然的和谐。苏东坡从中学到了调适自己心态和情绪的方法,他在《后杞菊赋》中说:"人生一世,如屈伸肘。何者为贫,何者为富?何者为美,何者为陋?或糠籺而瓠肥,或粱肉而墨瘦。"[2] 他认为,人生一世,就像人的胳膊一曲一伸那

---

[1] (宋)何薳撰,张明华点校:《春渚纪闻》卷第六,北京:中华书局1983年版,第93页。
[2] 《后杞菊赋》,《苏轼文集》卷一,第4页。

般短暂，寓意人也应该像胳膊一样能曲能伸。所谓的贫富与美丑，其实都是相对的。有的人粗糠果腹仍然白白胖胖，而有的人美味下肚依然瘦弱。

还是在密州时期，苏东坡曾以对比的手法凸显了杭州、密州两地生活的巨大落差，在《和蒋夔寄茶》一诗中，运用庄子齐物思想，调适心态，净化心灵，始终保持达观向上的生活态度。他从庄子哲学中感悟到人生的最高价值，在于人格独立和精神自由。此后，"我生百事常随缘""人生所遇无不可"逐渐成为其人生态度。

苏东坡不仅景仰道家，对道教兴趣浓厚，而且还有很多道士朋友，如熙宁十年（1077年），他由密州知州改任徐州知州途中相识的吴复古，黄州时交往的好友杨世昌。在苏东坡处于顺境时，吴复古销声匿迹，而当苏东坡落难时，吴复古则常常出现。此外，苏东坡在他的文学作品中也多次提到仙人、道士。他的《后赤壁赋》就是以梦见道士来结尾的。

苏东坡虽然对儒释道接触较早，但在来黄州前，其认识还不够全面系统，更谈不上融会贯通。以此来调适和解决被贬后的心态和思想问题，显然还是很不够的。

一个与死神刚刚擦肩而过的戴罪之人，在心有余悸、噤若寒蝉之时，被发配到黄州这个陌生之地，要很快实现从地方主官到戴罪之人的角色转换，无论是谁，无论适应能力多强，都要经历极其痛苦的心灵煎熬。对于精神自由、人格独立、忧国忧民的苏东坡而言，这一历程尤为艰难。

苏东坡被贬黄州时已四十五岁，义无反顾推行"新法"的神宗皇帝才三十三岁，而"乌台诗案"的处罚决定又是神宗圣裁的。按照正常推理，苏东坡必然认定他今生再无出头之日，人生理想更是无从谈起。因此，初来黄州时苏东坡的情绪非常低落，心态极其复杂，也在情理之中。

古代社会的士大夫一般都以儒家学说作为基础修养，而对于佛和道，有的人坚决抵制，视为异教；有的人则彻底看破，皈依佛和道。当然，也有像苏东坡这样的，主张儒释道融会贯通、兼收并蓄。苏辙在《亡兄子瞻端明墓志铭》中提到，苏东坡接触道家较早，指出《庄子》对其影响甚深，后又读佛学书籍，"深悟实相，参之孔、老，博辩无碍，浩然不见其涯也"[1]。

在《跋子由老子解后》中，苏东坡谈了对《老子新解》价值和意义的理解："昨日子由寄《老子新解》，读之不尽卷，废卷而叹。使战国有此书，则无商鞅、韩非；使汉初有此书，则孔、老为一；晋宋间有此书，则佛、老不为二；不意老年见此奇特。"[2] 苏东坡在此非常深刻地阐述了他对儒释道三者之间关系的理解。

"乌台诗案"后，谪居黄州，躬耕东坡，这些变故和经历，无疑成为苏东坡思考人生、调适修炼和重塑自我的契机，而儒释道的思想融合，又给了他坦然面对命运的安排、与自己及社会和解的精神力量。人在逆境中，与自己及社会和解，不仅是一种解脱，更是人生智慧的体现。

苏东坡在《与章子厚参政书二首》中说："闲居未免看书，惟佛经以遣日，不复近笔砚矣。"[3] 他在《黄州安国寺记》中说："反观从来举意动作，皆不中道，非独今之所以得罪者也。欲新其一，恐失其二，触类而求之，有不可胜悔者。"[4] 他接着喟然叹道："道不足以御气，性不足以胜习。不锄其本，而耘其末，今虽改之，后必复作，盍归诚佛僧，求一洗之？"[5] 在黄州四年多的时间里，他每过一两天就去安国寺，早去晚归，焚香默坐，自我反省，达到了心灵清净、

---

1 《亡兄子瞻端明墓志铭》，《苏辙文集》卷二十二，第1127页。
2 《跋子由老子解后》，《苏辙文集》卷六十六，第2072页。
3 《与章子厚参政书二首》，《苏轼文集》卷四十九，第1412页。
4 《黄州安国寺记》，《苏轼文集》卷十二，第391页。
5 《黄州安国寺记》，《苏轼文集》卷十二，第391—392页。

杂念全无、物我相忘、身心皆空的境界。应该说，安国寺对于苏东坡浸染深广的佛禅文化，起到了极大的推动作用。

苏东坡在《答秦太虚七首》（四）中说："吾侪渐衰，不可复作少年调度，当速用道书方士之言，厚自养炼。谪居无事，颇窥其一二。已借得本州天庆观道堂三间，冬至后，当入此室，四十九日乃出。自非废放，安得就此。"[1] 意思是说，吾辈都已慢慢变老，再也不能像年轻时那样对待自己。应该赶紧用道书方士所说的方式，厚待自己、修身养性。谪居此地，闲来无事，知道了道家修炼的一些方法。已向当地的天庆观借到了三间道堂，冬至后就搬去，住满四十九天才出来。若不是贬谪在此，怎会有如此机会呢？他在天庆观闭关四十九天的"养炼"，既是为了"强身"，更是为了"健脑"。苏东坡在《答李端叔书》中放言："谪居无事，默自观省，回视三十年以来所为，多其病者。足下所见皆故我，非今我也。"[2] 谪居以来，无事可做，常默默地自我反省，回顾自己这三十年来的所作所为，多数都是这种病态啊。您所知道的，都是过去的我，而不是现在的我。

儒家重在修身，修的是浩然正气，精髓是拿得起；道家重在治身、养生，修的是练心见性，精髓是想得开；佛家重在治心，修的是度人度己，精髓是放得下。文人士大夫们在处于顺境时，更多地倾向于儒家，积极入世；处于逆境时，则会用道家思想来安慰自己，在命运发生急剧变化时，保持一种超然的人生态度。在宋代，佛教表现出新的发展趋势，它与寺院外的社会联系变得更为密切，也更加复杂，文人士大夫们也常常通过撰写与佛教相关的文章来表达他们的见解与主张。

苏东坡对儒释道的认知和修炼，是非常成功的，也是常人所难以企及的。儒

---

[1] 《答秦太虚七首》（四），《苏轼文集》卷五十二，第1535页。
[2] 《答李端叔书》，《苏轼文集》卷四十九，第1432—1433页。

学增强了他兼济天下的情怀,道学坚定了他潇洒豁达的心态,佛学给予了他看淡一切的境界。他对儒家、佛家和道家思想的融会贯通,赐予他生命的滋养、智慧的启迪,成就了他逆境中坚韧刚毅、苦难中大智若愚、漂泊半生却逍遥旷达的心态。人们可以从下面几篇文学作品中看到他的修炼过程和成果。

苏东坡《与范之丰八首》(八)中说:

> 临皋亭下不数十步,便是大江,其半是峨眉雪水,吾饮食沐浴皆取焉,何必归乡哉!江山风月,本无常主,闲者便是主人。闻范子丰新第园池,与此孰胜?所不如者,上无两税及助役钱耳。[1]

被贬黄州,躬耕东坡,寄情于山水间,感念英雄,咏唱江山,抒发郁闷心情。然而得过且过,逃避现实,岂是苏东坡的本色!文末话锋一转,正话反说,庆幸他的所在地,没有苛捐杂税和新政干扰。其中"江山风月,本无常主,闲者便是主人",道出了作者的心声。

> 东坡居士酒醉饭饱,倚于几上。白云左绕,清江右洄,重门洞开,林峦坌入。当是时,若有思而无所思,以受万物之备,惭愧!惭愧![2]

文章以极其短小的篇幅,表现出作者悠然自在、无拘无束的心境,在临皋亭这个特定的情境中,展现了作者在逆境中随遇而安、不受羁绊、旷达释然的胸怀。

---

[1] 《与范子丰八首》(八),《苏轼文集》卷五十,第1453页。《东坡志林》题作"临皋闲题"。

[2] 《书临皋亭》,《苏轼文集》卷七十一,第2278页。

开荒种地，不仅部分解决了生计问题，更重要的是在劳作中，苏东坡逐步化解了精神压力。他运用儒释道的思想精髓，剖析自己，反思过往，思考人生，他的世界观、人生观和价值观发生了蜕变。他也第一次感受到了无官一身轻的自由、自在和自信。

多难畏人。谪居黄州已三年，随着光阴一年又一年地流逝，苏东坡东山再起的希望越来越渺茫，他自己也只想过上平静的农耕生活。但东坡之地并不足以支撑一大家子二十多口人的温饱，于是他从长计议，开始求田问舍。他想在黄州附近再置办一块肥沃的田地，以保全家丰衣足食。

元丰五年（1082 年）三月七日，苏东坡在朋友的陪同下来到距黄州东南三十里地的沙湖去看田。田地在山谷之间，尤其适合种植水稻。当地人告诉他，在此地播下一斗稻种，能收获十斛稻子，相当于五十斗。返程时天气晴好，毫无雨意，苏东坡便让家僮带着雨具先行回去，自己与几个朋友落在后面。不料天气突变，骤风急雨，同行的人个个被淋得狼狈不堪，只有苏东坡若无其事，照常安步徐行。很快，雨过天晴，苏东坡很满意自己刚才这份坦然面对的豪情，并作《定风波·莫听穿林打叶声》来表达自己的心境。

> 莫听穿林打叶声，何妨吟啸且徐行。竹杖芒鞋轻胜马，谁怕？一蓑烟雨任平生。料峭春风吹酒醒，微冷，山头斜照却相迎。回首向来萧瑟处，归去，也无风雨也无晴。[1]

此词为苏东坡醉酒遇雨后抒怀之作，他借雨中洒脱徐行之举，表现了自己虽

---

[1] 《定风波·莫听穿林打叶声》，《苏轼词编年校注》，第 356 页。

屡遭挫折、身处逆境而毫不畏惧、亦不颓废的倔强性格和豁达胸怀，表达了自己不畏艰辛和磨难，任凭风吹雨打的从容和淡定。而"回首向来萧瑟处，归去，也无风雨也无晴"，则进一步表明苏东坡对人生已大彻大悟。此词表明他已从初到黄州时的心理困境中走出，不会再有惧祸自晦，他可以坦然面对人生的苦难，笑看人生的挫折。

苏东坡不惧风雨的豪情固然可赞，但毕竟是乍暖还寒的时节。来到蕲水（今湖北省黄冈市浠水县），县尉潘鲠热情接待，其间，因为淋雨，染上风寒，苏东坡左臂红肿疼痛，也有人认为是食物中毒，潘鲠便请当地名医庞安时（安常）诊治。庞安时一见苏东坡，即诊断手臂红肿为药石之毒，他采用针灸疗法，一针见效。

庞安时年少时因一场大病而耳朵失聪，与人对话，只能靠文字来交流。据《东坡志林·疾病》记载，苏东坡与庞安时开玩笑道："吾与君皆异人也，吾以手为口，君以眼为耳，非异人乎？"[1] 两人自此订交。

庞安时敬仰苏东坡已久，一直无缘相见，此次不仅治愈了苏东坡的疾病，还特意停诊，诚邀苏东坡同游蕲水名胜清泉寺。

清泉寺始建于唐贞元六年（790年），位于蕲水县城门外约两里地的凤栖山上，相传王羲之曾在泉水中洗过笔砚。此外，寺庙前山下的兰溪水流向也与众不同，由东向西。苏东坡心情舒畅，游兴甚高，此次畅游的收获之一，是一首《浣溪沙·游蕲水清泉寺》。

　　　　山下兰芽短浸溪，松间沙路净无泥，萧萧暮雨子规啼。谁道人生无再

---

[1] （宋）苏轼撰，王松龄点校：《东坡志林》卷一，北京：中华书局1981年版，第15页。

少？门前流水尚能西！休将白发唱黄鸡。[1]

作者由兰溪水的流向与众不同这一现象抒发感慨：谁说人生就不能再回到少年时期呢？寺庙前的溪水都还能由东向西流淌，切勿在老年时感叹时光的飞逝。该诗表现出作者虽身处逆境而绝不消沉、老当益壮的精神，与刘禹锡的"莫道桑榆晚，为霞尚满天"有异曲同工之处。

元丰五年（1082 年）九月间的一个夜晚，苏东坡与几个好友在江上饮酒后，微醺返回住地临皋亭。一路欣赏江水接天、风露浩然的秋色，苏东坡顿生"身非己有"的苦闷，忽然产生退避江湖、挣脱尘网的念头。面对一望无际的江水，苏东坡浮想联翩，旷达而伤感，《临江仙·夜归临皋》于是一气呵成。

夜饮东坡醒复醉，归来仿佛三更。家童鼻息已雷鸣。敲门都不应，倚杖听江声。长恨此身非我有，何时忘却营营？夜阑风静縠纹平。小舟从此逝，江海寄余生。[2]

苏东坡临江沉思，豁然开朗，情不自禁地产生了脱离现实社会的浪漫主义遐想，"小舟从此逝，江海寄余生"，表现了作者愤世嫉俗、寻求解脱的人生态度。

此词一出，还闹了个乌龙。坊间盛传那天晚上，苏东坡填词后，将冠服挂在江边的树上，拏舟长啸而去。太守徐君猷听到谣言后，自然很不淡定，因为他对苏东坡负有监管责任。徐君猷火急火燎赶到临皋亭，还在门外，他就听到苏东坡

---

[1] 《浣溪沙·游蕲水清泉寺》，《苏轼词编年校注》，第 358 页。
[2] 《临江仙·夜归临皋》，《苏轼词编年校注》，第 467 页。

鼾息如雷，不觉哈哈大笑。

元丰六年（1083年），苏东坡谪居黄州已将近四年。而与苏东坡志趣相投的友人张怀民，此时也谪居黄州，暂寓承天寺。张怀民，字梦得，一字偓佺，也反对新法，刚被贬到黄州为主簿会计，与苏东坡一样也是一名闲职官吏。十月的一个夜晚，皓月当空，静谧的月光照进房内，苏东坡欣然起身，来到承天寺寻访张怀民，事后写下《记承天夜游》：

元丰六年十月十二日，夜，解衣欲睡，月色入户，欣然起行。念无与为乐者，遂至承天寺，寻张怀民。怀民亦未寝，相与步于中庭。庭下如积水空明，水中藻荇交横，盖竹柏影也。何夜无月？何处无竹柏？但少闲人如吾两人者耳。1

洒满庭院的月光，宛如一泓柔和清澈的积水，水中藻荇交横，仔细看来，原来是竹子和松柏在月光下的投影。

文章通过对月色和美妙夜景的描写，真实地记录了两位贬官的一个生活片段，表达了作者忧国忧民、壮志未酬的苦闷和自我排遣、旷达释然的人生态度，也表达了作者对知音甚少的无限感慨。

以上几篇文学作品体现出苏东坡强大的内心世界，由于对儒释道的融会贯通、兼收并蓄，他能够不断从三家思想中汲取能量，将儒家的执着、道家的洒脱和佛家的圆融集于一身，始终保持积极旷达的人生态度。

---

1 《记承天夜游》，《苏轼文集》卷七十一，第2260页。

第四节 | 文学创作的巅峰期

文学源于生活,高于生活,社会生活是一切文学创作取之不尽、用之不竭的源泉。在经历了无数个彻夜难眠、辗转反侧的夜晚后,在前所未有的孤寂苍凉中,苏东坡不断从儒释道中汲取营养和能量,终于行成功满,实现与自己及社会的和解,彻彻底底进入了精神的自由王国。

孟子说:"故天将降大任于是人也,必先苦其心志,劳其筋骨,饿其体肤,空乏其身,行拂乱其所为,所以动心忍性,曾益其所不能。"[1] 一个人要想成就一番事业,必须要经历艰难困苦的磨炼,越是遭遇挫折,越能激发一个人的斗志和潜能。

无独有偶,司马迁在《报任安书》中也写道:"古者富贵而名摩灭,不可胜记,唯倜傥非常之人称焉。盖西伯拘而演《周易》;仲尼厄而作《春秋》;屈原放逐,乃赋《离骚》;左丘失明,厥有《国语》;孙子膑脚,《兵法》修列;不韦迁蜀,世传《吕览》;韩非囚秦,《说难》《孤愤》;《诗》三百篇,大底圣贤发愤之所为作也。此人皆意有所郁结,不得通其道,故述往事,思来者。"[2]

富贵而湮没无闻的人数不胜数,只有那些不为世俗所束缚、志向高远、卓越豪迈之士才能被人称颂。文王姬昌、孔子、屈原、左丘明、孙膑等便是杰出代表。

苏东坡一生笔耕不辍。从嘉祐二年(1057年)进士登科时起,至建中靖国元年(1101年)北归途中逝世时止,他在长达四十多年的创作生涯中,共留下两千

---

[1] 《孟子正义》卷二十五,第864页。
[2] (汉)班固著:《汉书·司马迁传》卷六十二,北京:中华书局1962年版,第2735页。

七百多首诗、三百多阕词、四千八百多篇文章，高居唐宋八大家之首，大约平均每两天就有一篇文学作品问世。

作为北宋时期的文坛领袖，苏东坡在诗词歌赋、书画等方面都取得了很高的成就。其诗题材广阔，清新豪健，独具风格，与黄庭坚并称"苏黄"；其词开豪放词之先河，与辛弃疾同为豪放派代表，并称"苏辛"；其散文著述颇丰，纵横恣肆，豪放自如，与欧阳修并称"欧苏"，与韩愈、柳宗元、欧阳修合称"韩柳欧苏"；他善书法，与黄庭坚、米芾、蔡襄合称"宋四家"；他擅长文人画，尤擅画墨竹、怪石、枯木等。人们尊称他为文学艺术的全才式巨匠，一点也不夸张。

（北宋）苏轼 潇湘竹石图（部分）

失之东隅，收之桑榆。如果说在密州两年多的工作生活经历为苏东坡提供了文学创作的素材，激发了他的创作灵感，为他带来了文学创作的一个高峰，那么，四年多黄州的贬谪生活，给他带来的则是惊恐、窘迫及后来的释然、通达，将他的文学创作推进到了巅峰时期。

苏东坡在黄州四年多的时间里，共创作了七百五十三篇（首）文学作品，其中诗二百一十四首、词七十九阕、散文四百五十七篇、赋三篇。就作品创作的频率和节奏看，和其他时期相比，并无特别之处。为什么世人公认居黄州期间为苏东坡文学艺术创作的巅峰时期呢？这主要是就其作品的质量而言。千古绝唱、旷世经典的"赤壁三咏"和被称为"天下三大行书"之一的《寒食帖》，都创作于黄州。其《论语说》五卷和《易传》九卷的初稿也写于黄州，但令人遗憾的是，《论语说》后来失传。

"问汝平生功业，黄州、惠州、儋州。"[1] 显然，苏东坡非常看重三地的谪居生活。而同样是谪居，为什么是黄州时期成就了苏东坡文学艺术创作的巅峰期呢？要而言之，黄州不仅为他提供了临皋亭、雪堂和南堂等安身之处，躬耕东坡的劳作和儒释道的兼收并蓄，黄州更成为他的安神之所、心灵之家，以上因素奠定了苏东坡文学艺术创作的思想基础，极大拓展了其精神境界。

黄州于苏东坡而言，可以说是相互成就。正如苏东坡在《与朱康叔二十首》（一）中所写"节物清和，江山秀美"[2]，黄州让他感受到了自由和生命的真正意义，使他超越了谪居的悲凉，淡忘了世俗的名利，释然了精神的痛苦，把人世间的荣华富贵、旦夕祸福都视为过眼烟云，造就了"一蓑烟雨任平生""也无风雨也无晴"的苏东坡。黄州成为他一生中最重要的人生驿站，苏东坡也成为黄州历史文化的一座丰碑。

有人将苏东坡的文学艺术创作分为早期、中期和晚期，而王水照则按照苏东坡的主要经历将其创作分为七个阶段，两度在朝、两度外任和三地贬居。他在《苏轼选集》的前言中浓墨重彩地描述了苏东坡谪居时期的写作成就，认为他在黄州时期的写作具有三个特点：

一是抒写贬谪时期复杂矛盾的人生感慨，是其主要题材。比任职时期，政治社会诗减少，个人抒情诗增多；二是这时期创作的风格除了豪健清雄外，又发展

---

[1]《自题金山画像》，《苏轼诗集》卷四十八，第2641页。
[2]《与朱康叔二十首》（一），《苏轼文集》卷五十九，第1785页。

了清旷简远的一面,透露出向以后岭海时期平淡自然风格过渡的消息;三是在散文方面,任职时期以议论文(政论、史论)和记叙文为主,这时期则着重抒情性,注重于抒情与叙事、写景、说理的高度结合,出现了带有自觉创作意识的文学散文或文学性散文,其中尤以散文赋、随笔、题跋、书简等成就为高。

在黄州时期,苏东坡最为著名的作品非"三咏赤壁"莫属,即《赤壁赋》《后赤壁赋》和《念奴娇·赤壁怀古》。《赤壁赋》和《念奴娇·赤壁怀古》分别为宋代"文赋"和宋代"豪放词"的第一代表作。

在经过两年多的谪居生活和躬耕东坡的辛劳,尤其是儒释道融会贯通的修炼后,苏东坡经历了从孤寂凄凉的痛苦中解脱出来,走向乐观豁达的心路历程,从而更加坚定旷达。这些在其"三咏赤壁"中,特别是在《赤壁赋》中有着充分的表现。

元丰五年(1082年)七月十六日,夕阳西下,天高云淡,四十七岁的苏东坡和道士杨世昌等人来到赤壁游览。良辰美景,泛舟江上,宾主觥筹交错,吟诗作对,吹箫唱雅,热闹非凡。回到临皋亭,苏东坡兴会淋漓,记下当晚的行程和对话,千古绝唱《赤壁赋》,一气呵成:

壬戌之秋,七月既望,苏子与客泛舟,游于赤壁之下。清风徐来,水波不兴。举酒属客,诵明月之诗,歌窈窕之章。少焉,月出于东山之上,徘徊于斗牛之间。白露横江,水光接天。纵一苇之所如,凌万顷之茫然。浩浩乎如冯虚御风,而不知其所止;飘飘乎如遗世独立,羽化而登仙。

于是饮酒乐甚,扣舷而歌之。歌曰:"桂棹兮兰桨,击空明兮溯流光。渺渺兮予怀,望美人兮天一方。"客有吹洞箫者,倚歌而和之。其声呜呜然,如怨如慕,如泣如诉,余音袅袅,不绝如缕。舞幽壑之潜蛟,泣孤舟之嫠妇。

苏子愀然，正襟危坐，而问客曰："何为其然也？"客曰："月明星稀，乌鹊南飞，此非曹孟德之诗乎？西望夏口，东望武昌，山川相缪，郁乎苍苍，此非孟德之困于周郎者乎？方其破荆州，下江陵，顺流而东也，舳舻千里，旌旗蔽空，酾酒临江，横槊赋诗，固一世之雄也，而今安在哉？况吾与子渔樵于江渚之上，侣鱼虾而友麋鹿。驾一叶之扁舟，举匏樽以相属。寄蜉蝣于天地，渺沧海之一粟。哀吾生之须臾，羡长江之无穷。挟飞仙以遨游，抱明月而长终。知不可乎骤得，托遗响于悲风。"

苏子曰："客亦知夫水与月乎？逝者如斯，而未尝往也；盈虚者如彼，而卒莫消长也。盖将自其变者而观之，则天地曾不能以一瞬；自其不变者而观之，则物与我皆无尽也，而又何羡乎！且夫天地之间，物各有主，苟非吾之所有，虽一毫而莫取。惟江上之清风，与山间之明月，耳得之而为声，目遇之而成色，取之无禁，用之不竭，是造物者之无尽藏也，而吾与子之所共适。"

客喜而笑，洗盏更酌。肴核既尽，杯盘狼籍。相与枕藉乎舟中，不知东方之既白。[1]

《赤壁赋》与汉赋以来的传统相一致，也是以主客对话的方式展开。从道士杨世昌悲戚的箫声引出对话。对话的结局是转悲为喜。此赋除了过程和风景描写之外，主题是如何转悲为喜，解脱痛苦。

人生的痛苦来源于欲望过多，而当欲望得不到满足时，皆转化为痛苦。解决痛苦的途径，不外乎满足之或超越之。而当原有的欲望满足之后，又会产生新的

---

[1] 《赤壁赋》，《苏轼文集》卷一，第5—6页。

奢望和诉求，因为人的欲望是无止境的，从而又会带来新的痛苦。因此，解除痛苦的办法，唯有超越之。

此赋表达了苏东坡对世事难料、人生无常的独到见解。从文中不难看出，苏东坡与刚来黄州时相比，在思想和精神上判若两人，他已脱胎换骨。他实现了与自己及社会的和解，不再孤独凄凉、消沉沮丧，变得旷达释然、乐观随缘。诚如他在《与范子丰八首》（八）中所写："江山风月，本无常主，闲者便是主人。"[1]

这一年的十月十五日，苏东坡从东坡雪堂回临皋亭的途中，路过黄泥坂时，他与杨世昌二人"人影在地，仰见明月。顾而乐之，行歌相答"[2]。吉日良辰，怎能错过？于是苏东坡与杨世昌二人故地重游，再次来到赤壁之下。由于季节的不同，短短三个月的时光，此时的赤壁已由"清风徐来，水波不兴""白露横江，水光接天。纵一苇之所如，凌万顷之茫然"，变为"江流有声，断岸千尺；山高月小，水落石出"。

苏东坡虽年近半百，依然腰腿矫健，船至山下，独自一人借着月光，提起衣襟，登上崖顶，仰天长啸，苏东坡"悄然而悲，肃然而恐，凛乎其不可久留也"。于是匆忙下山，离岸登船，任由小舟在江面上荡漾。半夜时分，一只孤鹤从江东飞来，它突然停止长鸣，掠过船头向西飞去。回到家中，苏东坡很快入睡，他梦见一个身着羽衣的道士，在他临皋亭的床前作揖问道："赤壁之游乐乎？"第二天，苏东坡以夜游赤壁和梦境为题材，写下流芳百世的《后赤壁赋》：

> 是岁十月之望，步自雪堂，将归于临皋。二客从予，过黄泥之坂。霜露既降，木叶尽脱。人影在地，仰见明月。顾而乐之，行歌相答。

---

1 《与范子丰八首》（八），《苏轼文集》卷五十，第1453页。
2 《后赤壁赋》，《苏轼文集》卷一，第8页。

已而叹曰："有客无酒，有酒无肴，月白风清，如此良夜何？"客曰："今者薄暮，举网得鱼，巨口细鳞，状似松江之鲈。顾安所得酒乎？"归而谋诸妇。妇曰："我有斗酒，藏之久矣，以待子不时之需。"

于是携酒与鱼，复游于赤壁之下。江流有声，断岸千尺；山高月小，水落石出。曾日月之几何，而江山不可复识矣。予乃摄衣而上，履巉岩，披蒙茸。踞虎豹，登虬龙。攀栖鹘之危巢，俯冯夷之幽宫。盖二客不能从焉。划然长啸，草木震动。山鸣谷应，风起水涌。予亦悄然而悲，肃然而恐，凛乎其不可久留也。反而登舟，放乎中流，听其所止而休焉。时夜将半，四顾寂寥。适有孤鹤，横江东来。翅如车轮，玄裳缟衣，戛然长鸣，掠予舟而西也。

须臾客去，予亦就睡。梦一道士，羽衣蹁跹，过临皋之下，揖予而言曰："赤壁之游乐乎？"问其姓名，俯而不答。"呜呼噫嘻！我知之矣。畴昔之夜，飞鸣而过我者，非子也耶？"道士顾笑，予亦惊寤。开户视之，不见其处。[1]

前后赤壁赋写作时间相隔三月，为姊妹篇，可谓珠联璧合。苏东坡常常书写《赤壁赋》赠送友人，而没有自书《后赤壁赋》赠送朋友的记载。究其原因，当然不是因为《后赤壁赋》写得有所逊色，而是二者所写的内容不同，苏东坡更愿意与人分享《赤壁赋》中对世间万物超然洒脱的人生态度，而把《后赤壁赋》中彻底放下的自我留给自己。

在黄州，苏东坡的文学艺术创作之所以进入巅峰，还在于他敢为天下先，突破"诗庄词媚""词为艳科"的窠臼，一改婉约词风，开豪放词之先河，拓宽了

---

[1] 《后赤壁赋》，《苏轼文集》卷一，第8页。

词的境界，丰富了词的领域，"以诗为词"，从此让豪放词大放异彩。《江城子·密州出猎》为苏东坡豪放词的开山之作，而《念奴娇·赤壁怀古》则是他豪放词的巅峰之作：

> 大江东去，浪淘尽，千古风流人物。故垒西边，人道是，三国周郎赤壁。乱石穿空，惊涛拍岸，卷起千堆雪。江山如画，一时多少豪杰。遥想公瑾当年，小乔初嫁了，雄姿英发。羽扇纶巾，谈笑间，樯橹灰飞烟灭。故国神游，多情应笑我，早生华发。人生如梦，一尊还酹江月。1

这阕词是苏东坡被贬黄州后的作品，雄奇的景色和历史的纵深相互交错，使全词充满张力，而苏东坡则在云端俯瞰一切，摹写壮丽山河，点评风云人物，张弛有度，游刃有余，耀亮了文学的星空。透过此词和同一时期的前后《赤壁赋》等诗文，人们可以看出他的思想裂变的脉络。

苏东坡对他在黄州的词作颇为满意，他在给陈季常的信中写道："近者新阕甚多，篇篇皆奇。"2 而苏辙对于苏东坡黄州期间的文学作品评价极高："既而谪居于黄，杜门深居，驰骋翰墨，其文一变，如川之方至，而辙瞠然不能及矣。"3

苏东坡贬谪黄州，让这个名不见经传的小镇青史留名，而"三咏赤壁"，更是让赤壁成为黄州首推的名胜。颇有意思的是，苏东坡笔下的赤壁，并非中国历史上著名的赤壁之战的所在地。对此，苏东坡始终存疑。

---

1 《念奴娇·赤壁怀古》，《苏轼词编年校注》，第398—399页。
2 《与陈季常十六首》（九），《苏轼文集》卷五十三，第1567页。
3 《亡兄子瞻端明墓志铭》，《苏辙集》，第1127页。

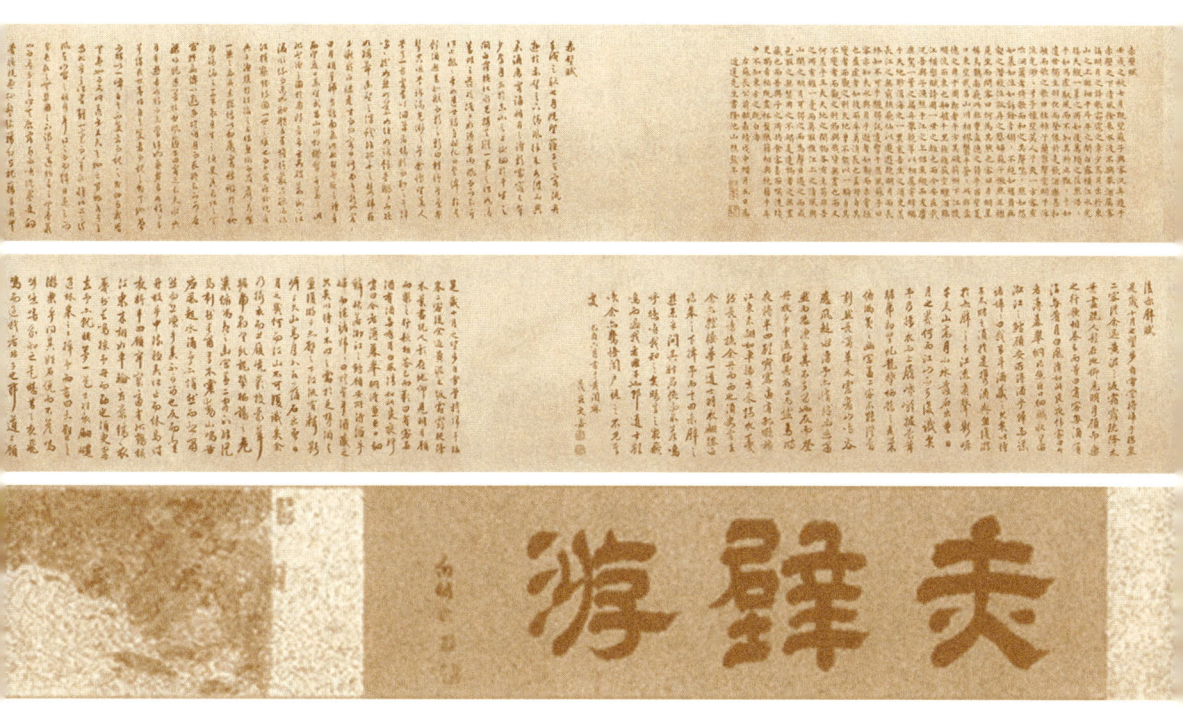

（明）仇英　赤壁图

苏东坡在与范之丰书中写道："黄州少西山麓，斗入江中，石室如丹。《传》云'曹公败所'所谓赤壁者。或曰：非也。时曹公败归华容路……今赤壁少西对岸，即华容镇，庶几是也。然岳州复有华容县，竟不知孰是？"[1]《东坡志林》"赤壁洞穴"中亦说："黄州守居之数百步为赤壁，或言即周瑜破曹公处，不知果是否？"[2]

其实，湖北境内的江汉之间有多个地方都叫赤壁，较有名的有两处：一是真正的赤壁之战所在地，因盛产蒲草而得名的蒲圻县（今湖北省咸宁市赤壁市）沿

---

[1]《与范子丰八首》（七），《苏轼文集》卷五十，第1452—1453页。
[2]《东坡志林》卷四，第75页。

江南岸，人称"武赤壁"；二是苏东坡笔下的赤壁，在黄州城外，俗称"赤鼻矶"，因苏东坡的文章，人称"文赤壁"。两个赤壁相距近四百里。清代朱日濬的《赤壁怀古》一语中的："赤壁何须问出处，东坡本是借山川。"1

苏东坡的文学作品历来遵循"有意而言""有为而作"的文学观。他的文学作品不仅给人以美的享受、心灵的慰藉和精神的启迪，更为重要的是，他的文学作品反映民间疾苦和他的民本思想。

王国维在《文学小言》中写道："三代以下之诗人，无过于屈子、渊明、子美、子瞻者。此四子者，若无文学之天才，其人格亦自足千古。故无高尚伟大之人格，而有高尚伟大之文章者，殆未之有也。"2 他们之所以能名垂千古、光照千秋，不仅因为是文学上的天才，更重要的是他们拥有高尚伟大的人格。

民本思想源远流长，"民本"一词出自儒家经典《尚书·五子之歌》中的"民惟邦本，本固邦宁"。民本思想，一直是儒家思想的重要内容。先秦儒学的民本思想，主要体现为孔子的"为政以德"、孟子的"民贵君轻"和荀子的"君舟民水"。民本思想是中华文化的主流思想，民生情怀是古代圣贤价值追求的重要依据。

早在科举考试的策论中，苏东坡就提出了"爱民之深，忧民之切，而待天下以君子长者之道也"的政治主张。在眉山为母亲守制时，他还在《策别训兵旅二》中提出"民者，天下之本；而财者，民之所以生也"3 的为政理念。嘉祐四年（1059年），丁忧结束，返回京师途中，苏东坡首次在《许州西湖》一诗中，表露同情百姓疾苦的民本情怀。

1　丁永淮等撰：《东坡赤壁诗词选》，武汉：湖北人民出版社1984年版，第86页。
2　王国维著：《人间词话》，苏州：古吴轩出版社2013年版，第106页。
3　《策别训兵旅二》，《苏轼文集》卷九，第277页。

第七章 | 从苏轼到苏东坡的人生蜕变

出仕之后，苏东坡不仅在地方为官时践行以民为本的初心，还在奏章和文学作品中表达关注民间疾苦等民本思想。

当王安石迫切峻厉推行变法时，年轻气盛、怀抱匡时济世之志的苏东坡纵笔写下《上神宗皇帝书》，他以锐利的观点、恳切的言辞陈述自己的政治主张和为政理念，斗胆告诫和劝谕神宗皇帝：君之为君，非由神权而得，乃得自黎民百姓的拥护；在《谏买浙灯状》中，他劝谏神宗皇帝"深计远虑，割爱为民"，这些都反映了他的拳拳爱民之心。

为官之后，苏东坡关注民间疾苦、体现民本思想的文学作品俯拾皆是：《喜雨亭记》反映了他重农、重民的儒家仁政思想；《吴中田妇叹》描绘了江浙一带农民的悲惨生活，抨击了苛税弊政，表达了自己对民众的深切同情；《山村五绝》集中而尖锐地反映了变法给农村乃至农民带来的巨大危害，抒发了自己深切的忧国忧民之心；"三年东方旱，逃户连敧栋。老农释耒叹，泪入饥肠痛。"[1] 此诗为苏东坡第一次任地方主官时所作，反映因连年灾害，密州土地荒废，百姓流离失所的惨况。而诗句"父老借问我，使君安在哉。今年好雨雪，会见麦千堆"[2] 则反映了百姓对苏东坡由衷的爱戴。在即将离开密州时，他又写下"秋禾不满眼，宿麦种亦稀。永愧此邦人，芒刺在肤肌"[3] 的诗句。只有爱民如子，视百姓利益高于一切的官吏，才能写下如此感人至深的诗句。情感不是作秀或无病呻吟，只有从人的心灵深处迸发出来才是最真切的。苏东坡在密州不同时期写的三首诗，足以反映他心系民生、关爱百姓的民本思想。此后，他在徐州、湖州、黄州、京师、颍州、扬州、惠州、儋州等地，关注民间疾苦、体现其民本思想的文学作品，

---

1 《除夜大雪，留潍州，元日早晴，遂行，中途雪复作》，《苏轼诗集》卷十五，第714页。
2 《出城送客，不及，步至溪上，二首》（其一），《苏轼诗集》卷十三，第618页。
3 《和孔郎中荆林马上见寄》，《苏轼诗集》卷十四，第701页。

不胜枚举。

尽管"乌台诗案"后，苏东坡已是戴罪之身，他在赴黄州途中以及在黄州四年多的时间里，依然关心民间疾苦、体恤民情，这些内容在这个时期的作品中有充分的体现。

"下马作雪诗，满地鞭箠痕。伫立望原野，悲歌为黎元。"[1] 这是元丰三年（1080年）正月十八日，苏东坡赴黄州途中遭遇雨雪时所写的诗句。刚走出御史台的大牢，他首先想到的不是自己命运多舛、前路茫茫，而是天下苍生、黎民百姓的疾苦。

当他们一行过了麻城，转入岐亭以北不远的地方时，苏东坡偶遇好友陈季常。在陈的住处看到《朱陈村嫁娶图》时，感慨良多，他在题画诗《陈季常所蓄〈朱陈村嫁娶图〉二首》（其二）中写道："我是朱陈旧使君，劝农曾入杏花村。而今风物那堪画，县吏催租夜打门。"[2] 朱陈村位于徐州丰县，一说位于时属徐州所辖的萧县。想到自己曾在徐州任过主官，百姓自给自足，生活安乐祥和，朱陈二姓互通婚姻，那时民风淳朴、不慕富贵、感情纯朴的朱陈村，如今却半夜三更被官府敲门催租逼税，抚今追昔，怎不令人心情沉重。

刚来黄州时，苏东坡寓居茂林修竹的定惠院，春夏之交，鸣鸟百族，当地人多以其声之似者名之，梅尧臣（圣俞）尝作《四禽言》，苏东坡遂用圣俞体作《五禽言》。五首诗分别吟咏五种鸟，诗中表达了他对百姓生活和处境的高度关注和深切同情。

《五禽言五首》（其二）为："昨夜南山雨，西溪不可渡。溪边布谷儿，劝我

---

[1] 《正月十八日蔡州道上遇雪，次子由韵二首》（其二），《苏轼诗集》卷二十，第1020页。
[2] 《陈季常所蓄〈朱陈村嫁娶图〉二首》（其二），《苏轼诗集》卷二十，第1030—1031页。

脱破裤。不辞脱裤溪水寒，水中照见催租瘢。"[1] 昨夜雨后，溪水暴涨，在布谷鸟的劝说下，他脱下破裤踏入寒冷的溪水，溪水倒映出身上被催逼地租而留下的鞭痕。"土人谓布谷为脱却破裤"，这是苏东坡的自注。

元丰四年（1081年）冬，是苏东坡来到黄州后的第二个冬天。天遂人愿，喜降大雪，而此时的苏东坡却在为农民的生计担忧，揪心煎熬，夜不能寐。他在《书雪》中写道："黄州今年大雪盈尺。吾方种麦东坡，得此，固我所喜，但舍外无薪米者，亦为之耿耿不寐，悲夫！"[2] 种麦东坡，适逢大雪，本是吉兆，可作者却是悲喜交加。喜的是瑞雪兆丰年，悲的是外面那些缺衣少吃的百姓度日艰难。苏东坡这种对百姓的悲悯情怀，似乎是与生俱来的，无论是在主政一方的高光时刻，还是处于人生低谷时，他的爱民恤物之心从未改变过。

苏东坡关注民间疾苦、忧国忧民之心，可谓是无处不在。元丰五年（1082年）正月，他的同乡王天麟从武昌过江来看他。聊天中，苏东坡获悉岳州、鄂州一带有沿袭已久的溺婴恶俗，立刻提笔给鄂州太守朱寿昌写信，希望官府采取措施制止这极不人道的恶习，对溺婴者要绳之以法，对那些养不起孩子的家庭要给予救济。

当苏东坡听说黄州也有此恶习时，他提议并说服为人正直的古耕道，发起成立了慈善性质的民间组织"育儿会"，向当地的富庶家庭劝募，每年每户出钱十千，对于家境贫寒不足以自己养育者，分别给予米、布等实物救济，劝其留养自己的骨肉。尽管苏东坡手头非常拮据，但他还是带头捐款，并慨然说道："若岁活得百个小儿，亦闲居一乐事也。吾虽贫，亦当出十千。"[3] "育儿会"由古耕道

---

[1] 《五禽言五首》（其二），《苏轼诗集》卷二十，第1046页。
[2] 《书雪》，《苏轼文集》卷七十一，第2258页。
[3] 《黄鄂之风》，《苏轼文集》卷七十二，第2316页。

任会长，安国寺的住持继连管理账目，以昭众信。这应该是我国儿童福利院最早的雏形。

四年多的贬谪岁月里，苏东坡从"寄蜉蝣于天地，渺沧海之一粟。哀吾生之须臾，羡长江之无穷"，到"挟飞仙以遨游，抱明月而长终。知不可乎骤得，托遗响于悲风"，无论朝堂如何风谲云诡，他始终保持着文人士大夫的风骨。诚如他在《水调歌头·快哉亭作》中所说："一点浩然气，千里快哉风。"[1]

李泽厚曾这样评说："苏轼一生并未退隐，但他通过诗文所表达出来的那种人生空漠感，却比前人任何口头上或事实上的退隐、归田、遁世要更深刻、更沉重。人生如梦、古今如梦、万世到头都是梦。梦的虚幻感与乐观进取的精神、旷达洒脱的情怀交织在一起，使苏轼一生轻松释然而又悲沉肃穆。"[2]

---

[1] 《水调歌头·快哉亭作》，《苏轼词编年校注》，第483页。
[2] 李泽厚著：《美的历程》，合肥：安徽文艺出版社1999年版，第49页。

第八章

何妨吟啸且徐行

第八章 | 何妨吟啸且徐行

　　世事无常终有定，人生有定却无常。转眼间，苏东坡在黄州已度过了四个春秋。在艰难困苦中，他以豁达与乐观坦然面对，在失意孤独中，他与自己及社会和解，不仅如此，他还找到了灵魂的寄托，实现了精神自由。然而就在此时，神宗想到了苏东坡，他将苏东坡的谪居地由黄州变为离京师不远的汝州，一般认为这是朝廷起复苏东坡的前奏。此后，苏东坡有近一年的时间，在长江、淮河一带漂泊。其间，他与王安石在金陵相逢一笑泯恩仇；乞求朝廷准予将谪居地变为了常州；神宗驾崩，哲宗继位，高太后摄政，苏东坡迎来了人生的又一个春天。

第一节 | 神宗皇帝的救赎

　　"乌台诗案"最终以苏东坡被贬黄州而画上句号，不少人认为这不是神宗的本意。其实，这是神宗平衡多方意愿和诉求，依照自己意志而圣裁的结果。李定、舒亶为代表的御史台是要置苏东坡于死地而后快；王珪、蔡确等推波助澜，乐见其成；大理寺、审刑院顶住压力，秉公执法；苏辙、范镇、张方平冒死相救；章惇、吴充、王安石、王安礼等仗义执言；苏东坡的最大救星，神宗的祖母、太皇太后曹氏在病入膏肓时，多次发声，且出言很重，赦免苏东坡几乎成了她的临终遗言。

　　不得不说，神宗是位平衡高手。面对大理寺、审刑院的审理复核结果，加之以太皇太后为首的、声势浩大的救援队伍，对苏东坡不杀亦不重判，而将其贬去黄州，也算是个不错的交代。尽管没有满足李定等人诛杀苏东坡的意愿，但也没有判定无罪，至少葬送了苏东坡的仕途，或多或少也给李定、王珪之流留了点面子。

其实，神宗最后的圣裁，恰恰反映的是他本人的意志。在王安石罢相、他亲自主政后，面对苏东坡连篇累牍关注民生、反对新法的诗文，心中很是不爽，李定等人提出弹劾，对神宗而言，多少有点正中下怀。而神宗虽对苏东坡诟病新法的言论心中不悦，但绝没有痛杀之意，更何况他也不想背上违反祖训、盛世而杀士大夫的千古骂名。

坦率地说，神宗对苏东坡是既爱又恨，他对苏东坡的旷世之才赞不绝口，又对其率性而为、旗帜鲜明地反对新法，尤其是在诗文中对新法指桑骂槐极为不满。但他终究认为，苏东坡还是忠君报国的，他对苏东坡也是惜才关爱的。

据南宋赵葵《行营杂录》记载："上一日与近臣论人才，因曰：'轼方古人孰比？'近臣曰：'颇似李白。'上曰：'不然。白有轼之才，无轼之学。'"[1]《宋史·苏轼传》亦有神宗尤爱苏东坡诗文的记载："宫中读之，膳进忘食，称为天下奇才。"[2] 从上述两份史料不难看出，神宗对于苏东坡的才学是多么认可和喜爱。

元丰七年（1084年）正月，神宗释放善意，故意绕过王珪、蔡确等宰辅，亲书手札："苏轼黜居思咎，阅岁滋深；人材实难，不忍终弃。"[3] 将苏东坡的谪居地由黄州移到了离京师较近的汝州，这应该是神宗打算起复苏东坡的第一步。神宗此举，并非一时心血来潮。

元丰六年（1083年）春，苏东坡因风火之毒，生了疮疖，很快侵入右眼，发炎红肿，差点失明。他在《与蔡景繁十四首》中这样写道："某卧病半年，终未

---

[1] （宋）赵葵撰，程郁整理：《行营杂录》，郑州：大象出版社1992年版，第59页。
[2] 《宋史·苏轼传》卷三百三十八，第10819页。
[3] 《宋史·苏轼传》卷三百三十八，第10809页。

清快。近复以风毒攻右目，几至失明。信是罪重责轻，召灾未已。杜门僧斋，百想灰灭。"1 恰巧这年四月，曾巩在江宁病逝。于是谣言四起，说苏东坡与曾巩同日而死，与李贺一样被玉皇大帝召去修文了。

据李焘《续资治通鉴长编》和何薳《春渚纪闻》记载，神宗听到这则传闻后，因尚书左丞蒲宗孟既是苏东坡的同乡，又是他的姻戚，便召蒲来核实。而蒲并不知道消息真假，只是含含糊糊地答道，近日有此传说。正要用膳的神宗，信以为真，放下碗筷，连声叹息道："才难，才难。"说罢，辍饭而起。后来获悉传闻不实，神宗便再次有了起复苏东坡之意。

据明代王世贞《苏长公外纪》所记，神宗读"琼楼玉宇，高处不胜寒"，叹道："苏轼终是爱君。"2 即量移汝州。

神宗起复苏东坡动用的是皇帝手札。皇帝手札，这种特殊文本仅在两种情况下使用：一是手诏，常为如特赦一类的非常恩典；二是御札，为皇帝决意要办的事情。手诏和御札一经颁发，宰辅及臣下只能照办奉行，不得再议。

神宗为什么要动用皇帝手札呢？实属不得已而为之。因为此前几次他欲起复苏东坡的动议，均遭到王珪、蔡确等人的阻挠和拖延。

王安石去相后，后继无人，朝廷诸事推进不顺，早在元丰三年（1080 年）九月，神宗决意起用司马光的同时，就考虑一并起复苏东坡。据南宋朱弁《曲洧旧闻》所记："元丰初，官制将行，裕陵以图子示宰执，于御史中丞、执政位牌上，贴司马温公姓名，又于中书舍人、翰林学士位牌上，贴东坡姓名，其余与新政不合者，亦各有攸处。"3

---

1 《与蔡景繁十四首》（二），《苏轼文集》卷五十五，第 1661 页。
2 《宋人轶事汇编》卷十二，第 606 页。
3 《曲洧旧闻》卷二，第 102 页。

王珪、蔡确始料未及，相顾失色，虽万般不愿，但一时又找不到合适的理由来反对，只得大声应道："领德音！"德音为赦令之一。

　　蔡确退出殿来，与左右说道：此事万万不可，得死马当活马医才好。而蔡确的"办法"是：皇上久欲收复灵武，如果有办法使西边的战事扩大，则皇上的注意力就会转移到西边战事上，一定不会再召司马光等。

　　这的确是个巧妙而误国的诡计。后来神宗派兵进讨西夏后，正如蔡确所料，起用司马光、苏东坡等人之事被搁置。苏辙《龙川别志》对此事作了详细记述："自是，西师入讨，夷夏被害，死者无算，新州之命，则此报也。"[1] 新州之命，指的是蔡确流放新州。

　　据王巩《闻见近录》记载：元丰四年（1081年）十月间，神宗在天章阁召集执政重臣，商议"官制除目"的大事。除目，指授予官吏的文书。神宗看了执政所拟的"除目"后，从三省密院官、太常少卿、礼部郎中等职位，逐一口谕，论到著作郎时，神宗说："此非苏轼不可。"商议结束，神宗非常严肃地说道：朕与高遵裕约定，当于某日下灵武，候告其捷，必须大事庆赏。到时官制可行，除目可下。神宗还告诫在场诸人："外人有知者，不过卿等数人泄耳。"[2]

　　世事难料，高遵裕在灵武久围不下，反被西夏人绝黄河之水直灌宋营，十多万大军生还者不足一万。神宗与高遵裕约定的庆赏化为了泡影。而来年官制执行时，与初议时的人选相比，有了很大的变化，"十改五六矣"。

　　这次会议的记录人为中书检政官王震和吴雍，而王震为王巩的六侄，这段史料的真实性较高。

　　《宋史·苏轼传》和李焘《续资治通鉴长编》记载，元丰五年（1082年），

---

[1]（宋）苏辙撰，俞宗宪点校：《龙川别志》卷下，北京：中华书局1982年版，第93页。
[2]《苏轼年谱》卷二十，第519页。

议修国史时，神宗说："国史大事，朕意欲俾苏轼成之。"[1] 王珪面有难色，神宗只好接着说："非轼，则用曾巩。"修史不成，神宗又降旨起复苏东坡以本官知江州。蔡确、张璪受命，王震草拟任命文书。程序走到门下省，王珪奏以为不可。

苏东坡的起复，就这样被一拖再拖。转眼间，苏东坡贬谪黄州已有四个年头。元丰七年（1084年）正月，神宗手札发出后，直到三月才到黄州。接到诏命，苏东坡反复诵读，而"苏轼黜居思咎，阅岁滋深；人才实难，不忍终弃"等句，让他大受感动。

苏东坡在《谢量移汝州表》中说："臣轼言，伏奉正月二十五日诰命，特授臣汝州团练副使本州安置不得签书公事者。稍从内迁，示不终弃。罪已甘于万死，恩实出于再生。祗服训词，惟知感涕。臣轼诚惶诚恐，顿首顿首。"[2] 神宗御览后，回头对侍臣说道："苏轼堪称奇才！"

尽管神宗动用手札，赞誉奇才，仍有人借端诬罔构陷苏东坡。

所幸神宗不为所动，直截了当地说："朕已灼知苏轼衷心，实无他肠也。"[3] 言者语塞，自讨没趣。

即将离开黄州，苏东坡的心中五味杂陈。奉旨内迁，说明皇帝心中还惦记自己，但依旧是戴罪之身，汝州的生计更是没有着落，而几年下来，黄州不仅为他提供了安身之处、安神之所，还成为他的精神家园。对黄州，他心中更多的是依依不舍。

苏东坡深爱着黄州这片土地。元丰七年（1084年）四月一日，苏东坡即将离黄移汝，在向邻居告别之际，恰好友人李仲览从江东前来告别，他写下《满庭

---

[1] 《苏轼年谱》卷二十，第512页。
[2] 《谢量移汝州表》，《苏轼文集》卷二十三，第656页。
[3] 《春渚纪闻》卷六，第128页。

芳·归去来兮》，抒发了不舍与惜别之情。

> 归去来兮，吾归何处？万里家在岷峨。百年强半，来日苦无多。坐见黄州再闰，儿童尽、楚语吴歌。山中友，鸡豚社酒，相劝老东坡。云何？当此去，人生底事，来往如梭。待闲看，秋风洛水清波。好在堂前细柳，应念我、莫翦柔柯。仍传语，江南父老，时与晒渔蓑。1

是啊，思归不得归，有家不能回，何时才能回到万里之外的眉山故里呢？

该词首句"归去来兮"，一字不改地搬用陶渊明《归去来兮辞》的首句，非常明确地表达了思归峨眉故里的强烈愿望。从扬州开始"和陶诗"，离开黄州后，苏东坡的心与陶渊明贴得更紧。

启程前的这天晚上，前来送别的邻里好友络绎不绝，直到深夜，依然难舍难分，苏东坡以《别黄州》表达了自己的不舍与眷念之情："病疮老马不任靰，犹向君王得敝帏。桑下岂无三宿恋，樽前聊与一身归。长腰尚载撑肠米，阔领先裁盖瘿衣。投老江湖终不失，来时莫遣故人非。"2 苏东坡化用了杜甫诗《瘦马行》的典故，借马的形象表达自己告别黄州时的复杂心境。

四月中旬，陈季常和武昌的王齐愈兄弟俩伴送苏东坡渡江离开黄州，夜行至吴王岘时，隐约听到黄州传来的鼓角之声，苏东坡边默诵杜甫《秦州杂诗二十首》"鼓角缘边郡，川原欲夜时。秋听殷地发，风散入云悲"3，边回望黄州，情到深处，潸然泪下，作《过江夜行武昌山上，闻黄州鼓角》：

---

1 《满庭芳·归去来兮》，《苏轼词编年校注》，第 506 页。
2 《别黄州》，《苏轼诗集》卷二十三，第 1201—1202 页。
3 《秦州杂诗二十首》，《全唐诗》卷二百二十五，第 2417 页。

> 清风弄水月衔山，幽人夜渡吴王岘。黄州鼓角亦多情，送我南来不辞远。江南又闻出塞曲，半杂江声作悲健。谁言万方声一概，鼍愤龙愁为余变。我记江边枯柳树，未死相逢真识面。他年一叶溯江来，还吹此曲相迎饯。1

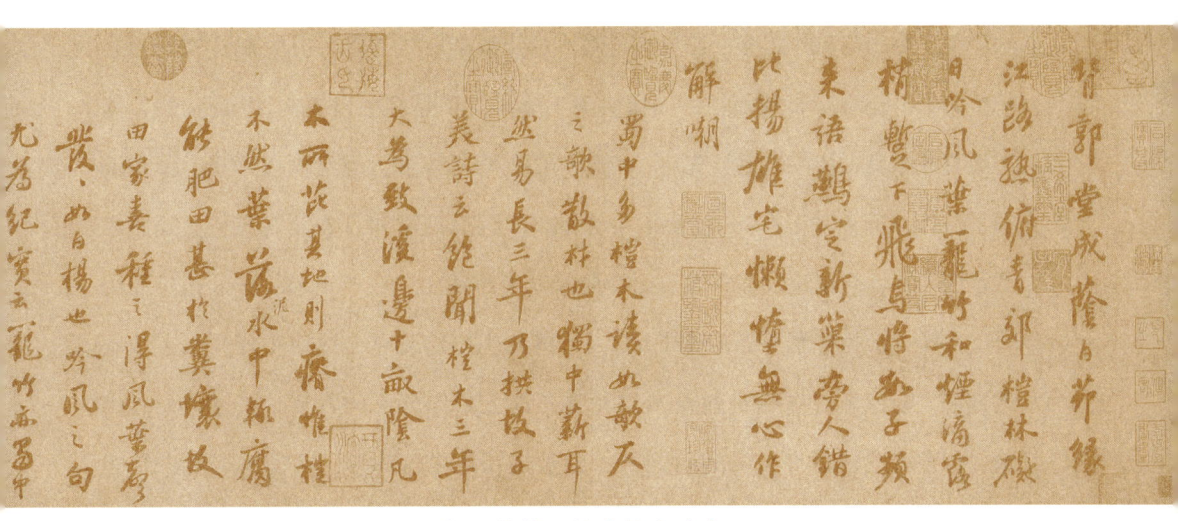

（北宋）苏轼　杜甫桤木诗卷

苏东坡离开后，再也没有回过黄州，看看他依依不舍的东坡、雪堂和魂牵梦绕的赤壁，再次在临皋亭坐看那奔腾不息的长江。

因长子苏迈接到了德兴（今江西省上饶市德兴市）县尉的任命，苏东坡决定让苏迈带着一大家子稍后到九江与他相会，而他则在诗僧参寥等人的陪同下前往

---

1 《过江夜行武昌山上，闻黄州鼓角》，（清）查慎行著，王友胜校点：《苏诗补注》卷二十三，南京：凤凰出版社2013年版，第670页。

庐山。

苏东坡游览庐山的消息不胫而走，山上的僧俗和游客纷纷相传："苏子瞻来了！苏子瞻来了！"

这位经历"乌台诗案"，在黄州谪居近乎销声匿迹的文坛领袖重现江湖，人气依然不减，自己不免有些心动，不经意间违背初衷作了《初入庐山三首》。进山时他是不打算吟诗填词的。

关于庐山的诗作很多，当时名气最大的当属李白的《望庐山瀑布》："日照香炉生紫烟，遥看瀑布挂前川。飞流直下三千尺，疑是银河落九天。"进山后，苏东坡首先来到古树参天的开先寺，寺庙侧面有马尾泉和大龙瀑两大瀑布，苏东坡写下诗作《开先漱玉亭》，描绘了亭旁悬瀑飞泻、清潭映月的壮观景色。随后来到了栖贤寺，应该说，苏东坡与此寺的缘分早就注定。三年多前，苏辙路过庐山时，曾作《庐山栖贤寺新修僧堂记》，后将此文寄给哥哥，请他书写，苏东坡欣然挥毫。当苏东坡在栖贤僧堂亲眼看到了这方弟作兄书的石刻，倍感亲切。接着，苏东坡在东林寺长老的陪同下，由东林寺前往西林寺，并写下了千古佳作《题西林壁》："横看成岭侧成峰，远近高低各不同。不识庐山真面目，只缘身在此山中。"[1] 此诗寓人生哲理于庐山美景的描绘之中，苏东坡是借人们对庐山的不同认知，指出观察问题应当客观全面，否则就会得不出正确的结论，身在此山中，不识真面目。黄庭坚对此诗的评价是："此老于般若横说竖说，了无剩语；非其笔端有口，亦安能吐此不传之妙。"[2]

岁月如流，一晃，苏东坡与弟弟已有近四年不见了。庐山下来，苏东坡前往

---

[1] 《题西林壁》，《苏轼诗集》卷二十三，第1219页。

[2] （宋）何汶撰，常振国、绛云点校：《竹庄诗话》卷九，北京：中华书局1984年版，第179—180页。

第八章 | 何妨吟啸且徐行

筠州看望弟弟苏辙。行至奉新，他就按捺不住地派人给苏辙送信："已至奉新，旦夕相见。"快到筠州时，他又有诗云："露宿风餐六百里，明朝饮马南江水……对床欲作连夜语，念汝还须戴星起。"由此可见苏东坡兴奋和渴望的心情。兄弟俩心心相印，距高安还有二十里地，苏辙已在城外的建山寺迎候了。在高安城边的锦河金沙渡口，苏东坡与前来迎接的弟弟紧紧拥抱在一起。人们为表达对苏东坡的景仰，将金沙渡口改名为"来苏渡"。

久别重逢，兄弟俩有聊不完的话语。虽然停留不过十日，苏东坡不忘开导和勉励弟弟，切莫为眼前的低潮潦倒而沮丧。他劝慰道："三年磨我费百书，一见何止得双璧。愿君亦莫嗟留滞，六十小劫风雨疾。"[1] 兄弟俩惺惺相惜，弟弟又何尝不为兄长的仕途而担忧。为此，苏东坡非常达观豪迈地说："知君念我欲别难，我今此别非他日。风里杨花虽未定，雨中荷叶终不湿。"[2] 虽然前途未卜，有家难归，但苏东坡无论风云变幻都不会磨灭自己的理念和抱负，也决不会放弃拯物济世的担当。

五月九日，苏东坡离开筠州，按照约定，他在九江与家人会合。因苏迈初次出仕，苏东坡决定送他一程。六月初九父子二人到达湖口。湖口，因地处鄱阳湖进入长江的出口而得名，又是长江中下游的分界点，素有"江湖锁钥，三省通衢"之说。

在湖口，父子二人就便游览了当地名胜石钟山。陪同的小童手持小斧在水边乱石间一两处随意敲打，果然发出硿硿的声响。郦道元《水经注》中描述，石钟山"下临深潭，微风鼓浪，水石相搏，声如洪钟"。白天游览后，苏东坡意犹未尽，想探个究竟，于是当夜，父子俩又乘小舟来到绝壁下，果然听到了山下石穴

---

[1] 《别子由三首兼别迟》（其一），《苏轼诗集》卷二十三，第1225页。
[2] 同上。

与江水激荡中发出的钟鼓一样的声音。舟行至两山之间将要进入港口时，苏东坡发现"有大石当中流，可坐百人，空中而多窍，与风水相吞吐"1，发出的声音更加响亮。苏东坡非常高兴自己的发现，写下了散文《石钟山记》。

（北宋）苏轼　石钟山记

父子二人在湖口别过，苏迈自行前往德兴赴任，苏东坡返回九江。临别前，老父赠儿一方砚台，并亲撰《迈砚铭》："以此进道常若渴，以此求进常若惊。以此治财常思予，以此书狱常思生。"2 这是一位士大夫父亲对刚刚出仕的儿子的教诲与勉励：学习圣贤之道要如饥似渴，求取功名要战战兢兢，对待财富要采取多予而非敛的态度，为官和断案要关注民生，多为百姓谋福祉。《迈砚铭》突出了以德为重，反映出苏东坡非常重视家风家教的传承。诗中"渴""惊""予""生"四个字，是苏东坡为官二十多年的感悟，也是对儿子的期许。而苏迈也没有辜负父亲的期望和教诲，他夙夜在公，秉政劳民，深受当地百姓的爱戴，离开德兴后，百姓自发立景苏堂以表崇仰之情。《德兴县志》对他的评价为："文学优赡，政事精敏，鞭朴不得以而加之，民不忍欺，后人仰之。"而苏东坡对苏迈的

1　《石钟山记》，《苏轼文集》卷十一，第 371 页。
2　《迈砚铭》，《苏轼文集》卷十九，第 553 页。

为官之道也非常满意，他在《与陈季常十六首》中写道："长子迈作吏，颇有父风。"1

第二节 | 相逢一笑泯恩仇

回到九江后，苏东坡与家人一起乘船出发，经过安庆、池州、芜湖，于七月初抵达当涂。时值六七月间，气候炎热，连续两个月，全家都生活在狭小闷热的船舱之中，老老小小，纷纷病倒。到达金陵时，夫人王闰之第一个病倒，接着苏东坡自己的疮毒也复发了。最为悲惨的是，侍妾王朝云所生的遁儿还不满十个月，禁不住湿热夹攻，于七月二十八日夭折于舟中。

中年丧子，苏东坡悲痛不已。而失去唯一命根子的王朝云，更是悲痛欲绝。苏东坡在诗中写道："母哭不可闻，欲与汝俱亡。"2

在黄州谪居了四年多的苏东坡抵达金陵时，王安石在此已闲居八年多了。时间和经历可以改变一切，过去针尖对麦芒的两个人，如今都已大彻大悟。

"不畏浮云遮望眼，自缘身在最高层。"昔日宰相，曾雄心勃勃，盛极一时，而如今花甲之年，在经历变法受阻、亲信背叛、丧子之痛后，他不问世事，选择了归隐。一场大病后，精神也大不如前，他每日骑头野驴，漫游于金陵的名胜古迹，留下了很多诗篇。

---

1 《与陈季常十六首》（十六），《苏轼文集》卷五十三，第 1570 页。
2 《去岁九月二十七日，在黄州，生子遁，小名干儿，颀然颖异。至今年七月二十八日，病亡于金陵，作二诗哭之》（其二），《苏轼诗集》卷二十三，第 1240 页。

"不识庐山真面目，只缘身在此山中。"经历了"乌台诗案"和黄州的贬谪生活，苏东坡读懂悟透了儒释道的思想精髓，坦然面对人生的苦难，理解和包容了不同的政治主张和治国理念。

应该说，苏、王二人虽然政见不同，当初言辞激烈，积怨很深，但彼此都怀着忠君报国的抱负，因此两人之间的隔阂和矛盾，属于政见之争、君子之争。"乌台诗案"中，王安石不仅没有落井下石，反而伸出援助之手，这令苏东坡非常感动。坎坷的经历，君子的胸襟和人格，是他们摒弃前嫌、惺惺相惜的基础。

王安石隐居金陵，不问世事，但一直关注谪居黄州的苏东坡的文学创作。对《赤壁赋》《后赤壁赋》《念奴娇·赤壁怀古》《定风波·莫听穿林打叶声》等诸多名篇，赞不绝口，称赞苏东坡"真乃人中之龙也"。每每黄州来人，他都要关切地问道："子瞻近日有何妙语？"

据朱弁《曲洧旧闻》记载：东坡自黄徙汝，过金陵，荆公野服乘驴谒于舟次，东坡不冠而迎，揖曰："轼今日敢以野服见大丞相。"王安石则洒脱地说："礼岂为我辈设哉？"[1]

接下来的一个月，昔日政敌，性格迥异的两位文坛巨匠，敞开心扉，煮酒吟诗，谈佛论道。关于二人的见面和交谈的情况，有好几个不同版本的记载，但可以肯定的是，过往的政治纷争、个人的是非恩怨，都化作了烟云。

一天，王安石问几位门客，"动""静"二字如何解释？门客们各抒己见，但都不能令他满意，他于是说道："等子瞻明天来时问他。"第二天见面，苏东坡应询作答："精出于动，神守为静，动、静，即精神也。"[2] 王安石大为赞赏。

据宋赵令畤《侯鲭录》记载：苏东坡在黄州时曾有诗云："冻合玉楼寒起粟，

---

[1] 《曲洧旧闻》卷五，第151页。
[2] 《苏轼年谱》卷二十三，第641页。

光摇银海眩生花",他人并不知苏东坡所用典故的出处,而王安石深谙其道,当他们俩谈及此诗时,王安石说:"道家以两肩为玉楼,以眼目为银海。"那天,苏东坡离开时,对王安石的门客说:"学荆公者,岂有此博学哉!"[1]

苏、王二人惺惺相惜,相互推崇。王安石罢相回到江宁后,原本住在皇帝诏赐的一座宅邸,因位于金陵白下门外七里,距钟山宝公塔亦七里,故名"半山园"。后来一场大病后,精神体力都大不如前,王安石觉得如此空空荡荡的宅邸,对自己没有多大用处,便把它舍作"报宁禅寺",自己则隐居钟山。据南宋王象之《舆地纪胜》所记:"半山园"原名"晋谢公墩",为谢安故居。王安石捐宅给佛门建造寺宇,神宗赐名"报宁寺"。苏东坡来到金陵后不久,他的忘年交王益柔(胜之)接任江宁知州,陪他再游当地名胜蒋山(紫金山),苏东坡作《同王胜之游蒋山》。他在诗中提及王荆公舍宅作佛寺一事。当王安石读到"峰多巧障日,江远欲浮天"诗句时,不禁赞不绝口道:"老夫平生作诗无此二句。"[2]

在金陵期间,苏东坡与王安石往来频繁,关系日益融洽。宋代潘淳在《潘子真诗话》中曾记载苏东坡和王安石在此期间的一件轶事:一天,王荆公提议苏东坡口诵一篇得意近作,由他书写,赠苏纪念。接着,他也自诵佳作,请苏东坡抄写赠与自己。王安石知道苏东坡一直致力于收集中医偏方,造福社会。据说,他见王朝云和自己一样患有偏头痛的毛病,欣然将神宗赐予自己的治疗秘方捐献出来,朝云用后,果然奏效。

不仅如此,王安石甚至规劝苏东坡在金陵求田问舍,与他为伴,先安顿生活,再读书治学,他在《读蜀志》中说:"千载纷争共一毛,可怜身世两徒劳。

---

[1] (宋)赵令畤撰,孔凡礼点校:《侯鲭录》卷一,北京:中华书局2002年版,第50页。
[2] 《宋人轶事汇编》卷十,第492页。

无人语与刘玄德，问舍求田意最高。"¹ 苏东坡为之感动，他在《次荆公韵四绝》（其三）中写道："骑驴渺渺入荒陂，想见先生未病时。劝我试求三亩宅，从公已觉十年迟。"² 这两首诗形象地印证了两位昔日政敌十年后再相逢、一笑泯恩仇的佳话。陆游在《跋〈东坡谏疏草〉》中用"剧谈累日不厌，至约卜邻以老"³ 来形容两人相会的亲密情形。

离开黄州后已有时日，苏东坡一家以泊舟为家，终究不是长久之计。八月十四日，苏东坡离开金陵前往仪真（今江苏省扬州市仪征市）。分别之时，王安石看着苏东坡远去的背影，对人长叹道："不知更几百年，方有如此人物！"⁴

在金陵停留期间，苏东坡曾着手访田问舍，但终未相中。苏、王金陵别后不到两年，王安石就病逝了。即便苏东坡求田问舍成功，二人金陵相伴也为时晚矣，的确是"从公已觉十年迟"。

王安石主导的变法成败，姑且不论，但他终究是位伟大的人物。他的政敌司马光和"苏门四学士"之一的黄庭坚，对他的评价很有说服力和公信力。据明朝陈邦瞻《宋史纪事本末》所记，司马光是这样评价王安石的："人言安石奸邪，则毁之太过；但不晓事，又执拗耳。"⁵ 黄庭坚对王安石的评价是："予尝熟观其风度，真视富贵如浮云，不溺于财利酒色，一世之伟人也。"⁶ 应该说，司马光和黄庭坚对王安石的评价还是非常客观公允的。

王安石去世时，宰相司马光也已病重。他怕政治上的投机分子借机诋毁这位

---

1 《读蜀志》，《王安石文集》卷第三十二，第 539 页。
2 《次荆公韵四绝》（其三），《苏轼诗集》卷二十四，第 1252 页。
3 《跋〈东坡谏疏草〉》，《陆游全集校注》第十五册，第 253 页。
4 《宋人轶事汇编》卷十，第 492 页。
5 《宋史纪事本末》卷三十七，第 336 页。
6 《王荆公年谱考略》卷首之二，《王安石年谱三种》，第 220 页。

第八章 何妨吟啸且徐行

前宰相，病床上连忙给吕公著写信：介甫文章节义，过人处甚多。但性不晓事而喜逐非，致忠直疏远，谗佞辐辏，败坏百度，以至于此。他主张朝廷特宜优加厚礼，故追赠为太傅。苏东坡时为中书舍人，负责起草了这则诰命。苏东坡撰文，极尽赞美："将有非常之大事，必生希世之异人。使其名高一时，学贯千载；智足以达其道，辩足以行其言。瑰玮之文，足以藻饰万物；卓绝之行，足以风动四方。用能于期岁之间，靡然变天下之俗。"[1] 苏东坡撰写的这则诰命，对王安石的事业、学识等丰功伟绩给予了客观公正的评价，充分反映了苏东坡的秉心至公和博大胸襟。

离开金陵后，苏东坡来到了仪真。游览东园时，他写下了旷达高远之词《南歌子》："见说东园好，能消北客愁。"[2] 作者一扫多年的积郁，给人以生活伤害了我，而我一笑置之之感。此时，恰好老友滕元发（达道）在赴任湖州知州途中，安顿好家眷后，苏东坡即乘舟去往金山寺与滕会面，谁知舟至中途，滕元发已劈波斩浪来迎。滕盛赞神宗的仁慈和恩德，竭力动员上表请求改变谪居地点，苏东坡为之心动。

苏东坡此次入住金山寺，而寺庙的住持，正是此前在庐山归宗寺的了元法师，也就是后来朝廷赐名为"佛印"的佛印和尚。从苏东坡的《与佛印十二首》中可以知道，他与佛印的交往始于黄州，而佛印时为庐山归宗寺的住持，《怪石供》一文也是那时为佛印所作。但苏东坡游览庐山时，佛印已到镇江金山寺。他与佛印的首次见面是在金山寺。

佛印以善于写作和富有捷才而著名，他与苏东坡妙语连珠的对话中，经常使用双关语。民间流传的故事中，总是说佛印和尚斗智胜过了苏东坡。林语堂疑心

---

[1] 《王安石赠太傅》，《苏轼文集》卷三十八，第1077页。
[2] 《南歌子》，《苏轼词编年校注》，第530页。

这些故事都是佛印自己编的，笔者亦有同感。

佛印听说苏东坡有意问舍求田，便要代他购买邻近金山寺庙产的田亩，便于代为照管。随后，苏东坡在金陵、仪真、润州、扬州等地寻找，但始终没有敲定。

所幸苏东坡在仪真时，遇到了他的进士同年、时为江淮发运副使的蒋之奇（颖叔）。蒋为宜兴人，宜兴旧时叫阳羡，当时隶属于常州府。当蒋之奇获悉苏东坡有意在常州、润州一带问舍求田时，愉快地回忆起嘉祐二年（1057年）及第当年京师琼林宴的情景。在城西郑门外的琼林苑，仁宗设宴款待新科进士的宴席上，苏东坡结识了常州府下辖的阳羡人蒋之奇、单锡和武进人胡宗愈。席间，他们将常州一带描绘为土地肥沃、生活富庶、山明水秀的世外桃源，于是苏东坡与他们定下了卜居宜兴的"鸡黍之约"。

当年的琼林宴上，那么多新科进士，为何苏东坡与蒋、单等人特别投缘呢？这得从宜兴、眉州两地和蒋、苏两个家族说起。天圣元年（1023年），苏东坡的二伯苏涣去成都参加乡试，当时的主考官蒋堂（希鲁）为宜兴人，是蒋之奇的叔叔。当时的进士考试，没有后来那么严格，还没有糊名。据苏东坡《题伯父谢启后》记述："试日，通判殿中丞蒋希鲁下堂，观进士程文，见公所赋，叹其精妙绝伦。曰：'第一人无以易子。'公力自言年少学浅，有父兄在，决不敢当此选。希鲁大贤之，曰：'君子成人之美'。乃以为第三。"[1] 蒋堂在眉州、益州等地为官，风评很好，特别是在益州时，十分重视教育，受到民众称赞。苏涣去世十三年后，苏东坡在宜兴单锡家意外见到了先伯父苏涣手书的《谢蒋希鲁及第启》，他兴奋不已，后将其转交给了先伯父的第二子子明。

苏家与宜兴的缘分还不止于此。单锡不仅文采四溢，且为人敦厚，于是苏东

---

[1] 《题伯父谢启后》，《苏轼文集》卷六十六，第2065页。

坡牵线将外甥女嫁给了单锡。后来，苏东坡来宜兴时，基本都住在单锡家里。熙宁五年（1072年），苏东坡三子苏过出生后，单锡等人还专程到杭州祝贺。

后来，苏东坡在杭州任通判时，对常州尤其是宜兴有了更多了解。熙宁六年（1073年），苏东坡奉命来到常润一带赈灾放粮，对常州的人杰地灵赞叹不已。赈灾放粮途中，苏东坡为了不扰民，大年夜就在官舟上度过，算是与常州结下了特别的缘分。在常州，他还结识了钱公辅、蒋公裕等好友，而与其交往过从甚密的钱世雄为钱公辅之子。苏东坡在杭州、湖州等地为官时，对属常州府治下的惠山也情有独钟。他在《游惠山并叙》中写道："余昔为钱塘倅，往来无锡，未尝不至惠山。"[1] 他的"独携天上小团月，来试人间第二泉"[2] "雪芽我为求阳羡，乳水君应饷惠山"[3] 等诗句，不仅让惠山风景和天下第二泉名扬华夏，茗茶"阳羡雪芽"也因此而得名。"小团月"，即当时的贡茶"小龙团"或"小团茶"，为书法家蔡襄任福建路转运使时研制。

据南宋罗大经《鹤林玉露》记载：在常州赈灾期间，苏东坡有时也去报恩寺与长老谈禅论道，该寺僧堂新成，以板为壁，他几乎在板壁上题满了诗画。"后党祸作，凡坡之遗墨，所在搜毁。寺僧亟以厚纸糊壁，涂之以漆，字赖以全。至绍兴中，诏求苏黄墨迹。时僧死久矣，一老头陀知之，以告郡守。除去漆纸，字画宛然。临本以进，高宗大喜，老头陀得祠曹牒为僧。"[4] 这既说明苏东坡与常州的缘分，也体现僧侣和百姓对他的爱戴。

在古代，贬谪官吏政治上等于被判无期徒刑，何时起复，无法预测。皇帝手

---

[1] 《游惠山》，《苏轼诗集》卷十八，第944页。
[2] 《惠山谒钱道人，烹小龙团，登绝顶，望太湖》，《苏轼诗集》卷十一，第532页。
[3] 《次韵完夫再赠之什，某已卜居毗陵，与完夫有庐里之约云》，《苏诗补注》卷二十六，第779页。
[4] （宋）罗大经撰，王瑞来点校：《鹤林玉露》，北京：中华书局1983年版，第170页。

札，释放善意，但仅是谪居地发生了变化，苏东坡依旧是戴罪之身，没有俸禄。民以食为天，在黄州时，好歹有临皋亭、雪堂和南堂可住，还有东坡之地可以躬耕。

到了汝州或常州，一家人的生计如何解决？因此，苏东坡在常州迫切购置田产，践行"鸡黍之约"，乃属情理之中。蒋之奇立即委派苏东坡的好友蒋公裕去家乡宜兴尽快落实。苏东坡作《次韵蒋颖叔》诗，表示感谢。

此事很快有了眉目，九月底，苏东坡亲往阳羡步量，田在深山中，位于距城五十五里地的黄土村，一年能有八百石粮食的收成，足够全家的口粮了。一说此地为黄叶村，因苏东坡在《书李世南所画秋景二首》中曾有这样两句："扁舟一棹归何处？家在江南黄叶村。"[1] 田地买定后，苏东坡兴奋地告诉了秦观和邀他去扬州安居的王巩等人。"买田阳羡吾将老，从来只为溪山好"[2]，"吾来阳羡，船入荆溪，意思豁然，如惬平生之欲"[3]，表达了他的喜悦心情。其实，早在熙宁期间苏东坡任杭州通判赴常润赈饥时，就对常州阳羡一带情有独钟，曾写有"惠泉山下土如濡，阳羡溪头米胜珠"[4] 的诗句。

而令苏东坡始料未及的是，这块地后来也给他带来了不小的麻烦。曹姓田主卖田后，却耍赖，竟将苏东坡告到官府。苏东坡只好请求转运使秉公断案。尽管曹姓卖主后来也承认是自己无理取闹，田地断归苏东坡，但已被拖欠赖去了七八年的田租。苏东坡当时已在京师做官，不愿与他一般见识，仍然同意曹姓卖主原价赎回。而曹姓本是诈赖，既无心亦无力赎回田地，事情到此本该画上句号，可

---

1 《书李世南所画秋景二首》（其一），《苏轼诗集》卷二十九，第1525页。
2 《菩萨蛮》，《苏轼词编年校注》，第527页。
3 《楚颂帖》，《苏轼文集》佚文汇编卷六，第2578页。
4 《常润道中，有怀钱塘，寄述古五首》（其五），《苏轼诗集》卷十一，第555页。

第八章 | 何妨吟啸且徐行

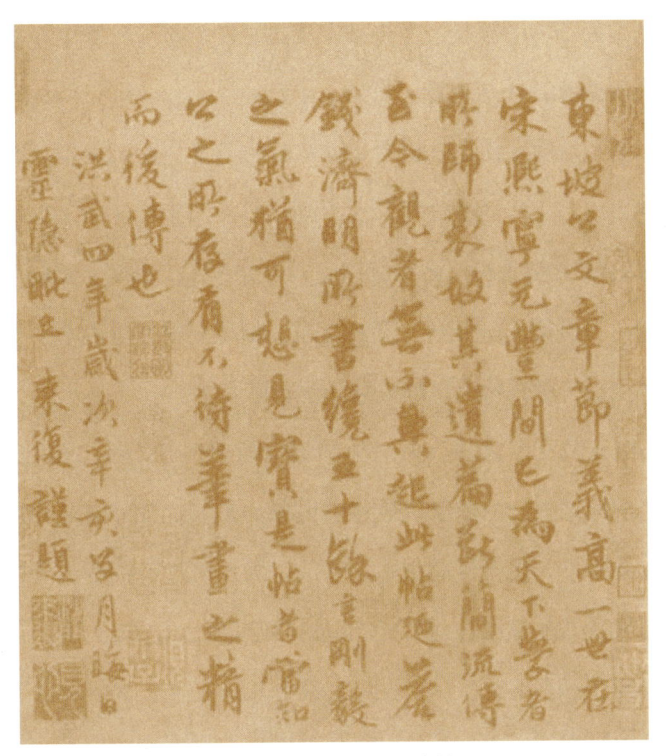

(北宋) 苏轼　阳羡帖

元祐八年（1093年），御史黄庆基竟用该案专章弹劾苏东坡强买百姓田地。真是欲加之罪，何患无辞！

十月十九日，苏东坡按照滕元发的建议，由京口渡江到扬州，请教名相吕夷简的公子、时为扬州知州的吕公著，并于当日上了《乞常州居住表》。

既然已经拜表乞住常州，苏东坡也就中止了去汝州的行程。

十一月，苏东坡去高邮看望秦观。在秦家盘桓几日后，苏东坡渡过淮河，来到泗州。到达泗州时，已近年末岁尾，苏东坡决定留在泗州过年。除夕那天大雪纷飞，苏东坡在码头邂逅苏辙的亲家、时任淮东提举常平的黄寔（师是），实属意外之喜，二人把手言欢。黄寔回到自己船上，取来扬州厨酿二樽、雍酥一夜，送到苏东坡的寓处，雪中送炭，令全家人开心至极。苏东坡特作《泗州除夕夜雪中黄师是送酥酒二首》表达谢意。

在泗州，苏东坡数登南山，也就是江苏盱眙县境内的都梁山。其中，最为有趣的是与泗州太守刘士彦同游的那一次。游玩归来，苏东坡作《行香子·与泗守过南山晚归作》："北望平川。野水荒湾。共寻春、飞步孱颜。和风弄袖，香雾萦鬟。正酒酣时，人语笑，白云间。飞鸿落照，相将归去，澹娟娟、玉宇清闲。何人无事，宴坐空山。望长桥上，灯火乱，使君还。"1

本是普普通通的记游之作，但词中"望长桥上，灯火乱，使君还"，却意外引起了敦厚老实的刘太守的惊慌。他连忙谒见苏东坡，苦苦道来：知有新词，您老名满天下，此作不久便将传诵京师，依法：泗州夜过长桥者，徒二年。何况我是州官。苏东坡诙谐地答道："轼一生罪过，开口常是不在徒二年以下。"2

在泗州期间，苏东坡获悉，他去年十月十九日上《乞常州居住表》后，主管章奏的官署故意挑剔，以文字上的小毛病为借口，不肯转呈。于是他只好再次上表，安排专人进京投递。苏东坡在上表中写道："自离黄州，风涛惊恐，举家重病，一子丧亡。今虽已至泗州，而资用罄竭，去汝尚远，难于陆行。无屋可居，无田可食，二十余口，不知所归，饥寒之忧，近在朝夕。与其强颜忍耻，干求于众人，不若归命投诚，控告于君父。臣有薄田在常州宜兴县，粗给饘粥，欲望圣慈，许于常州居住。"3

元丰八年（1085年）正月初四，苏东坡便离开泗州前往南都商丘谒见风烛残年、身体每况愈下的张方平。

---

1 《行香子·与泗守过南山晚归作》，《苏轼词编年校注》，第552页。
2 《行香子·与泗守过南山晚归作》，《苏轼词编年校注》，第555页。
3 《乞常州居住表》，《苏轼文集》卷二十三，第657页。

"苏门六君子"之一的李廌获悉苏东坡已抵南都，专程从颍州赶来拜谒。当苏东坡得知李廌的祖母、前母和父母的柩木，因为穷困而未能安葬时，心里非常难过。恰巧，他在徐州结交的好友梁先（吉老）听说他要去常州，就送了十匹绢、一百两丝作为路费。苏东坡推辞不了，就收了下来，全部转送了李廌。苏东坡接济李廌远不止此一次。元祐四年（1089 年）苏东坡出任杭州知州时，朝廷赐物中有马一匹。苏东坡将这匹马送给李廌。他知道生活拮据的李廌早晚会将这匹马卖掉，于是便立下字据《赠李方叔赐马券》，以此证明这匹马的合法来源。此券后面还有黄庭坚的题跋一则，可见这一师一友对李廌的仁厚。

苏东坡到南都还不到一个月，二月里，他的奏请得到恩准，朝廷告下："检校尚书水部员外郎、汝州团练副使、不得签书公事、常州居住。"[1]

几乎就在同时，苏东坡在蒋之奇的帮助下，在阳羡第二次买田，计划将来再买一座小庄园。他把这个消息写信告诉了王巩和在黄州替他照看雪堂与东坡的朋友潘丙。

三月底，苏东坡离开南都商丘，四月中旬来到扬州。他在《归宜兴，留题竹西寺三首》（一）中云："十年归梦寄西风，此去真为田舍翁。"[2] 此时，他已将阳羡定为自己的终老之地。唯一让他感到遗憾的是君恩未报，壮志未酬。

"日出江花红胜火，春来江水绿如蓝。"这年春季，苏东坡来到常州。他不仅流连江南的美景，也垂青长江的江鲜，写下了"竹外桃花三两枝，春江水暖鸭先知。蒌蒿满地芦芽短，正是河豚欲上时"[3] 的著名诗篇。

就在苏东坡求田问舍、乞居常州前后，上年十二月间，苏辙奉诏由江西筠州前往安徽歙州绩溪任县令，除夕夜是在鄱阳湖上度过的。

1　《苏轼年谱》卷二十四，第 668 页。
2　《归宜兴，留题竹西寺三首》（一），《苏轼诗集》卷二十五，第 1347 页。
3　《惠崇春江晚景二首》（一），《苏轼诗集》卷二十六，第 1401 页。

世事难料，人生无常。乞居常州的愿望获得批准，在宜兴也有了自己的田舍，终于可以过上一段平静生活了。然而，朝廷却发生了重大变故。

元丰八年（1085年）三月，励精图治、推行变法、极力想改变宋朝积贫积弱局面的神宗驾崩，享年三十八岁。年仅十岁的太子赵煦继位，是为哲宗。由于皇帝年幼，不能亲政，按宋朝惯例，由神宗母后高氏摄政，是为宣仁太后，宣仁太后史上享有"女中尧舜"之名。

太后摄政大多饱受诟病，而宋朝摄政的三位太后却颇受好评。前两位是仁宗时期的刘太后、英宗时期的曹太后。高太后尊重祖宗成法，稳健而保守。她虽久居后宫，但关注朝政，善于倾听、分析各方意见，且经历过丈夫英宗、儿子神宗的两朝，非常留恋向往公公仁宗嘉祐时代的太平盛世和宽厚友善的政风。故定年号"元祐"。

宣仁太后一直对变法持反对态度。四月临朝后，立即召回熙宁、元丰时期的旧臣，着力恢复旧政。旧臣中她最早想到的，是仁宗时期的名相吕夷简的儿子吕公著，神宗时期他做过翰林学士、御史中丞等，因反对新法，被外放知州。第二个想到的是隐居洛阳、闭门不出、专心撰写鸿篇巨著《资治通鉴》的司马光。

司马光誉满天下，一入中枢，便立刻成为朝廷的柱石和栋梁，宣仁太后对他信任有加，凡事必询，几乎是言听计从。司马光主政后，一方面大刀阔斧地调整人事，另一方面紧锣密鼓地全面废止熙宁、元丰年间实施的新法。元丰八年（1085年）七月到元祐元年（1086年）的闰二月，保甲法、方田法、市易法、保马法和备受争议的青苗法——罢废。

宣仁太后十分欣赏苏东坡的人格和才华，且司马光和吕公著的举荐起用名单中，也都有苏东坡。四月中旬已有起用苏东坡的消息。宋朝官制，朝廷起复责降的罪官，必须按照例定的起复程序，一步一步走。五月间，朝廷先是恢复他为朝奉郎，这是恢复正式官阶的第一步。

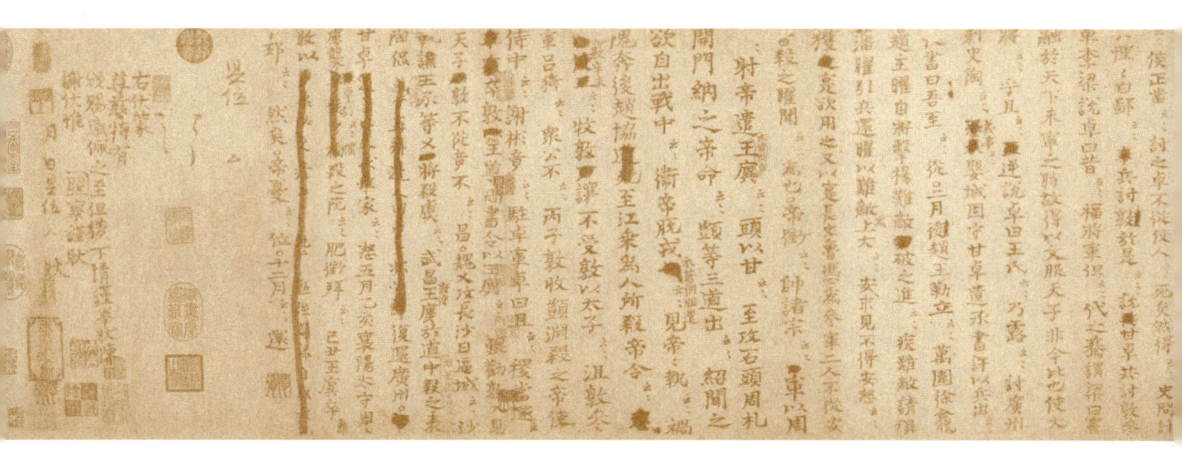

(宋）司马光 《资治通鉴》残稿（部分）

在京师的王巩最先得到消息，立即派人告知湖州知州滕元发，滕就请贾耘老传递喜讯。苏东坡复书写道："一夫进退何足道。"[1] 这种对于个人进退的从容风范，堪称典范。

四月初，苏东坡离开南都，经楚州，再到扬州。五月初一，游览扬州名刹竹西寺。杜牧曾在《题扬州禅智寺》中写道："谁知竹西路，歌吹是扬州。"

乞居常州获准，淮浙一派丰收景象，苏东坡一时兴起，作《归宜兴，留题竹西寺三首》。其一："十年归梦寄西风，此去真为田舍翁。剩觅蜀冈新井水，要携乡味过江东。"其二："道人劝饮鸡苏水，童子能煎莺粟汤。暂借藤床与瓦枕，莫教辜负竹风凉。"其三："此生已觉都无事，今岁仍逢大有年。山寺归来闻好语，野花啼鸟亦欣然。"[2]

此时距神宗驾崩已过两月，谁曾料想，像"山寺归来闻好语，野花啼鸟亦欣然"这样的抒情诗，后来竟被政敌拿来大做文章，指责苏东坡无人臣之礼，见先

---

[1] 《与滕达道六十八首》（四十），《苏轼文集》卷五十一，第1488页。
[2] 《归宜兴，留题竹西寺三首》，《苏轼诗集》卷二十五，第1347—1348页。

帝驾崩，还幸灾乐祸。

六月，朝廷告下：苏东坡以朝奉郎起知登州军州事。

六月下旬，苏东坡离开常州，经润州、扬州、海州、密州，于十月十五日抵达登州。就在他赶赴登州的途中，弟弟苏辙也传来喜讯，他被召回京，任秘书省校书郎。到任仅仅五天，苏东坡又接到朝廷九月间的任命："以朝奉郎知登州，苏轼为礼部郎中。"

十一月二日，苏东坡匆匆离开登州，经莱州、济南、郓州、南都商丘，抵达京师。

在登州虽然只有短短的二十日不到，但苏东坡还是履职尽责，勤于公务，他很快发现当地军政与财税存在两大问题，必须尽快解决。

苏东坡《登州召还议水军状》有言，登州地近北虏，实为边疆前线，自国朝以来，向来屯驻重兵，教习水战。每年四月至八月，派兵戍守边界附近的砣矶岛，屯兵不下四五千人，以备不虞。虏知有备，故未尝有警。议者见其久安，便谓无事。近年来，军方便将这支兵力，随意抽调到莱州、密州等地去分散屯兵，兵势分弱，敌人易起觊觎之心，且频繁抽调，也影响水上的作战训练。请令登州平海澄海四指挥兵士，不得差往别州屯驻。

苏东坡在《乞罢登莱榷盐状》中，详细叙述了登州、莱州两地榷盐制度的弊端，认为在现有制度下，民受三害，而官无一毫之利，建议官收盐税，恢复食盐的自由贸易，以刺激生产，便利百姓的生产和生活。后来，朝廷采纳了苏东坡的建议，两地的百姓纷纷立碑，以表感激之情。

《登州召还议水军状》与《乞罢登莱榷盐状》，是苏东坡遭受"乌台诗案"的沉重打击后，时隔五年多再度从政后的处女作。这两份状子，充分表现了他忧国忧民矢志不渝的初心。

第三节 | 休将白发唱黄鸡

老牛亦解韶光贵,不待扬鞭自奋蹄。一千多里的路程,苏东坡仅用了一个月的时间,十二月上旬,他就赶到了京城,就任礼部郎中。这当然不是一位士大夫对再度入朝、个人仕途的急切,而是对济世安民的渴望。

1086年初,哲宗改年号为元祐元年。元祐元年一月,苏东坡抵达京师也才半个多月的光景,就被任命为起居舍人,主修起居注,负责记载皇帝的言行,时年五十一岁。二十多年的出仕阅历,尤其是经历了"乌台诗案"的劫难和黄州的谪居修炼,苏东坡对于个人进退已可从容面对,宠辱不惊。几个月前还是戴罪之身,指望靠常州阳羡的几亩薄田维持家庭生计,现如今又炙手可热,成为皇帝身边的近臣。苏东坡深知高处不胜寒的道理,也不太愿意骤然进入朝廷重地。他接连上了两道辞呈,请求辞免起居舍人一职,然而,辞呈如泥牛入海。迫不得已,他只得谒见宰相蔡确,恳请准辞,并举荐曾同在史馆供职,年长于自己的林希来替代自己,蔡确沉思片刻,摇头不应。

苏东坡的此番请辞,虽然未获准许,但林希进入了朝廷的视野,不久被召回中枢,任记住官。然而,就是这个林希,在哲宗亲政后,见风使舵,恩将仇报,对苏东坡落井下石。

就在苏东坡平步青云的同时,同年二月,弟弟苏辙也被任命为御史台的右司谏,成为一名极具权威的谏官。他刚正不阿,上任伊始便积极履职,首上《乞选用执政状》;同时弹劾二相,指左仆射蔡确奸邪谄媚,右仆射韩缜性情暴虐、才疏行污。再论张璪、李清臣、安焘三人,说他们都是斗筲之人,持禄固位,安能有为。

苏辙曾七道奏章攻下韩缜。五月，再上《乞诛窜吕惠卿状》，认为朝廷将其降官光禄卿，分司南京，苏州居住的处罚太轻，并将他举发王安石私书的丑行，也揭发出来，对这种卑鄙行径，无情挞伐。吕惠卿被再行责降为建宁军节度副使。

这个时期，苏辙得罪了不少朝臣。特别是弹劾韩缜，等于与官宦世家、父子兄弟相继为相、朝中势力强大的豪门韩家为敌。苏东坡兄弟俩此后的遭遇，由此埋下了祸根。

苏东坡请辞起居舍人不成，是年三月，又被任命为中书舍人兼知制诰。宋朝官制基本沿用盛唐，中书舍人代表皇帝起草诏书，代拟王言，凡百官奏议，文武考课，皆参与意见。

中书舍人不仅是宰相的属官，且按例还兼知制诰。按照宋朝的定制，知制诰一般都是先试后任。宋朝开国百年来，像苏东坡这样未经考试而直接任命的，仅有三人：陈尧佐、杨亿和欧阳修。苏东坡深知"木秀于林，风必摧之；堆出于岸，流必湍之；行高于人，众必非之"的道理，立即具状请辞。但未获恩准，无奈之下，苏东坡只得拜表就任。

树大招风，正如苏东坡所料，快速升迁却变成他新的灾难的开端。就职后，由他组织的第一次"试馆职"，就遭到围攻。首先是洛学程颐的弟子借题发挥，接着司马门生也落井下石。"试馆职"，即进士候选馆职，必须试而后用。苏东坡自凤翔还朝时，也是通过考试，才得到"直史馆"这个职位的。

此次考试，和以往一样，考前一天，由内侍省派员把守学士院大门，出题人在院内出题三道，呈送皇帝钦点一题。这次考试的前两道考题，由翰林学士承旨邓温伯所拟。第三道题为苏东坡所拟，题目为"师仁祖之忠厚，法神考之励精"。在这道考题中，苏东坡提供了三组可供比较的对象：一是春秋时齐、鲁之政的比较；二是宋仁宗与宋神宗的比较；三是汉文帝与汉宣帝的比较。最后，御笔点定了第三道题。

岂料这道题目却引起了轩然大波。首先发难的是苏东坡的进士同年、曾经的好友朱光庭，时为左司谏，他首先将原题分割为没有关联的两段，接着断章取义，弹劾苏东坡为臣不忠，借考题讥议、诽谤仁宗和神宗两位先帝。

太皇太后根本不相信苏东坡会有讥议、诽谤先帝的意思，所以下诏："苏轼特放罪。"特放罪，即免罪矣。苏东坡认为自己本无罪，十二月十八日上章自辩，自己的考题没有讥议先朝，诽谤仁宗、神宗二位先帝之意。他在奏章最后写道："这道策题是经御笔点定的，若有讽讥之意，乞能逃过圣鉴？"很快朝廷又下诏追命放罪，即苏东坡无罪。

蜀人吕陶时为右司谏，为苏东坡打抱不平，上疏纠弹朱光庭。此后，御史中丞傅尧俞、侍御史王岩叟也加入发难者之列。苏东坡迫不得已，于次年正月十七日再上辩札。本来这起争执的开头，还算简单，只不过是洛学弟子为他们的老师程颐报上一箭之仇。可当朱光庭、傅尧俞和王岩叟联手围攻他时，苏东坡已渐渐意识到这不是一起简单的争论。因此，他不再辩白，连上四道章奏，竭力请求外任。

风起于青蘋之末，浪成于微澜之间。此事后来有被人演绎为洛蜀二党之争的趋势。右司谏王觌上疏陈述利害，知枢密院范纯仁亦建议太后以置而不问为宜。后在五月间，以吕陶、傅尧俞和王岩叟均得到朝廷的安抚任命而告一段落。

几乎就在馆职试题风波平息的同时，朝廷任命秘阁校理诸城赵挺之为监察御史。苏东坡早就对他元丰末年任德州通判时，逢迎提举官杨景棻、强推市易法的做法大为不满。时为监本州岛德安镇的黄庭坚向赵请求道：德安镇小民贫，征收市易税，无疑是祸害百姓，与民争利，乞稍宽缓一步。而赵坚决不许。据《宋史·赵挺之传》记载：苏东坡当众批评道："挺之聚敛小人，学行无取，岂堪此选。"[1] 此前，赵挺之的岳父郭概任西蜀提刑时，曾被苏辙弹劾黜责。赵挺之对苏家兄弟二人恨之入骨，后来朋党成势，他成为攻讦苏东坡的先锋，也就不足为怪了。

当年九月，苏东坡又被任命为翰林学士知制诰。这个职位历来都是由名气很大的学者担任的。自中唐以来，翰林学士一直被称为"内相"，离宰相仅一步之遥，王安石、司马光都曾担任过这一职位。在当时的士大夫间，但凡有人新任翰林学士，便称"一佛出世"。

苏东坡返回京师后，在一年多的时间里，一再升迁，已遭人嫉妒，现又有翰林学士如此耀眼的任命，他预见到这必将招来更多的嫉恨，因此连上两道状子请辞，无奈"恳词虽至，成命莫回"[2]。

每次提拔升迁，苏东坡总要再三恳辞，陈述自己"受材浅薄，临事迂疏""学识浅陋，恐非其人"，等等，但每次接受成命后，他都积极作为，不辱使命。究其原因，一是皇恩浩荡，皇命难违；二是践行致君尧舜、济世安民的人生追求，他在《谢翰林学士表二首》之一中表示，自己一定要"激昂晚节，砥砺初心"[3]；三是忠君爱国，报效君恩。

元祐二年（1087年）七月，苏东坡又多了一个头衔：经筵侍读。经筵，是指汉唐以来帝王听讲经史的地方，宋代始称经筵，讲者逢单日入侍，轮流讲读。对此任命，苏东坡诚惶诚恐，连忙上《辞免侍读状》，未获准予。

苏东坡在任中书舍人、翰林学士知制诰期间，拟写了约八百道圣旨。其中，

---

1 《宋史·赵挺之传》卷三百五十一，第11093页。
2 《谢宣召入院状二首》（二），《苏轼文集》卷二十三，第665页。
3 《谢翰林学士表二首》（一），《苏轼文集》卷二十三，第666页。

一道圣旨是褫夺李定的官职，针对他过去隐瞒未报母丧，命其重新依礼居丧。还有一道圣旨是贬谪吕惠卿，苏东坡在"责词"中写道："始与知己，共为欺君。喜则摩足以相欢，怒则反目以相噬。连起大狱，发其私书。党与交攻，几半天下。"1

据说，吕惠卿"责词"的撰写任务下到中书时，按照中书的轮值次序，应该由刘攽撰写。苏东坡大声说道："贡父平生做刽子手，今日才得斩人。"刘贡父知道苏东坡对吕有一肚子的愤恨，不吐不快，故推托身体不适，乘机开溜。苏东坡就接下这桩公事，痛痛快快地历数吕的罪恶。

这篇责词，固然让苏东坡觉得非常解恨，读者也感到"利如并剪"，争相传诵；但就个人得失而言，无疑在自己的前行路上又布下了荆棘。只有像苏东坡这样嫉恶如仇、率性而为的人才会做如此傻事，政客官僚当然不会。此事的不利后果，在八年后，也就是绍圣元年（1094年）闰四月显现出来。时任定州太守的苏东坡，接连接到两道贬谪诏令。墙倒众人推，御史刘拯再拿苏东坡撰写的这篇吕惠卿的责降诏找茬。于是，苏东坡再被加重处罚，十天时间，三改谪令。此是后话。

自出仕以来，苏东坡过往政绩斐然，百姓有口皆碑，又是文坛领袖，现不仅是翰林学士知制诰、哲宗皇帝的侍读，又是司马光、吕公著等同党执政，且深得太皇太后宠爱，无论从哪个角度看，元祐初期在京城的两年多时光，都是苏东坡政治生涯外部环境最好的时期。可他就是改不了率性而为、敢于直言的个性，在他的词典里永远找不到"韬光养晦"和"藏而不露"。

熙宁初期，当王安石变差役法为免役法时，苏东坡兄弟二人是激烈的反对

---

1 《吕惠卿责授建宁军节度副使本州安置不得签书公事》，《苏轼文集》卷三十九，第1100页。

者。当年，苏东坡还是位初出茅庐、缺乏实际政务历练的书生。但经过多年多地的政务实践，苏东坡渐渐认识到以前施行的差役法，弊病也很多，原来认为不可取代的差役法，在现实生活中已经成为基层官吏危害百姓的恶法。

因此，当司马光尽罢熙宁新法，废免役法重拾差役法时，在天章阁待制范纯仁劝说无效的情况下，苏东坡还是鼓足勇气谒见司马光，进言道："相公所要施行的，都是上应天心、下合人望的事，唯有役法一节，不可轻议。差役免役，各有利害。"接着苏东坡分别陈述了差役和免役的弊病。

苏东坡才刚刚婉转地开了个头，尚未提出自己的意见，司马光便惊愕地问道："那么，如你所说，计将安出？"接着，苏东坡又进一步阐述自己的观点，并指出免役法的两项弊端，如司马光能彻底消除这两项流弊，则不必变法。司马光听后，默不作声。很显然，他并不赞成苏东坡的观点，这次进言没有形成共识。

第二天，苏东坡仍不死心，再次向司马光陈述他反对废除免役法的理由。话不投机半句多，司马光很不耐烦，不免脸色有些难看，苏东坡见状也很生气，反过来责问司马光："莫非公今做相，就不容苏轼尽言了吗？"司马光虽然勉强面带笑容地表示歉意，但已心存芥蒂了。这样的谈话不仅没有产生好的结果，反而让司马光的门生对苏东坡产生了误解，为其日后的路途，陡增了障碍。

役法，是北宋政治制度中的一项重要内容，朝廷设立专门机构——役局，负责役法的改定，苏东坡也是其中一员。会商过程中，他多次与同僚发生激烈辩论，相互关系十分糟糕。尤其是在游说司马光发生争执后，他就以与大臣们主张不同为由，请求朝廷罢免自己役局的兼差，状言："臣既不同，决难随众签书。伏乞依前降指挥，早赐罢免。"[1] 此举虽然彰显了他的硬汉个性，但也从此得罪

---

[1]《乞罢详定役法札子》，《苏轼文集》卷二十七，第778页。

了司马光的门生。

苏东坡性格幽默，平时风趣戏谑，给朝廷公卿几乎都起了诨号，唯独对司马光一向敬仰，不敢造次。第二次与司马光争论后，苏东坡心里非常气愤，回到家中，他气得扔下长袍，大声嚷道，"司马牛！司马牛！"这也难怪，王朝云说他"一肚子不合时宜"。

其实，在高太后摄政、旧党重新权倾天下时，如果苏东坡能有所隐忍，隐藏或搁置自己的观点和主张，在全面罢废新法问题上不与司马光等人发生正面冲突和交锋的话，他又怎么会在仕途如日中天时，落得个舅舅不疼、姥姥不爱，新党旧党都不待见的悲惨境地！不过，当我们知道苏东坡爱憎分明、不吐不快的率直个性，特别是他崇尚天理、体恤民情的价值观后，也就没有什么不可理解的了。

元祐元年（1086年）九月初一，司马光病逝，仅仅比王安石的离世晚了四个多月，而距苏东坡与他争论役法才两个月。司马光的病逝，令苏东坡悲痛万分。他先作祭文，又写行状，再撰神道碑，对司马光的德行、功绩给予高度赞扬。从中可见其对逝者的感情之厚；而称司马光为"司马牛"这一不快往事，不过是二人共事过程中政见不同的一段小小插曲而已。

司马光去世的当日，哲宗正领着一班大臣在南郊举行祀典，安放神宗的灵位进入太庙。仪式结束后，参加祀典的朝臣们，正欲赶往司马相邸吊唁时，却遭到程颐的阻拦。理由是《论语》中说"子于是日哭，则不歌"。程颐的意思是，你们刚刚才唱过歌，至少也是听过奏乐，现在就不能去吊唁了。当场就有人反问道："孔子只是说哭则不歌，也没有说歌则不哭啊。"

苏东坡按捺不住，嘲笑程颐道："此乃枉死市叔孙通所制礼也。"[1] 众人哈哈

---

[1]《续资治通鉴长编》卷三百九十三，第9569页。

大笑。叔孙通为秦汉时的儒生，刘邦称帝后，他为汉朝制定了一套朝廷礼仪。苏东坡当众讽刺嘲笑，不仅伤害了程颐的尊严，也得罪了视程颐为圣人的一帮洛学弟子，这些人日后都成为苏东坡的死敌。

司马光去世后，政治力量重新洗牌。旧党保守派势力逐渐分崩离析，形成了朔党、洛党和蜀党。三党相互争斗，相互排斥。本是同一战壕，此时却彼此相煎。三党不同之处原本很多，只因都反对王安石变法，才让他们当初走到了一起。新党变法派被驱逐出朝廷后，共同的政敌没有了，保守派便不能相安于一朝了。

三党名称的由来也很有意思，由其领袖人物的籍贯而定。朔党以司马光的弟子为主，刘挚、王岩叟、刘安世为首，羽翼众多，刘挚是北方人，古代朔指北方，故称朔党；洛党以程颐为领袖，朱光庭、贾易等为党羽，因程颐是洛阳人，故称为洛党；蜀党以苏东坡为领袖，吕陶、黄庭坚为骨干，因苏东坡是四川人，四川简称蜀，故称为蜀党。当然，关于蜀党和苏东坡之间有没有关系，林语堂在《苏东坡传》中是这样表述的：司马光死后，政治派系逐渐形成——朔党、洛党皆以理学家为首，蜀党则咸信苏轼为魁。由于当时文字记载，并由于苏轼之坚持脱离政坛，苏轼不知道"蜀党"一词何所谓，当属可信。

在重新返回朝廷的时光里，苏东坡以他强烈的名士本色，特有的行事风格和直言不讳的言论，得罪了朝廷中太多的人，当然也包括不少朔党、洛党的人，不知不觉中他成了两党和变法派余党的心头之患，几方人马都视他为眼中钉、肉中刺，三番五次地弹劾他。

其实，早在元祐元年（1086年）底，政敌第一次向他发难时，苏东坡就想引退，第二年，他又不断请辞。他在元祐三年（1088年）十一月十七日的一道表章中说："君不密，则失臣；臣不密，则失身。以此知事君之义，虽以报国为先，而报国之道，当以安身为本。"[1] 两年间，苏东坡四次遭到毁谤，他也去意已决，连上奏章请辞，后来他甚至连翰林院都不去，在家等候诏旨。

宣仁太后爱才心切，与苏东坡进行了一次深谈。此后，苏东坡的请辞"消停"了近两年。这是为何呢？原来宣仁太后告诉了苏东坡一个"秘密"：他从团练副使到翰林学士，升迁如此之快的缘故，既不是她或皇上的恩典，也不是老臣的推荐，而是神宗的遗诏。先王在世时，每当用膳时举箸（筷子）不下，臣仆们便知道是看你写的文字。他常说你是天才，常想重用你，然而不幸的是，还未能如愿，他就仙逝了。苏东坡听到此处，不禁失声痛哭，宣仁太后和皇上也都流下泪来。苏东坡是个重情重义之人，这次交谈后，他又在朝廷尽心尽责地工作了近两年。

这次深谈后，由于党争不断，政敌们还是无休止地打击排挤苏东坡。不仅如此，就连他举荐的官员，如黄庭坚、欧阳棐、秦观等，也都受到冲击，屡屡遭受台谏们无端的污蔑。更有甚者，凡出自苏门的，没有一个在仕途上得意过。

如黄庭坚，元祐三年（1088年）五月，刚被任命为著作郎，便遭赵挺之攻击，降归原职；秦观获得秘书省正字的任命后，立即遭到贾易的弹劾，被迫离开京城；晁补之、廖正一不能在馆职工作；陈师道连个地方学官的位置都保不住。

苏东坡对于党争和朝堂政治的丑恶，已经从厌恶到了绝望的地步，他在《送曹辅赴闽漕》诗中说："我亦江海人，市朝非所安。"[2] 因此，他恳请宣仁太后体谅他的处境，三次请求外放越州，甚至说，朝堂若再留他，是非永远不解。宣仁太后没有办法，只得诰下：苏轼罢翰林学士兼侍读，除龙图阁学士充两浙西路兵马钤辖、知杭州军州事。

---

[1] 《乞郡札子》，《苏轼文集》卷二十九，第827页。
[2] 《送曹辅赴闽漕》，《苏轼诗集》卷三十，第1593页。

洛党与蜀党相争的结局是，苏东坡外放，程颐被罢崇政殿说书，可谓是两败俱伤。以刘挚为首的朔党渔翁得利，控制了朝政。随后不久，朔党又和宰相吕大防产生矛盾，局面混乱不堪，最终是章惇为首的新党变法派重新登上政治舞台。

因刚刚发生"车盖亭诗案"，临行前，文彦博再三嘱咐道："愿君至杭少作诗，恐为不相喜者诬谤。"[1] 从元丰八年（1085年）十二月来到京师，至元祐四年（1089年）四月离开，苏东坡度过了三年多的京华岁月。

---

[1] 《苏轼年谱》卷二十八，第878页。

第九章

彪炳史册在四州

"羁鸟恋旧林，池鱼思故渊。"朝堂本就不适合于正直敢言、具有自由批评特质的苏东坡。获准外放，他如樊笼之鸟，终于可以逃离令他厌恶窒息的朝堂，不再面对处心积虑、阴险狡诈的政敌。从离开京师到被贬惠州的几年间，苏东坡先后出任杭州、颍州、扬州和定州知州。无论是在"山外青山楼外楼，西湖歌舞几时休"的杭州，"大千起灭一尘里，未知杭颍谁雌雄"的颍州，"青山隐隐水迢迢，秋尽江南草未凋"的扬州，还是"东横海右中山国，西接天边御射台"的定州，苏东坡都努力践行以民为本的人生追求，济世安民，深得百姓爱戴。

第一节 只争朝夕在杭州

元祐四年（1089年）七月，苏东坡再次来到杭州，时年五十四岁。岁月如梭，距他上次离任杭州通判已有十五年之久。诚如他在《与莫同年雨中饮湖上》中所云："到处相逢是偶然，梦中相对各华颠。还来一醉西湖雨，不见跳珠十五年。"[1]

获悉苏东坡来杭，百姓欢呼雀跃，夹道欢迎他们心中的青天。苏东坡也是兴奋不已，他在谢表中写道："江山故国，所至如归，父老遗民，与臣相问。"苏东坡对于杭州的特殊感情不难理解。

据南宋张端义《贵耳集》记载：苏东坡因"乌台诗案"身陷囹圄时，距他离开杭州已经六年，可当地的士大夫和普通百姓没有忘记这位离职已久、体恤民情

---

[1] 《与莫同年雨中饮湖上》，《苏轼诗集》卷三十一，第1647页。

的好官,自发为他设置解厄道场,祈求上苍保佑。不仅如此,苏东坡谪居黄州后,杭州的友人还相约一年两次,派人专程带着茶叶等土特产来黄州看望他。

此外,杭州也是苏东坡一生中唯一两度任职的地方。不仅如此,人们讲苏东坡从政四十年,是从他嘉祐六年(1061年)在凤翔任判官时算起,到建中靖国元年(1101年)北归途中在常州去世时止,正好四十年。其中,包含了父亲苏洵去世后的丁忧时间,还包含了因"乌台诗案"坐牢的时间,当然更包含了被贬黄州、惠州和儋州的时间。这样算来,苏东坡实际从政的时间也就约二十六年。二十六年的时光中,有四年多的时间是在杭州度过的。

来到杭州后,迎接他的不是西湖美景,而是严重的自然灾害:先遭水灾,接着旱灾,土地荒芜,粮价飞涨。苏东坡一面屯粮,平抑物价,一面奏请朝廷减免当年税赋,开仓放粮,拨款赈灾,忙得不可开交。

通常大灾之后有大疫。果然,春夏之交的时候,杭州城里很多百姓染上了腹泻发热的瘟疫。所幸的是,苏东坡被贬黄州时,从老乡巢谷处,得来一剂名为"圣散子"的药方。尽管巢谷有约在先,药方不得外传,苏东坡也曾发过"如有违约,葬身鱼腹,不得好死"的"毒誓",可面对来势凶猛的疫情和绝望无助的病人,他心急如焚,在百姓的生死安危面前,他毅然选择"爽约"。为了百姓,他宁愿"爽约",置个人得失于不顾。

"圣散子"由高良姜、半夏、藿香等二十味中药构成,药效是"风冷痰饮,症癖痎疟,无所不治"[1],好处是有病治病,没病强身,简便易行,价格便宜,每服药只需要一钱。苏东坡号召有条件的地方支起大锅,熬制汤药,免费发放,疫情得到初步控制。

---

[1] 《圣散子叙》,《苏轼文集》卷十,第331页。

为了更为有效地帮助生病的百姓，发挥官府在社会公益事业中的主导作用，苏东坡从公款中拨出两千缗，自己又捐了五十两黄金，在杭州城中心众安桥开设了"安乐坊"，救治病人。遴选僧人主持施医工作，每年从钱粮（即田赋）中留出病坊的常年运营费用，在此就医和喝粥均免费。对主持僧人，呈由朝廷赐予紫衣。医院创办三年来，收治病人达千例。后期，医院搬迁至西湖边，改名为"安济坊"，这是我国第一家公立医院。

据《咸淳临安志》记载，该病坊曾改名为"管病坊"。另《宋会要辑稿》有载：崇宁二年五月二十六日，两浙转运司上奏："苏轼知杭州日，城中有病坊一所，名安乐，以僧主之。三年医愈千人，与紫衣。乞自今管勾病坊僧三年满所医之数，赐紫衣及祠部牒各一道，从之。仍改为安济坊。"[1] 也就是说东坡当年在杭州创办的安乐坊，在崇宁二年（1103年）时，依然还在。

苏东坡在地方期间，创下了我国社会公益事业的两个第一——在黄州建立了第一家儿童福利院，在杭州建立了第一家公立医院，这绝非偶然之举。这是他以民为本、心存大爱的集中体现。

苏东坡梅开二度来到杭州，公务千头万绪，地方百废待兴，不过，尤其让他放心不下的还是运河的通行、百姓的饮水和杭州的名片"西湖"。

当时有两条运河南北向穿过杭州城，一条是南抵龙山浙江闸口，北出天宗门的卯山河（今茅山河）；另一条是南从州前碧波亭下，东合卯山河而北出余杭门的盐桥河，两条河流汇聚后直接流向钱塘湾。吴越时代为防海潮进入运河，海水污染城内的淡水，沿海曾筑有城墙。由于年久失修，大量淤泥堆积，运河通行严重受阻，每隔四五年就要疏浚一次，工程浩大，不胜其烦。

---

[1] 《苏轼年谱》卷二十九，第 911—912 页。

苏东坡在听取大家的意见后，制订了防止淤泥沉淀、保持运河清洁畅通的疏浚计划。到任仅三个月，疏浚工程动工，次年四月竣工，仅仅用了半年时间。这次工程成功的关键，一是将两条河道分开，卯山河只受钱塘江来水，而盐桥河专受西湖淡水；二是在钤辖司前兴建了一座水闸，每天江潮来时闸门关闭，使得龙山江潮只能从卯山河出天宗门而去；等过了一两个时辰，水清潮平时才打开闸门，这样江潮中的泥沙就不会流入穿越市区的盐桥河。工程竣工后，完全达到预期的效果，运河的水深常年保持在八尺左右，三十年来河道没有这么深过。父老乡亲赞不绝口。

运河疏浚刚竣工，苏东坡又马不停蹄聚焦居民的饮水问题。由于年久失修，沈公井再度淤塞，其他五井出水量也很少，时逢杭州旱灾，百姓苦不堪言。苏东坡想起上次修井一事，连忙派人四处寻觅熙宁五年负责修井的那四位僧人。不幸的是，其中三位已经过世，仅剩子珪一人尚在人间，且年已古稀，所幸老僧精力尚好。

苏东坡问子珪：沈公井何以又坏了？他答：熙宁中虽已修好，但当时是用毛竹做水管，所以容易腐坏。于是这次苏东坡要求改用坚固的陶瓦管替代，并将陶瓦管置于石槽中，上面再盖上石板加以保护。当时苏东坡还身兼军事统领，为了加快工程进度，他又调动一千名官兵参加劳动。不到两个月，修井工程就顺利完成了，西湖淡水几乎达于全城。

负责此项工程的子珪和尚，此前已获朝廷赐予的紫衣。为了感谢他两次修井的辛劳和贡献，苏东坡又上状为他请得"惠迁"师号。

钱塘六井虽然修复成功，但六井的水源在西湖。在宋朝天禧年间，真宗采纳宰相王钦若的建议，西湖被指定为皇家的放生池后，清淤疏浚常被忽视。这次重返杭州，令苏东坡倍感意外和沮丧的是，他日夜思念的西湖，已是蔓草丛生，湖水干涸，到处淤积，湖面上出现了一块一块的葑田。十八年前，他刚来杭州时野草和葑田侵占了西湖五分之一左右的湖面，而现在竟占了湖面的一半还多，西湖的蓄水能力严重下降。任其发展下去，不要说见不到他刚来西湖时"水光潋滟晴方好，山色空蒙雨亦奇"的美景，他甚至担心"更二十年，无西湖矣"[1]。

苏东坡见此情景不悦地说："使杭州而无西湖，如人去其眉目，岂复为人乎！"[2] 西湖，三面环山，一面通江，其实就是杭州城的一座天然蓄水池。群山所受雨水和泉水，流入西湖，日常居民饮水和干旱时期的农田灌溉，无不依赖它。所以说，治理西湖，不只是为了保护风光之美，更是为民兴利的民生工程。

经过充分论证，西湖的疏浚方案出来了，此项工程约需三万四千贯的经费。可钱从哪儿来呢？苏东坡于元祐五年（1090年）四月二十九日，上《杭州乞度牒开西湖状》，请再赐度牒五十道，配合本州赈饥余款，就可将湖面葑草二十五万丈清除干净，使西湖恢复唐初时的面貌。幸运的是，朝廷很快恩准了这项计划。

度牒，也叫戒牒，官府发给和尚、尼姑的身份证明文件。唐宋官府可出售度牒，以所得充军政费用。度牒的价格从不固定，因时因地而不同，如以每斗米九十文计算，一道度牒要折合白米一百担以上。度牒在国家财政收入中占有重要地位，有时竟然超过朝廷税收的一成。因为和尚、尼姑和道士不仅可以不出身丁钱和苛捐杂税，还可以逃避劳役和兵役，不仅百姓购买度牒，有的地主为了减轻租赋，也要购买度牒。

苏东坡多谋善断，说干就干。其实，治理工程在他上奏的前一日，也就是四月二十八日就已动工。为了方便指挥和督战，他把靠近西湖的石佛院的十三间楼辟作他的临时办公处，一旦处理完公务，他就赶到工地，奔走于砾石泥淖之间，

1　《杭州乞度牒开西湖状》，《苏轼文集》卷三十，第864页。
2　同上。

还经常与民工同吃同住。

　　费时四个月，疏浚工程顺利结束。可堆积如山的淤泥和葑草如何处理？苏东坡看着由西至东的白堤，计上心来：何不废物利用，再筑一条长堤？既可以大大缩短两岸往返的距离，还可丰富西湖的美景。新筑长堤，连通了南屏和曲院，全长八百八十丈，堤上建了六座桥梁，便于湖水的流动和船只的通行。为了方便行人赏景和歇脚，堤上还建了九个凉亭。

　　大堤建成后，两侧种满了杨柳和芙蓉，后来换成了桃树，一方面美化环境，另一方面，又可以利用树根的生长，巩固堤岸。苏东坡当时并未赋予堤名，林希担任杭州太守后，为了赞扬苏东坡治理西湖的壮举，亲笔题名"苏公堤"。人们习惯叫"苏堤"，与"白堤"相呼应。"苏堤春晓"为西湖十景之一。杭州百姓为纪念苏东坡，在堤上立过生祠，十年后，吕惠卿来杭州时奏请毁之。

　　为防西湖再次出现葑田，苏东坡采纳钱塘县尉许敦仁的建议，将西湖的浅水区出租给百姓种植菱角、莲藕和茭白等农作物，这样不仅可抑制水草生长，还能帮助百姓增加收入。与此同时，湖面上又兴建了三座小石塔作为标记，禁止在石塔以内水域种植作物。这三座小石塔也就是西湖十景之一"三潭印月"的由来，原来的石塔已经损毁，现在的三座石塔为明代时期重建。

　　长堤上的六座桥就是著名的苏堤六桥，也是西湖一道美丽的风景线。杭州百姓中不知何时起开始流传这句顺口溜："西湖景致六吊桥，间株杨柳间株桃。"苏东坡也将自己在长堤设计的六座桥视为得意之作，他在诗中写道："六桥横绝天汉上，北山始与南屏通。忽惊二十五万丈，老葑席卷苍云空。"[1]

　　古朴美观的六桥为：映波、锁澜、望山、压堤、东浦和跨虹。映波桥是由南

---

[1] 《轼在颍州，与赵德麟同治西湖，未成，改扬州。三月十六日，湖成。德麟有诗见怀，次其韵》，《苏轼诗集》卷三十五，第1876页。

向北的第一桥，桥长十七米，宽六米七，单孔石拱桥。小桥长廊，水榭茶楼，倒映在波光粼粼的湖水之中，将此桥取名为"映波桥"，可谓是得其神韵。站在桥上，一边可见新建的雷峰塔，另一边则是西湖十景之一的"花港观鱼"。可以说，苏东坡首开了我国景观水利、人文水利的先河，构建了西湖的美学框架，为西湖进入世界文化遗产名录奠定了基础。

林语堂在《苏东坡传》中这样写道："苏堤和西湖之于杭州，正如美女花容月貌的双眸。"可以毫不夸张地说，今日西湖的基本格局始于苏东坡。

苏东坡为官有一个显著特点，就是从不贪天之功为己有。杭州的几项水利工程，他认为都是集思广益的成果、集体智慧的结晶，自己只不过是做个决策而已。即便在上报朝廷的奏折中，不论涉及人物的职位高低，他都一一说明各自所发挥的作用，从不抹杀他们的成绩，给他人以出彩的机会。在封建社会，具有如此气度的官吏，并不多见。这也是苏东坡所到之处都能一呼百应、受人爱戴的原因，是他的人品人格的魅力感染、折服了众人。

林语堂在《苏东坡传》中说："我简直不由得要说苏东坡是火命，因为他一生不是治水，就是救旱，不管身在何处，不是忧愁全城镇的用水，就是担心运河和水井的开凿。"其实，苏东坡似乎与水更有缘分，他在杭州的这段时间，不是疏通运河、筑堰建闸，就是修复六井、整治西湖，离开前还遭遇了一场洪涝灾害，几乎所有大的政事都与水有关。

苏东坡在地方任职期间，始终将兴修水利与城市的兴衰联系在一起，因地制宜，科学治水。他一生不仅多次抗洪治水，还有多篇水利方面的著述，如《熙宁防河录》《禹之所以通水之法》等，为后人留下宝贵的治水经验。2019年年底，水利部公布第一批"历史治水名人"，十二人的名单，苏东坡与大禹、孙叔敖、西门豹、李冰等并列其中，这是对他在水利建设方面作出的巨大贡献的充分认可。

很多文献记载了苏东坡在杭州三年期间为民、务实、高效的风范，以及其所创造的辉煌业绩。其实，仔细算来，苏东坡在杭州任知州只有二十个月的时间。在这短短六百天的时间里，他为杭州百姓办了诸多好事实事。

断案是地方主官的重要职责之一。苏东坡为官办案，一方面疾恶如仇，对十恶不赦者绝不姑息；另一方面又区别对待，对罪过轻微而事足同情者怀恻隐之心，宽严有度，彰显他的智慧和仁爱。

据北宋何薳《春渚纪闻》记载，一次，某人因欠绫绢钱两万不还，被告到官府。苏东坡传讯被告，问明案情。原来，被告一家以制扇为业，父亲刚去世，倒霉又遇今年春季多雨天寒，扇子无人问津，并非故意欠钱不还。听完供述，苏东坡凝视被告很久，然后笑着说："姑取汝所制扇来，吾当为汝发市也。"1

扇子拿来后，苏东坡拿起判笔在二十把空白夹绢团扇上又是写来又是画，时而行书、草书，时而枯木竹石，行云流水，顷刻而尽。然后，对被告说：拿去，赶快变钱还债。消息一出，被告刚出府门，团扇就被人争相高价购买，很快就销售一空。晚来一步的，还懊悔不已。此事传开以后，百姓对苏东坡大加称颂。

无独有偶，一次，都商税务查南剑州乡贡进士吴味道逃税案，截获私货两大包。更为严重的是，私货包装上竟然写着"杭州知府苏某封至京师苏侍郎宅"。此人胆大妄为，不仅逃税，而且冒名。苏东坡不动声色，问吴里面装的何物。

此人惶恐地说："味道金秋忝冒乡荐，乡人集资为赴京盘缠。我以一百千钱买得建阳小纱两百端，如沿路抽税，到京就不剩一半。"忝冒，意思是指滥竽充数；乡荐，是唐宋应试进士，由州县荐举。吴味道接着说：我以为当今天下最有名望、且爱提携奖掖读书人的，只有您和苏侍郎，于是假借先生的名衔把丝封了

---

1 《写画白团扇》，《春渚纪闻》卷第六，第93页。

起来，却不知道先生您先前已经来到这里任职。真是罪责难逃，乞求宽恕。

由于苏东坡曾经有过相同的寒士经历，因此对吴味道的荒唐之举非但没有责罚，反而叫来文书另加包封，写上自己名衔送"京师竹竿巷苏学士收"，交给了吴味道。第二年，吴味道考中进士，特地前来答谢，成为一段美谈。

就在苏东坡在杭州夙夜在公的同时，远在京师的宣仁太后一直记挂着这位爱卿。据《续资治通鉴长编》元祐六年（1091年）正月丙戌纪事："龙图阁学士、知杭州苏轼为吏部尚书。先是，太皇太后两谕执政，令除轼此官，时以轼弟辙初入台，又杭方灾伤，故徐徐至今。"[1] 苏东坡闻讯后，惶恐不安，当即给力荐自己还朝的范祖禹写信，表明乞求继续外放的意愿。

鉴于苏辙刚被任命为尚书右丞，兄弟二人同朝执政，总有不便，故二月二十八日诏下杭州：龙图阁学士、吏部尚书苏轼为翰林学士承旨。翰林学士承旨位诸翰林学士之上，为翰林学士院主官。收到诏令的当日，苏东坡就写了《辞免翰林学士承旨第一状》。他宁愿在州郡为官，以造福一方。他早就厌恶朝堂的尔虞我诈，争权夺利，再也不愿意与鼠辈为伍，卷入无休止的党争之中。

与苏东坡差不多同一时间，越州太守钱勰（穆父）也被召，路过杭州时，看望老友苏东坡。苏钱二人年岁相仿，相交至笃，惺惺相惜，钱勰也早就看清看淡仕宦生涯的四方奔走和跌宕起伏。苏东坡作饯别词《临江仙》送他先行：

一别都门三改火，天涯踏尽红尘。依然一笑作春温。无波真古井，有节是秋筠。惆怅孤帆连夜发，送行淡月微云。尊前不用翠眉颦。人生如逆旅，我亦是行人。[2]

---

[1] 《续资治通鉴长编》卷四百五十四，第10889页。
[2] 《临江仙·送钱穆父》，《苏轼词编年校注》，第665页。

苏东坡借用白居易的诗句"无波古井水,有节秋竹竿"来赞誉钱勰有古井一般的淡泊明志,秋竹一般的高尚品德。其中的"人生如逆旅,我亦是行人",是苏东坡当时心态的真情流露。

皇命难违,鉴于请辞未获批准,作为臣子,只得从命。由于不愿在京师任职,元祐六年(1091年)三月初九,苏东坡将家眷留在杭州,孑身一人返回京师,期望途中能有朝廷批准外放的恩诏。据《宋史·苏轼传》记载:"轼二十年间再莅杭,有德于民,家有画像,饮食必祝。又作生祠以报。"[1] 由此可见,杭州百姓对苏东坡是非常景仰的。

回京途中,眼看没有任何动静,苏东坡又连上几封言辞恳切的辞免状,但还是石沉大海,不得已他在第四状中从头至尾向宣仁太后陈述过往:多次上疏反映新法积弊,因而激怒王安石,招致谢景温的诬陷弹劾,接着就是"乌台诗案"。哲宗继位后,起复还朝,因论差役免役利害,得罪了司马光的门生,后又在司马光的吊唁事宜上开罪了洛党程颐及其门生,导致朔党、洛党交相攻击。宣仁太后对当时朝堂的形势了如指掌,迫切需要像苏东坡这样忠君报国的良吏,来制衡刘挚等人。因此,苏东坡的请辞愈是言辞切切,宣仁太后就愈是不肯放手。不仅辞免未准,还被任命为兼侍读。

司马光去世后的政治力量重组基本完成。虽然当时吕大防和刘挚分任左右二相,但朔党掌控着朝廷的各个要害部门,失去靠山、原为洛党的朱光庭、杨畏、贾易等人也都投入刘挚的怀抱,当时的政治形势显然对苏东坡极为不利。

五月二十六日,苏东坡抵达京城,寓居兴国寺浴室的东堂。正如苏东坡所

---

[1] 《宋史·苏轼传》卷三百三十八,第 10814 页。

料，迎接他的是铺天盖地的弹劾奏章，除了指责他所报浙西灾情不实，神宗驾崩两个月后，他在扬州竹西寺所写"山寺归来闻好语"大逆不道外，基本都是陈词滥调。尽管有宣仁太后的支持，但苏东坡还是对朝堂的政治斗争感到厌恶。面对弹劾，苏东坡不作辩驳，只是不停地请求外放。

八月初五，苏东坡终于如愿以偿，被任命为颍州知州，此时距他回到京城仅仅三个月。苏东坡在给王巩的信中说："某已得颍州，极慰所欲。"1

善恶终有报，由于刘挚直接牵涉诬言宣仁太后欲废哲宗皇帝，改立她的亲子一事，元祐七年（1092 年）十一月间权倾朝野的刘挚被罢相，出知郓州（今山东省泰安市东平县）。正应了苏东坡"此身何物不堪为，逆旅浮云自不知"2 那句诗。

第二节 | 政绩斐然在颍、扬

元祐六年（1091 年）闰八月初，苏东坡离开京师，顺蔡河、颍河赴任，于八月二十二日，来到物华天宝、民风淳朴的颍州，开启了为期半年的治颍之路。颍州对于苏东坡而言并不陌生，四十多年前，他的恩师欧阳修曾任知州，早在熙宁四年（1071 年），苏东坡曾在赴任杭州通判途中，与苏辙一同前往颍州拜访恩师欧阳修。当日恰逢欧阳修生日，宾主泛舟颍州西湖，开怀畅饮，吟诗作赋，留下了一段美好的回忆。

---

1 《与王定国四十一首》（二十五），《苏轼文集》卷五十二，第 1525 页。
2 《书破琴诗后》，《苏轼诗集》卷三十三，第 1770 页。

在颍州，苏东坡秉持勤勉务实的从政风格，在短短半年时间内，办了几件利国利民的好事实事，赢得了当地百姓的赞许。

由于京城连年遭遇水灾，陈州周边也水患不断。为解决这一难题，陈州的官吏们主张开挖八丈沟，也就是在陈州境内古代邓艾沟的故道上开挖，沟长达三百五十四里，连接颍水，然后将水排入淮河，以泄陈州一带之水。初到颍州，苏东坡就按尚书省的要求，在颍州与陈州太守李承之、府界提刑罗适、都水监所官差及京西北路提刑、转运司的官吏们，共商开挖八丈沟的相关事宜。

苏东坡精通水利，不是拍脑袋决策的官僚。他先是组成勘探小组，与蔡口到淮上沿途各县官吏一道，展开实地考察和测量。勘探小组仔细测量地形的高低，每二十五步就立一根竹竿，并记下每根竹竿的水位高低，一共立了五千八百一十一根。

勘探测量的结论是，淮河涨潮时，其水位要高于八丈沟入淮口的水位八尺五寸。颍州地势本就北高南低，颍河行于南，而八丈沟行于北，如果按照原计划开挖八丈沟，势必将造成淮水倒灌，不仅解除不了陈州水患，还会使颍州成为一片汪洋。于是苏东坡向朝廷提交了《奏论八丈沟不可开状》，奏论有理有据，合情合理。

时为京西转运判官的朱勃，就开挖八丈沟一事专程来到颍州，他完全赞成苏东坡的科学结论，也向朝廷提交了《八丈沟不可开挖申省状》。在苏东坡的据理力争下，避免了一场劳民伤财且毫无益处的浩大工程，不仅免除了十八万民工的劳役，还为朝廷节省了三十七万贯钱财。

其实，苏东坡此举也是冒着极大风险的，无形之中得罪了一干主张开挖八丈沟的官吏。如果苏东坡是一个无所事事、明哲保身的人，他是一定不会组织勘探测量并据理力争的。

入秋后，颍州持续干旱，苏东坡食不甘味，夜不能寐。听闻此地的张龙公神祠极灵验，苏东坡一边撰写祈文，一边派遣次子苏迨与州学教授陈师道前往祈雨。几天后，"后夜龙作雨，天明雪填渠"[1]。苏东坡的《颍州祈雨诗帖》开篇就是"颍州久旱"，初来乍到的颍州太守心急如焚之状、爱民忧民之心，跃然纸上。该帖不仅是他爱民忧民、勤勉务实的文墨佐证，也是我国书法史上不可多得的艺术瑰宝。

（北宋）苏轼　颍州祈雨诗帖

颍州为温带季风气候，四季分明，水网密布，有的年份少雨干旱，而有的年份又多雨成涝。秋旱和祈雨，给了苏东坡以启迪，望天收终究不是长久之计，还不如自己动手兴修水利，从根本上解决颍州水的问题。

苏东坡一生与西湖有着不解之缘。颍州与杭州一样也有个西湖，湖约十里长、三里宽，因在州西北二里外，当地人称之为西湖。颍州西湖由颍河、清河、白龙河、小汝河交汇而成，闻名于唐，鼎盛于宋。欧阳修主政颍州时曾疏浚和整治过颍州西湖。

"我性喜临水，得颍意甚奇。"[2] 这两句诗是苏东坡对颍州西湖的真情流露。来后不久，他与杭州时的旧识、时为签书判官的赵令畤（德麟）对颍州西湖进行了系统考察、规划和整治。通过兴建三座水闸，沟通了焦陂、清河、西湖与泉河、

---

1 《与赵、陈同过欧阳叔弼新治小斋，戏作》，《苏轼诗集》卷三十四，第1812页。
2 《泛颍》，《苏轼诗集》卷三十四，第1794页。

淮河的航道，增强了颍州城西南地表水的调节功能，旱可蓄水，涝可泄洪，同时还保障了沿河两岸大片农田的灌溉。

苏东坡参照其在凤翔东湖和杭州西湖疏浚整治的做法，在保证使用功能的前提下，增加了颍州西湖的游览休闲功能。苏东坡"大千起灭一尘里，未觉杭颍谁雌雄"[1] 的诗句，大大提高了颍州西湖的声誉。

由于干旱，这年秋冬与颍州相邻的庐州、濠州和寿州等地都饥荒严重，百姓仅靠树皮草根充饥，盗贼四起。苏东坡忧虑地说："若流民至颍，而官无以济之，则横尸布路，盗贼群起，必然之势也。"[2] 凡事预则立，他于十二月二十五日上《乞赐度牒籴斛斗准备赈济淮浙流民状》。寒冬腊月，白雪皑皑，苏东坡寝食难安，他心中惦记着那些饥寒交迫的百姓。

黎明时分，苏东坡就请来曾在陈州赈济有功的签判赵令畤，共商赈济事宜。赵胸有成竹地说：目前小民的困乏，不过是粮食和燃料两项，义仓有积谷数千石，便可支散，以救贫民。作院有酒炭数万称，酒务有柴数十万称，可以照原价出卖。贫民得此两项，困难就解决了。苏东坡听后大喜，他一面起草奏章，一面嘱咐赵令畤去办。

苏东坡与赵令畤工作配合默契，志趣相投，私交甚好。赵令畤，起初字景贶，苏东坡为其改字德麟，并撰《赵德麟字说》，赞誉其博学而闻，笃行而刚，信于为道，而敏于为政。

苏东坡不仅知人善任，还注重人才举荐。他在《策别》中指出：其择人宜精，其任人宜久。北宋有着比较完备的荐举制度。快要离开颍州时，苏东坡为赵

---

1 《轼在颍州，与赵德麟同治西湖，未成，改扬州。三月十六日，湖成。德麟有诗见怀，次其韵》，《苏轼诗集》卷三十五，第1876页。

2 《乞赐度牒籴斛斗准备赈济淮浙流民状》，《苏轼文集》卷三十三，第948页。

令畤上《荐宗室令畤状》。次年，他又一次举荐赵令畤，上《再荐宗室赵令畤札子》和《再荐赵令畤状》。不久，朝廷任命赵令畤为光禄寺丞。苏东坡曾向朝廷荐举了很多人才，如陈师道、朱长文、谢民师等。苏东坡不仅自己举荐，有时还请托德高望重者。他就曾请王安石举荐秦观。苏东坡之所以能为官一任，造福一方，与其善于选人用人、举荐人才，也有很大的关系。

饥荒与盗贼如同一对孪生兄弟，颍州原来就有管三、陈钦和尹遇等一帮江洋大盗，虽经前任严厉打击，剿灭大半，但尹遇仍然在逃，还自封大王，依然打家劫舍，居然胆敢白昼骑马在镇市上劫人，猖狂至极。苏东坡获悉汝阴县尉李直方忠勇担当，就委以重任，并说：君能擒此贼，当向朝廷力言，给予优赏。李直方泣别九旬老母，先是在当地缉获尹遇的爪牙，接着顺藤摸瓜在寿州霍邱县一举将尹缉拿归案。苏东坡言而有信，在自己积资应该升任朝散郎一官时，请求朝廷将这一恩例移给李直方充赏。不过，他的这一请求没有获得吏部的批准。

元祐七年（1092年）二月，做了半年颍州太守的苏东坡，接到了以龙图阁学士充任淮南东路兵马钤辖知扬州军州事的诏命。

三月初，苏东坡沿颍河舟行而下，入淮河，途经亳州、泗州、楚州，进入运河后，于三月十六日抵达扬州，时年五十七岁。途中苏东坡不带吏卒，深入村落，访贫问苦。时值新麦初熟，一派丰收景象，可官府催收历年积欠，还不上钱的百姓不敢归乡，宁愿流走道途。沿途见到许许多多这样的游民，苏东坡不禁感叹道："苛政猛于虎。"

到达扬州后，苏东坡立即上书朝廷。他在《论积欠六事并乞检会应诏所论四事一处行下状》中写道："臣闻之孔子曰：'苛政猛于虎。'昔常不信其言，以今观之，殆有甚者。水旱杀人，百倍于虎，而人畏催欠，乃甚于水旱。臣窃度之，每州催欠吏卒不下五百人，以天下言之，是常有二十余万虎狼，散在民间，百姓何由安生，朝廷仁政何由得成乎？"1

奏折写好后，苏东坡心急火燎地派人星夜兼程送往京城，而主管部门则以国家西线战事、财政吃紧为由，不同意减免积欠。六月，扬州一带发生瘟疫，百姓无法应对，病死饿死了很多人。苏东坡再次上书《再论积欠六事四事札子》："臣访闻浙西饥疫大作，苏、湖、秀三州，人死过半……有田无人，有人无粮，有粮无种，有种无牛，饿死之余，人如鬼腊。"2 在苏东坡的一再呼吁下，朝廷终于下诏：不论新旧，各种积欠一律宽免一年。百姓闻此消息，无不奔走相告。苏东坡则以"诏书宽积欠，父老颜色好"3 来盛赞此事。

北宋虽内忧外患、积贫积弱，但附庸风雅和奢靡之风盛行。大家可能想象不到，作为文坛盟主、喜好热闹的苏东坡到任后，州府办的第一件公差，竟然是下令"苏门四学士"之一、时任扬州通判的晁补之，停办正在紧锣密鼓筹备中的万花会。

北宋时期，扬州的芍药与洛阳的牡丹争妍斗艳，名扬天下。每年春季，洛阳举办牡丹万花会时，万人空巷，人流如潮。北宋时的扬州，兴盛虽不及唐代，但历史遗韵犹存。元祐五年（1090年）蔡京任扬州太守时，受洛阳牡丹节的启发，始办万花会。后来，王存接任蔡京后，亦如法炮制。

苏东坡发现连年举办的万花会，虽然热闹非凡，但一次用花十多万枝，附庸风雅，劳民伤财，百姓深受其害。一方面，官府陈年积欠犹如一座大山压得百姓喘不过气来，而举办万花会要动用大量的人力、物力和财力。另一方面，有些贪

---

1 《论积欠六事并乞检会应诏所论四事一处行下状》，《苏轼文集》卷三十四，第959页。
2 《再论积欠六事四事札子》，《苏轼文集》卷三十四，第971页。
3 《和陶饮酒二十首》（其十一），《苏轼诗集》卷三十五，第1887页。

官污吏借举办万花会之机，敲诈勒索百姓。"以一笑乐为穷民之害"[1]，这是苏东坡对万花会的点评。

虽然苏东坡也知道，初来乍到，由他来停办前任太守蔡京创办的万花会，不仅得罪人，而且也有点煞风景，个人声誉可能还会受到影响，但只要对民生有利，个人得失何足挂齿？

苏东坡在《以乐害民》中阐述了取消万花会的缘由："扬州芍药为天下冠，蔡延庆为守，始作万花会，用花十余万枝。既残诸园，又吏因缘为奸，民大病之。予始至，问民疾苦，遂首罢之。万花会，本洛阳故事，而人效之，以一笑乐为穷民之害。"[2] 停办万花会的政令一出，百姓欢呼雀跃，交口称赞。当然，苏东坡为了百姓民生，又一次"不识时务"地得罪了权贵。文中蔡延庆应为蔡京，蔡延庆从未任过扬州知州。《苏轼文集》笺注认为此处为苏东坡笔误。

苏东坡在扬州任上，为民办的第三件实事是为漕运船夫排忧解难。京杭大运河自开通后，便是我国南北最主要的运输通道，扬州也就自然成为重要的水上枢纽和官府的漕运集散中心，承担着粮食等重要物资的运输任务。

由于地域原因，原本扬州相关从业人员很多。苏东坡到任后却发现，漕运物资运输非常萧条，漕运船夫也大幅度减少。经过深入调研，苏东坡发现，仅以粮食为例，嘉祐以前，每年运输六百万石，短缺不过百分之一，而他到任的前一年，全年运输仅有四百五十万石，欠折了三十万石，短缺达到了百分之八。他不禁感叹：运法之坏，一至于此！

原因何在呢？因为原来的发运司，允许船家成批运送粮食等大宗物资时，夹

---

[1] 《以乐害民》，《苏轼文集》卷七十二，第2293页。
[2] 同上。

带部分私货，南北贩卖，沿途既不稽查，也不征税，不仅可以贴补船用，还有利可得，船家都比较富裕。因此，运送粮食等物资时，不仅速度快捷，而且短缺也很少。

但熙宁以来，官府与船家争利，官吏从中渔利，每到一个码头，都要登船检查，发现私运货物，就要没收或征税，或收受贿赂后放行，船夫们被敲诈得穷困潦倒。在此新政下，船夫们不得已只好偷盗官粮。因此，漕运粮食短缺量逐年上升，也有的船家以后粮来弥补前粮的亏空，久而久之，窟窿越来越大，最终只得逃亡或被治罪。

苏东坡认为，漕运是朝廷的大计，船夫的生计，岂可坐视不救？七月下旬，他向朝廷上了《论纲梢欠折利害状》，建议允许船夫在完成官府漕运任务的同时，可以私自贩运一些其他物品，以提高他们的收入。

八月一日，苏东坡又上《乞罢转般仓斗子仓法状》，请求朝廷废除仓法，追究金部官吏没有圣旨、擅自立法、刻剥兵梢的罪行，并查发运转运司吏的责任和情弊。

八月五日，苏东坡再上《乞罢税务岁终赏格状》，直接将矛头指向了税务官吏，说他们是为了年终奖金，借关市法来敛财、中饱私囊。

不得不说，苏东坡关于漕运的几次上奏，事关朝廷兴利除弊的大政。苏东坡刚正不阿，敢于仗义执言，为了民生和社稷，不怕积怨，一举参劾了这么多衙门和官吏。最终，朝廷采纳了苏东坡的建议，恢复了旧制，漕运再现生机，船夫们无不赞誉苏东坡的功德。

在扬州不到半年的时间里，苏东坡完成了宽免积欠、取消万花会和恢复漕运旧制等三件为民谋福祉的大事，实属不易。

苏东坡抵达扬州后，还做了一件非常有意义的事情。元祐五年（1090年），潮州太守王涤为尊先贤，将韩文公庙从金山麓郡治前夫子庙正室东厢徙至州南七里。竣工后，王涤派专人来请苏东坡为韩文公庙撰写碑文。苏东坡的好友钱勰也来信加持。因此，从颍州一到扬州，苏东坡就着手撰写碑文。

"匹夫而为百世师，一言而为天下法"的开篇，可以说是横空出世，豪迈警策。南宋黎靖德在《朱子语类》中记述了苏东坡的创作过程："向尝闻东坡作《韩文公庙碑》，一日思得颇久，忽得两句云'匹夫而为百世师，一言而为天下法'，遂扫将去。"朱熹用一个"扫"字来描写苏东坡撰写碑文，真乃传神之笔。

接着苏东坡从文、道、忠、勇四个方面盛赞了韩愈的德行文章和行事风格："文起八代之衰，而道济天下之溺；忠犯人主之怒，而勇夺三军之帅。"碑文大气磅礴、字字珠玑。南宋洪迈在《容斋随笔》卷八《论韩文公》中写道：刘梦得、李习之、皇甫持正、李汉，皆称颂韩公之文，各极其挚。及东坡之碑一出，而后众说尽废。可见苏东坡的碑文影响之大。

写诗填词作赋，是苏东坡日常生活中不可或缺的一部分。而他于诗自视颇高，早年从不特别喜爱某一个人的诗作，更不会专注一家。也许是年龄和处境的原因，在谪居黄州、躬耕东坡后，步入中年的他，开始偏爱陶诗。

他在儋州时，曾在书信中对苏辙说："古之诗人有拟古之作矣，未有追和古人者也。追和古人，则始于东坡。吾于诗人，无所甚好，独好渊明之诗。渊明作诗不多，然其诗质而实绮，癯而实腴，自曹、刘、鲍、谢、李、杜诸人皆莫及也。"[1]

陶渊明隐居期间，生活贫困。附近的官吏朋友颜延年常来与他小酌，知道他的家境后，留钱两万相赠，他却一文不留，全部送存酒馆，留待日后慢慢取酒。

---

[1] 《子瞻和陶渊明诗集引》，《苏辙集》，第1110页。

而当苏东坡一日偶读《唐书》，看到了唐代宗朝的宰相元载获罪赐死，并被没收家产时，仅家藏调味用的胡椒，竟多达八百石。苏东坡不禁产生联想，作长诗一首，将陶渊明的安贫乐道与元载的贪得无厌进行了比论。

在扬州，苏东坡始吟"和陶诗"，写下了《和陶饮酒二十首》，立即引起轰动，文人墨客纷纷效仿。又如，他的《和归去来辞》传到京城，文人争相和作，人言："陶渊明纷然一日满人目前矣。"[1]

元祐七年（1092年）八月，苏东坡接到以龙图阁学士左朝奉郎守兵部尚书兼侍读、差充南郊卤簿使的诏命。

第三节 | 山雨欲来风满楼

苏东坡此时回京，主要是哲宗要去南郊举行祭祀大典，宣仁太后希望他护驾前往。侍从年轻皇帝第一次举行郊祀大典的差遣，那是万万不能请辞的。此事重大，苏东坡即刻动身，但他对于进京还是心有余悸。因此，他在途中就上疏，希望祭祀大典后，继续外任。九月，苏东坡抵达京师，与上次回京一样，仍寄寓兴国寺的东堂，以行动再次表明他坚决要求外放的决心。

十一月十二日，哲宗率领百官到南郊太庙举行祭祀大典，苏东坡为卤簿使，导驾前行。所谓卤簿，即古代皇帝出行时的仪从和警卫。他的好友蒋之奇、钱穆父也一同从驾。

---

[1] （宋）洪迈撰，孔凡礼点校：《容斋随笔》卷三，北京：中华书局2006年版，第32页。

南郊祀典一过，苏东坡便立即奏乞越州。岂料不仅请求没有得到满足，朝廷还任命他为端明殿学士兼翰林侍读学士、礼部尚书。一人身兼两大学士，这在当时已久未出现。苏东坡惶恐不安，极力请辞，札言："闻命悚恐，不知所措……岂徒内愧，必致人言。"1 然而，请辞无效。

朝廷不想留，外放又不准，思虑再三，苏东坡请求安排一个戍边的任务。因为宋朝重文轻武，戍边之吏，如用文官，基本都是仕途上失意之人，苏东坡全然不顾，足见他离开朝廷的愿望有多强烈。但状子呈上后，朝廷仍然不肯接纳，苏东坡只好走马上任。

然而，树欲静而风不止。元祐八年（1093年），监察御史黄庆基和董敦逸弹劾苏东坡兄弟俩。"黄庆基三状，言苏轼"，而"董敦逸四状，言苏辙"2。

李焘《续资治通鉴长编》记载了黄庆基的弹劾理由和苏东坡的四条"罪状"。

理由为："法者天下之平也，虽天子之尊不敢以喜怒而轻重，况于人臣乎？为人臣者苟欲废法以私恣喜怒，则上窃国柄，下贻民患，其祸非小也。按礼部尚书苏轼，天资凶险，不顾义理，言伪而辨，行僻而坚，故名足以惑众，智足以饰非，所谓小人之雄而君子之贼者也。"3

"罪状"为：一是"以喜怒之私，轻废朝廷之制"，苏东坡多次为民请命的上书，被污蔑为"轻废朝廷之制"；二是"援引党与，分布权要""惟知有轼，而不知有朝廷也""为人臣而招权植党"，指责苏东坡结党营私，屡屡推荐同乡、门生、亲戚入朝为官，请求罢免王巩、张耒、晁补之、秦观等人的职务；三是"轼在先朝，恣为诗歌，谤讪朝政"；四是结托常州宜兴知县李去盈，宜兴买田是强

---

1 《辞两职并乞郡札子》，《苏轼文集》卷三十七，第1041页。
2 《续资治通鉴长编》卷四百八十四，第11495页。
3 《续资治通鉴长编》卷四百八十四，第11495—11496页。

买强卖曹姓田产。

董敦逸与黄庆基遥相呼应，弹劾的重点也是兄弟二人互为肘腋，把持朝政，误国殃民，一日不除，国之大患。

黄庆基和董敦逸的弹劾，闹得沸沸扬扬。虽然皇帝并未轻信二人的弹劾，并将他们逐出朝廷，外放任职，但苏东坡还是感到身心疲惫，不胜其烦。他不由得想起他的恩师欧阳修，德行修为如此之好，都被御史们结伙围剿，搞得焦头烂额，后又被小人们造谣污蔑，恶语中伤，未到引年，就请求告老致仕。想到这些，他更加坚定了尽快离开朝廷的决心。

弹劾轩然大波刚过，苏东坡再度请求外放越州。"我顷三章乞越州，欲寻万壑看交流。"[1] 苏东坡三次奏请，都未获准。然而，就在这个当口，摄政的宣仁太后病倒了，此时，哲宗已年满十八岁。随着哲宗年龄的增长，祖孙二人的关系变得越来越微妙。宣仁太后曾问皇帝："彼大臣奏事，乃胸间且谓何？奈无一语耶！"他回答说："娘娘已处分，俾臣道何语？"后来，哲宗曾不止一次地说过，垂帘期间，大臣们只向太皇太后奏事，"朕只见臀背"[2]。

祖孙二人的关系发展到如此地步，除了哲宗年龄进入叛逆期外，还有一个重要原因，当时坊间流传着一个极其荒谬的谣言，说太皇太后有意废帝，改立自己的儿子。

这个谣言得从神宗病重时说起。历史上，每逢帝位传承之际，都是政客们玩弄权术的好机会。神宗病重时，邢恕帮助时为宰相的蔡确出谋划策，企图勾结太皇太后娘家侄子，里应外合拥立太皇太后亲生儿子岐王赵颢或嘉王赵頵，但宣仁太后并无此意，在神宗驾崩后，她即刻就立了哲宗。

---

1 《次韵滕大夫三首·同前》，《苏轼诗集》卷三十七，第 1999 页。
2 《宋人轶事汇编》卷二，第 44 页。

蔡确罢官，已谪安州（今广西壮族自治区钦州市），邢恕散布谣言称："蔡确有策立功，社稷臣也。"宣仁太后听到后大发雷霆："当时谁曾有异议，官家岂不记得？但问他太妃。"[1] 一气之下，将其贬到了岭外。

而此时章惇等人也再度造谣生事，说皇帝已经成人，为何还不让他亲政呢？皆因祖孙不太协调。宣仁太后听到这些谣言后，当然动怒，因怒而致病。

黄庆基和董敦逸的弹劾，虽然掀起轩然大波，但并未触及苏东坡的根本，而随后两位女性的去世，将其再次带入万劫不复的境地。

元祐八年（1093年）八月初一，苏东坡年仅四十六岁的夫人王闰之去世。苏东坡与王弗的婚姻持续了十年，而与王闰之共同生活了二十五年。王闰之虽然不像她的堂姐饱读诗书，但在读懂和关爱丈夫这个方面，毫不逊色。无论是苏东坡的高光时期还是身处颠沛流离的逆境，她都不离左右，悉心呵护，从无怨言。

躬耕东坡，她能治好兽医没能医治的牛病；丈夫有客无酒时，靠她平时藏的斗酒，解了燃眉之急；她懂丈夫，正月十五，颍州聚星堂前，梅花盛开，见丈夫独坐无聊，便说："春月色胜如秋月色，秋月色令人凄惨，春月色令人和悦。何如召赵德麟辈来饮此花下？"[2]

苏东坡对于夫人王闰之敬重和赞许有加。

王闰之临终当晚留下遗言，用她仅存的一点私蓄，请位名师绘制佛像，供奉丛林，受十方礼拜。按照她的遗嘱，由当时人物画的第一画师、苏东坡的好友李公麟绘画了释迦文佛及十大弟子像，供奉京师。苏东坡撰写《释迦文佛颂》。

元祐八年（1093年）八月，苏东坡的外任请求终于获得恩准，以端明殿学士兼翰林学士充河北西路安抚使兼马步军总管、出知定州军知事，时年五十八岁。

---

[1] 《宋人轶事汇编》卷十一，第537页。
[2] 《宋人轶事汇编》卷十二，第623页。

虽然不是他一心想去的越州，而是北部边关定州（今河北省保定市定州市）。但无论怎么说，他总算可以离开朝廷这个是非之地了。也有史料记载，苏东坡定州的任命，朝廷是九月下达的。任命如在八月，极有可能是太皇太后为保全苏东坡而预做的安排；若是九月，应是哲宗听从了新党政敌的唆使，赶紧将自己的老师逐出京师，免得他以后说三道四，成为阻碍。

就在苏东坡即将离开京师赴定州履新之际，九月初三，又一噩耗传来，摄政的太皇太后高氏病逝。太皇太后不仅是旧党的有力支持者，还是元祐更化的决策者与主导者，也是苏东坡的保护者。她的去世，犹如一次强震，令朝野震惊。而哲宗亲政，预示着朝廷又将发生翻天覆地的变化。

果不其然，哲宗亲政的第二天，就下旨召内侍刘瑗、乐士宣等十人复职。刘瑗为神宗时期重用的宦官，与吕惠卿等人过从甚密。这一明显的信号，令元祐朝臣们普遍感到山雨欲来风满楼，黑云压城城欲摧。

其实，苏东坡急于离开京师还有一些无以言表的原因：一是他在与皇帝的日常接触中隐约感觉到，他所侍读辅佐之人，将来很难成为一代明君；二是太皇太后与皇帝之间有些矛盾，皇帝年幼时，太皇太后垂帘听政理所应当，而皇帝成年后，太皇太后希望扶上马再送一程，可惜皇帝并不领情，对于祖母的辅佐和元祐大臣的逆耳忠言，心生抵触和反感，私底下曾抱怨说：他这个皇帝就是聋子的耳朵——摆设；三是太皇太后和皇帝之间存在较深的误会，曾有谣言说太皇太后对哲宗不甚满意，欲改立自己的儿子为帝，遗憾的是哲宗还信以为真。

应该说，苏东坡与哲宗的师生关系并不融洽。苏东坡去定州赴任前，请求入朝面辞，但哲宗根本不念八年的师生情谊，未允谒见。当时，苏东坡就预感厄运又将来临。即便如此，九月二十六日，苏东坡还是写下《朝辞赴定州论事状》，尽臣子之责，给皇帝留下忠告。

苏东坡去定州前，遣散家臣时还发生了一件巧合的趣事，"成全"了高俅后来的仕途。高俅原本是苏东坡家的一个小吏，写得一手好字，也有一定的文学功底。苏东坡本想把他送给曾布，可曾家文书人手已经足够，苏东坡便将他推荐给了好友驸马都尉王诜。

元符末年，王诜为枢密都承旨，他与神宗的第十一子端王赵佶，也就是后来的徽宗皇帝关系甚密。南宋王明清在《挥麈后录》中记录了高俅与端王的相遇过程。一天，王诜和端王同在殿庐侍班，端王忘带篦刀子（梳头工具），借用王诜篦刀子梳理鬓角后，对篦刀子的样式非常喜欢。恰好王诜还有一把样式一样、未曾使用的篦刀子。当晚，王诜便安排高俅去端王府送上篦刀子。碰巧，端王正在花园里蹴鞠。高俅边等边看，显得十分在行。端王叫他过来问道：你也会蹴鞠吗？高俅说：我会。端王便叫他参加，并对他的技艺非常满意。随即吩咐仆人传语王诜：一是谢赠篦刀子，二是连同派来的这个人也一起收下了。

九月底，苏东坡在东府雨中与子由分别后，忧心忡忡地离开了京城。经过三个月的长途跋涉，苏东坡于十二月二十三日抵达定州。

定州是北宋的军事重镇、战略要地。定州之北，便是虎视眈眈的辽国。北宋迫不得已与辽国签订了"澶渊之盟"，宋以每年给辽岁币银十万两、绢二十万匹为代价，为北宋换来了百年的安宁。

自此之后，宋朝防务松弛，堡垒不修，军训全无。范仲淹在《奏上时务书》中写道："昔之战者，今已老矣；今之少者，不知战争之事。人不知战，国不虑危，岂圣人之意哉！"[1] 提出救文弊以厚风俗、整武备以御外患。

北宋遵循"强干弱枝，内外相维"的原则，军队由禁军、厢兵、乡兵和番兵

---

[1] 《奏上时务书》,《全宋文》第十八册卷三七七，第 207—208 页。

组成。其中，禁军数量最多，为宋军主力，天子亲掌，其最精锐的殿前军驻守京城，侍卫军驻扎各地；厢兵为地方军，名为常备军，实是各州府和某些中央机构的杂役兵，主要任务是修筑城池、运粮垦荒、官吏侍卫等，一般无训练或作战任务；乡兵，也称民兵，是按户籍丁壮比例抽选或募集土民组成的地方民众武装，平时耕种，农闲训练，保乡卫土；番兵由陕西、河东地区与西夏接壤地区的羌人熟户部族军组成，诸部族首领封军队职务，率领部族军戍守边境。此外，一度还有土军和弓箭手组成的地方治安部队。

由于久不作战，北宋军队处于极度的松弛状态，边防禁军也是如此。苏东坡来定州视察后发现，禁军虽为国防的主要战斗力，不仅疲乏懈怠，不堪大用，为了避免刺激契丹，甚至就连正常的军事训练也不进行。

苏东坡在《乞增修弓箭社条约状二首》（其一）中说："臣切见北虏久和，河朔无事，沿边诸郡，军政少弛，将骄卒惰，缓急恐不可用，武艺军装，皆不逮陕西、河东远甚。"[1]

苏东坡在该文中还写道："然臣窃谓沿边禁军缓急终不可用，何也？骄惰既久，胆力耗惫，虽近戍短使，辄与妻孥泣别，被甲持兵，行数十里，即便喘汗。臣若严加训练，昼夜勤习，驰骤坐作，使耐辛苦，则此声先驰，北虏疑畏，或致生事。"[2]

既然禁军不堪重用，戍守边疆的重任只得依靠当地人，这也是由来已久的做法。常年遭受契丹人侵扰的当地人，有着高度的警惕性，他们体格强壮，骁勇善战，出入起居都习惯随身携带武器，他们还自发组织弓箭社，成为乡间抗敌、保家卫国的重要力量。仁宗时期，庞籍镇守定州时，因俗立法，确认弓箭社纳入官

---

[1] 《乞增修弓箭社条约状二首》（其一），《苏轼文集》卷三十六，第1024页。
[2] 同上。

府统领，但至熙宁变法，王安石施行保甲法时，便将弓箭手编入保甲，弓箭社这个组织也就不复存在了。

按照保甲法的规定，秋收之后，官府"冬教"一个月，保甲人必须远去官府指定的地点受训，不仅食用路费得不到保证，更为糟糕的是，以前吃过弓箭手亏的盗贼们，乘他们外出受训的机会，报复他们的家人。迫不得已，弓箭手们只得私下恢复弓箭社。由于弓箭手们都已编入保甲，他们一身二役，疲于奔波。

苏东坡到任后，非常看好弓箭社这个组织，他连上二疏，建议朝廷尽快恢复弓箭社的建制。可当时的朝政混乱不堪，新的天子正满腹怨气地酝酿一场剧烈的变革，哪有心思关注这个问题。

据《宋史·苏轼传》记载："定州军政坏弛，诸卫卒骄惰不教，军校蚕食其廪赐，前守不敢谁何。轼取贪污者配隶远恶，缮修营房，禁止饮博，军中衣食稍足，乃部勒战法，众皆畏伏。"[1]

当时实际负责定州军务的，是副总管王光祖，因是老将，向来倚老卖老，骄横跋扈。前任主官因其老将身份，即便对军中松弛腐败问题不满，也不敢过问。

苏东坡法纪严明，直面问题，敢于碰硬，严肃查处了军中贪污腐败、克扣军饷、酗酒赌博、盗用公物、鱼肉百姓等问题。一旦查到贪污情节严重的，立即判处充军。其中，有一云翼指挥使孙贵，来到军营也才不过四个月，先后触犯敛财、掠夺之罪，竟然多达十一次，苏东坡立即决定抓捕送司法机关，枷项彻查。枷项，为古代卡在犯人脖子上的刑具。

在苏东坡的铁腕治理下，军中敛财、掠夺犯罪顿然断绝，酗酒、赌博行为也销声匿迹。一向自以为老将，跋扈骄横的副总管王光祖，也不得不低下他"高

---

[1] 《宋史·苏轼传》卷三百三十八，第 10816 页。

昂"的头颅。

元祐八年（1093年），也就是苏东坡来到定州的当年，河北一带再次遭受自然灾害，定州地区由于雨水过多，收成不到正常年份的一半。作为地方主官，苏东坡秉持民以食为天的理念，一方面严禁苛捐杂税，另一方面上《乞减价粜常平米赈济状》，请求低价出售两万石仓储粮食来平抑物价，朝廷同意了他的奏请。

针对部分佃农虽有廉价官米，还是无钱购买，而仓储陈米因存储已久容易霉烂的问题，苏东坡又上《乞将损弱米贷与上户令赈济佃客状》，奏请将陈粮贷给佃农，等来年则以新粮偿还官粮，可谓一举两得。就这样，在苏东坡坚持不懈的努力下，定州百姓顺利度过了饥荒。

此外，苏东坡还利用唐河和黑龙潭的水源，组织当地百姓将一片沼泽地改良成为水田，并传授水稻种植技术，还教大家学唱南方的插秧歌，让百姓在歌声中缓释劳作的辛苦。后人为了纪念苏东坡所作的贡献，将当地的村庄改名为苏泉村，苏泉秧歌也一直流传至今。

正当苏东坡为整肃军纪、巩固边防和赈灾救济、发展生产而呕心沥血之际，京师正酝酿着一场翻天覆地的变革。宣仁太后去世后，逆反心理和自立精神极强的哲宗，急于彻底否定元祐之政。而依附吕大防的礼部侍郎杨畏首揭叛旗，上万言书密奏，首提"绍述"，即对神宗时期所施行新法的继承。哲宗则以"绍述"的名义，全盘否定元祐时期的朝政，一大批旧党元祐大臣被逐出朝堂。

1094年4月，哲宗将年号改为"绍圣"，意为将继承神宗皇帝的遗志，进行变革。为尽快推进变革，哲宗起用新党激进派代表人物章惇为相，大张旗鼓、雷厉风行地全盘恢复了熙宁时期的所有变革举措。与熙宁变法大相径庭的是，熙宁变法中的新党与旧党之争，仅是政见不同，彼此都是为了江山社稷。而此次的政治变革，章惇等人严重背离了王安石变法的初衷，把打击"元祐党人"作为他们主要的政治目的，心狠手辣，赶尽杀绝，陆续剥夺司马光、吕公著等人的赠官谥号，在朝任职的三十多位"元祐党人"高官被贬出京城，苏辙被贬至汝州。

在这场声势浩大的政治斗争中，作为元祐大臣、旧党主要代表人物之一的苏东坡，虽然远在边关，也绝无可能逃过此劫而独善其身。绍圣元年（1094年）四月，侍御史虞策弹劾苏东坡，殿中侍御史来之邵紧随其后，接着是吕惠卿、蔡卞等人。他们的弹劾毫无新意，无非是熙宁、元丰、元祐三个时期十多年间，李定、舒亶、朱光庭、赵挺之、黄庆基、董敦逸等人攻讦内容的翻版，所谓的"讪谤君上""讥斥先朝"等等。这些弹劾虽是老调重弹，但哲宗主政后政治形势发生了根本变化，因此，杀伤力很强，后果也非常严重。从定州到惠州，半年不到的时间里，苏东坡竟然连续五次被贬。

第一次被贬，发生在绍圣元年（1094年）闰四月初三，一道圣旨到定州，苏东坡以谤讪先帝的罪名，落端明殿学士兼翰林学士，以左朝奉郎责知英州（今广东省清远市英德市）军州事，苏东坡等于又回到了黄州起复登州时的官阶。苏东坡不畏强权，他在《英州谢上表》中写道："罪盈义绝，诛九族以犹轻；威震怒行，窜一州而大幸。惊魂方散，感涕徒零。"[1] 苏东坡铁骨铮铮的同时，又保持乐观豁达的心态，他在离开定州前写的《醮北岳清词》中说："少年出仕，本有志于救人；晚节倦游，了无心于交物。"[2]

第二次被贬，是在贬谪诏令发出后不久，侍御史虞策再奏苏东坡罪重责轻，于是苏东坡被"降官为左承议郎"。朝奉郎为正七品，而承议郎为从七品。政治氛围既然如此，在苏东坡看来，左朝奉郎与左承议郎其实都一样。

宋朝不杀大臣，大臣负罪，以贬谪岭外为最重惩罚。英州蛮荒之乡，瘴疠之

---

[1] 《英州谢上表》，《苏轼文集》卷二十四，第714页。
[2] 《醮北岳青词》，《苏轼文集》卷六十二，第1902页。

地，气候恶劣，生存条件极差。据说苏东坡是宋朝高官中被贬到广东大庾岭以南的第一人，可见他在哲宗和章惇等人心中是多么"重要"。从定州到英州陆路有五千多里。

面对巨大的政治变故，经历过大风大浪的苏东坡，坦然面对。行至定州西南的临城时，面对山峦起伏、延绵不断的巍巍太行，他忽然想起了与自己属于同一命宫的韩愈。命宫是一个人出生时在东方升起的星座。当年韩愈被贬岭南潮州后不久，遇赦北归，途经层峦叠嶂、崇山峻岭的衡山时，欣然赋诗《谒衡岳庙遂宿岳寺题门楼》。苏东坡忽然兴起，他在《临城道中作》序中写道："吾南迁其速返乎？退之《衡山》之祥也。"诗云："逐客何人着眼看，太行千里送征鞍。未应愚谷能留柳，可独衡山解识韩。"[1] 他在心中默默地祈祷，自己不会像柳宗元、刘禹锡一样长留贬谪之地，而会像韩愈一样尽快北还。

过内丘，经邢台，一路来到汤阴时，正值中午时分，天气炎热，苏东坡一行饥肠辘辘，便在街边卖豌豆大麦粥的摊点停车。街上的百姓见苏东坡在此喝粥，纷纷上前问候，抢着付钱，劝其再来一碗。此情此景令落难中的苏东坡非常欣慰，这是他多年来济世安民、爱民如子所得的回馈，遂立即赋诗《过汤阴市得豌豆大麦粥示三儿子》，以表达自己的心境。

第三次被贬，发生在苏东坡刚过汤阴县，御史刘拯落井下石，继续拿苏东坡撰写的那篇吕惠卿的责降诏找茬，"苏轼贪鄙狂悖，无事君之义，尝议罪抵死，先帝赦之，敢以怨忿形于诏诰，丑诋厚诬。"[2] 于是，朝廷再次加重处罚："合叙复日，不得与叙，仍知英州。"[3] 按照宋朝官制，官员每到一定年限，如无重大过

---

[1] 《临城道中作》，《苏轼诗集》卷三十七，第2024—2025页。
[2] 《宋史·刘拯传》卷三百五十六，第11199页。
[3] 《苏轼词编年校注》，第738页。

错，即可调级升官，此为"叙官"。而这道诏书一下，等于取消了苏东坡的"叙官"资格。

从定州到岭南，不仅路程遥远，还要横越我国南部雄伟的山脉。苏东坡时年五十九岁，他深怕自己不堪陆路旅途劳顿，染上疾病而死于途中。闰四月十四日到达滑州（今河南省安阳市滑县）时，苏东坡上书朝廷，他在《赴英州乞舟行状》中写道："窃伏思念得罪以来，三改谪命，圣恩保全，终付一郡。岂期圣主至仁至明，尚念八年经筵之旧臣，意欲全其性命乎？"请求皇帝允许他"前去汴泗之间，乘舟泛江，倍道而行，至南康军出陆赴任"[1]。哲宗良知尚未泯灭，顾念师生之情，给他派了一条官船。路途虽然增加一倍，近八千里，但绝大多数为水路，免去了陆路颠簸之苦。

四月十八日，苏东坡从陈留（今河南省开封市陈留镇）绕道汝州，会晤刚被罢门下侍郎、出知汝州军之事的弟弟苏辙。苏东坡决定先将家眷送到宜兴农庄安顿，自己继续南下。尽管苏辙经济状况也不宽裕，但还是分俸七千交给侄子苏迈，他们可以靠宜兴的一点田产度日，以免哥哥的后顾之忧。兄弟相聚三四日后，苏辙送至陈留。此时，哲宗同意其舟行的诏书一下，苏东坡汴河登舟，与弟弟依依惜别。

途中，苏东坡在雍丘（今河南省开封市杞县）会晤县令米芾和好友马梦得。抵达扬州时，"苏门四学士"之一、时为润州知州的张耒精心挑选王告和顾成两名兵士，随苏东坡南行，一路照料护送至惠州。苏东坡在给张耒的信中，对王告和顾成评价很高。

六月初七到达金陵。初九，儿子们遵亡母遗言，恭奉阿弥陀像于金陵清凉寺

---

[1] 《赴英州乞舟行状》，《苏轼文集》卷三十七，第1043页。

做道场，祈求先灵冥福。佛事完毕，长子苏迈一家与苏东坡在金陵辞别，回到宜兴居住。

离开金陵前，苏东坡获悉崇因禅院长老宗袭新造了一尊观世音菩萨像，妙相庄严，便前去瞻拜，在观音菩萨前他许下心愿："吾北归当复过此，而为之颂。"[1]

第四次被贬，是在苏东坡到达当涂（今安徽省马鞍山市当涂县）之时。离开定州时，苏东坡心情尚好，沿途尽是高山峡谷，美丽乡野，"西望太行，草木可数；冈峦北走，崖谷秀杰"[2] 的景色，令他目不暇接。但途中，在章惇、蔡卞的幕后操纵下，侍御史虞策、御史刘拯等人反复发难，十多天间，三改谪命，接二连三地恶心打击他。当苏东坡抵达当涂县时，"苏轼落左承议郎，责授建昌军司马，惠州安置，不得签署公事"的诏令几乎同时到达，他的官阶又降了，已没有资格担任英州知州了。苏东坡心中非常清楚，此时，除了听天由命、任人摆布，还能如何？何况英州、惠州，都在大庾岭外。

人为刀俎，我为鱼肉。万里投荒，没有必要拖累子孙，苏东坡毅然决定独自前往。全家人怎能放心年近六十的老翁孤身独行、瘴疠之地投荒呢？在家人的再三劝说下，苏东坡最终决定，只带三子苏过随行。侍妾王朝云重情重义，执意同行，这令苏东坡大为感动，无法拒绝。六月二十五日，当涂惜别，次子苏迨带着其他家眷前去宜兴，与苏迈一家会合。而苏东坡则与王朝云、三子苏过和两名老婢继续前行。

舟行至彭泽时，苏东坡站立船头，眺望县城，浮想联翩，他仿佛见到了"不为五斗米折腰"的县令陶渊明，返回船舱后，挥笔抄写了《归去来兮辞》："归去

---

[1] 《观世音菩萨颂》，《苏轼文集》卷二十，第 586 页。
[2] 《临城道中作》，《苏轼诗集》卷三十七，第 2024 页。

来兮！田园将芜胡不归？既自以心为形役，奚惆怅而独悲！悟已往之不谏，知来者之可追……"1

船到九江时，苏东坡遇到了好友苏坚。他在杭州任太守时，苏坚监杭州商税，因熟悉水利工程，苏东坡整治西湖时，聘他为"督开西湖"的总理。苏坚也是路过九江，前去澧阳赴任，有说也在贬谪途中。他乡遇故知，两位老友都非常开心。分别时，苏东坡填词《归朝欢·和苏坚伯固》以赠，勉励好友像楚地的屈原和澧阳的刘禹锡一样，作出新的"竹枝词"，写出使山川增色的作品。此词笔调雄健，境界阔大，气度昂扬，既是赠友，也是自勉。

七月中旬，舟行至我国第二大湖、第一大淡水湖彭蠡（鄱阳湖）时，苏东坡遇到了自己的得意门生黄庭坚，二人都在贬谪途中。原来黄庭坚和老师一样，也是一贬再贬。先是被贬宜州，快到宜州时，又被贬至鄂州，他不得不掉头赶往鄂州。正是这样的折腾，促成了师生二人的相逢。三天后，二人一个向南，一个向北。此一别成为二人的永诀。

趋炎附势、落井下石，历来是小人所为。舟过庐山后的八月某天夜里，船泊分风岭，约三更时刻，岸边忽然人声鼎沸，火光烛天，许多官差要登船。原来本路发运史知道朝廷新的谪命后，乘人之危，小题大做，连夜派了五百人半路拦截，要收回苏东坡一行乘坐的官船。当时他们离南昌码头大约还有十二里。

人在屋檐下，不得不低头。苏东坡别无他法，只得恳求官兵同意他们在船上待到次日中午，如果上天保佑的话，他们可以在次日中午前到达南昌。如遇逆风，他们就只能露宿野外了。苏东坡赶紧向龙王祈祷，祈求保佑。祷告完毕，强风吹来，还没到早饭时间，船就到南昌码头了。

---

1 （东晋）陶渊明撰，袁行霈笺注：《陶渊明集笺注》卷第五，北京：中华书局2023年版，第460页。

第五次被贬，发生在苏东坡舟过赣石之险途中。到达南昌后，苏东坡只得自己雇船，继续前行。前方等着他的是三百里长的赣石之险，不但水流湍急，而且水下怪石林立，共有十八个险滩，其中黄公滩为最险。船行险滩之中，苏东坡接到朝廷"苏轼落建昌军司马，贬宁远军节度副史，惠州安置"的谪令，而这道谪令竟出自他的进士同年、杭州知州的后任、曾经的好友林希之笔。

元祐初，苏东坡被提拔为起居舍人时，曾推荐林希自代。而林希任杭州知州时，也曾将西湖大堤命名为"苏公堤"。而哲宗主政后，林希很快见风使舵。船过黄公滩时，苏东坡作《八月七日初入赣，过惶恐滩》，他在诗中故意将黄公滩写作"惶恐滩"，由此不难看出苏东坡接到第五道贬谪令时的心境。

据丁传靖《宋人轶事汇编》中的记载：林希原本和苏东坡兄弟俩交情很深。他曾给苏辙写过一联："父子以文章冠世，迈渊、云、司马之才；兄弟以方正决科，冠晁、董、公孙之对。"[1] 他以王褒（子渊）、扬雄（子云）、司马相如三位四川的著名文学家，来比喻"三苏"的文学成就；再以晁错、董仲舒、公孙弘三位西汉时期大名鼎鼎的政治人物来比拟苏东坡兄弟二人，可见，早年他对"三苏"是推崇备至的。

正是这个林希，起草苏辙的谪词，开篇便写道："太中大夫、知汝州苏辙，父子兄弟，挟机权变诈之学，惊愚惑众……"[2] 苏辙捧读自己的贬谪诏书时，声泪俱下道："某兄弟固无足言，先人何罪耶？"还是在这篇贬斥的诏令中，写到宣仁太后重用苏辙时则说："垂帘之初，老奸擅国，置在言路，使诋先朝，以君父为仇。"[3] 林希乃皇帝御用文人，竟然陷哲宗于不仁不义、忤逆不道之境，大骂祖

---

[1] 《宋人轶事汇编》卷十三，第705页。
[2] 《苏辙降官知袁州制》，《苏辙年谱》，第113页。
[3] 同上。

母为"老奸擅国",为后世所不齿和愤叹。不仅苏东坡兄弟俩的数份贬谪诏书出自其手,司马光、吕大防、刘挚等数十人之制,也皆林希为之,用词极其丑诋。据《宋史·林希传》所载:某日,希草制罢,掷笔于地,说道:"坏了名节矣!"[1] 看来如此利令智昏、出尔反尔,林希自己想想也良心不安。

林希先变节投靠章惇,后又背叛章,遭到邢恕的攻击,出知扬州,徙舒州(今安徽省安庆市)。不过,邢恕也非善类。

林希不仅政治变节,且生性狂妄,他的老师欧阳修号"醉翁",他竟然敢自号"醒老",目空一切,可见一斑。再来看看林希是如何对待罢相的章惇的。章惇一失势,他便利用草拟诏令的机会,狠狠地把章惇损了一番,其中有一联写道:"勃勃无大臣之节,怏怏非少主之臣。"章惇托人带话给他:"此一联无乃太甚!"你林希也太过分了吧!而林希的回答颇有意思:"长官发怒,杂职棒毒,无足怪也!"意思是你休要怪我,这和我有啥关系,要怪你就怪圣上吧!

建中靖国元年(1101 年),苏东坡北归途经安徽舒州时,获悉林希已死于舒州任上,他在给苏辙的信中说:"林子中病伤寒十余日,便卒,所获几何?遗臭无穷,哀哉!哀哉!"[2]

舟过"惶恐滩",继续南行,经造口,到达虔州(今江西省赣州市)。在虔州,苏东坡拜访当地著名隐士阳孝本,两人非常投缘,同访当地名胜,在廉泉边彻夜长谈。他在《廉泉》诗中写道:"水性故自清,不清或挠之。君看此廉泉,五色烂摩尼。廉者为我廉,何以此名为。有廉则有贪,有慧则有痴。"[3]

苏东坡的廉政思想是一以贯之的,这种思想,在其创作的文学作品中多有体

---

[1] 《宋史·林希传》卷三百四十三,第 1093 页。
[2] 《与子由弟十首》(八),《苏轼文集》卷六十,第 1837—1838 页。
[3] 《廉泉》,《苏轼诗集》卷三十八,第 2054 页。

现，如"人生本无事，苦为世味诱。富贵耀吾前，贫贱独难守"(《夜泊牛口》)[1]；"且夫天地之间，物各有主，苟非吾之所有，虽一毫而莫取"(《赤壁赋》)[2]；"一点浩然气，千里快哉风"(《水调歌头·快哉亭作》)[3]；"浩然天地间，惟我独也正"(《过大庾岭》)[4]；"物必先腐也，而后虫生之"(《论项羽范增》)[5]；"纪纲一废，何事不生"(《上神宗皇帝书》)[6]。苏东坡在《六事廉为本赋》中更是对廉洁从政作了全面的论述，开宗明义便是："事有六者，本归一焉。各以廉而为首，盖尚德以求全。"[7] 接着，苏东坡在文中更是精辟地指出"功废于贪、行成于廉"这一为官从政亘古不变的铁律：为官从政要以廉为先，功业废于贪婪，德行则养成于清廉。针对政治、经济变革和廉政建设，他在《策别课百官一》文中，提出了"课百官、安万民、厚货财、训兵旅"[8] 等经国济世的建议，而"课百官"则定要加强监督，治吏反腐。他在《赤壁赋》中还写道："惟江上之清风，与山间之明月。耳得之而为声，目遇之而成色。取之无禁，用之不竭。"[9] 生不带来，死不带去，明白这个道理，就能严于律己，率先垂范，以清廉养浩然正气。苏东坡在临终前不久所作《梦中作寄朱行中》一诗中"至今不贪宝，凛然照尘寰"[10] 的诗句，既是对好友朱行中的赞誉，也是对自己廉洁自律的

1　《夜泊牛口》，《苏轼诗集》卷一，第 10 页。
2　《赤壁赋》，《苏轼文集》卷一，第 6 页。
3　《水调歌头·快哉亭作》，《苏轼词编年校注》，第 483 页。
4　《过大庾岭》，《苏轼诗集》卷三十八，第 2057 页。
5　《论项羽范增》，《苏轼文集》卷五，第 163 页。
6　《上神宗皇帝书》，《苏轼文集》卷二十五，第 740 页。
7　《六事廉为本赋》，《苏轼文集》卷一，第 28 页。
8　《策别课百官一》，《苏轼文集》卷八，第 240 页。
9　《赤壁赋》，《苏轼文集》卷一，第 6 页。
10　《梦中作寄朱行中》，《苏轼诗集》卷四十五，第 2458 页。

真实写照。苏东坡一生为官清廉，急公好义，他以毕生的言行践行了自己洁身自好、清正廉洁的思想和追求。

离开虔州后，苏东坡一行五人继续沿上犹江陆路前行。

绍圣元年（1094年）九月，苏东坡来到大庾岭下的大庾县（今江西省赣州市大余县）。大庾岭，又称梅岭，岭起江西大余县南，至广东南雄北，地处赣粤交界之处，为南岭中的五岭之一，也是岭南第一关，为粤赣交通要道。在那个年代，五岭分隔了中原与南国，人们对岭南地区还很陌生，普遍将其视为蛮荒瘴疠之地。

大庾岭是古代从中原去广州的必经之地，这道关隘既是气候类型的分水岭，又是一条险峻的旅道。行人到此，都会喟然而叹，苏东坡当然也不例外。登上大庾岭时，他写下了这样的诗句："一念失垢污，身心洞清净。浩然天地间，惟我独也正。今日岭上行，身世永相忘。仙人抚我顶，结发授长生。"[1] 表达了他斩断前缘，与红尘世界诀别，追求新生的决心。

越过大庾岭，经始兴、韶州（今广东省韶关市），过英州和清远，绍圣元年（1094年）十月二日，历经半年之久的跋山涉水，苏东坡终于到达了他的贬谪地惠州。

---

[1] 《过大庾岭》，《苏轼诗集》卷三十八，第2057页。

第十章

千古风流人物

第十章 千古风流人物

"问汝平生功业，黄州、惠州、儋州。"[1] 被贬蛮荒之邦、瘴疠之地的惠州和孤悬海外、人迹罕至的儋州，对于命运多舛、人到晚年的苏东坡来说，无疑是不幸的。但对于惠州和儋州而言，则是千古荣幸，承天之佑。虽为戴罪之身，但他守其初心、不忘济世，夙夜在公、殚精竭虑，在惠州和儋州两地，谱写了一曲大爱无疆、忠君爱民的壮歌。晚清惠州诗人江逢辰有感而发："一自坡公谪南海，天下不敢小惠州。"苏东坡先后写下"日啖荔枝三百颗，不辞长作岭南人"和"九死南荒吾不恨，兹游奇绝冠平生"[2] 的诗句，表达了他对两地的爱之深、情之切。五年多艰辛而有为的谪居生活，为苏东坡跌宕起伏的一生，画上了一个并不完美的句号，但他在谪居生活中的坚韧豁达、济世安民，何其悲壮，何其伟大！

第一节 | 不辞长作岭南人

广东地处亚热带。十月初，山水相拥的小城惠州气候宜人，温润舒适。虽然远隔万水千山，但苏东坡的名字对当地百姓而言，并不陌生。小船靠岸时，码头上挤满了迎接的官吏和扶老携幼的百姓。苏东坡一出现在船头，人们就争相呼喊他的名号，这让苏东坡很是感动，欣然写下《十月二日初到惠州》："仿佛曾游岂梦中，欣然鸡犬识新丰。吏民惊怪坐何事，父老相携迎此翁。苏武岂知还漠北，管宁自欲老辽东。岭南万户皆春色，会有幽人客寓公。"[3]

---

1 《自题金山画像》，《苏轼诗集》卷四十八，第 2641 页。
2 《六月二十日夜渡海》，《苏轼诗集》卷四十三，第 2367 页。
3 《十月二日初到惠州》，《苏轼诗集》卷三十八，第 2071 页。

眼前惠州的景象，与苏东坡来到此地前的想象大相径庭，到处是绿意葱葱的草木和荔枝、橘子、香蕉等亚热带水果。惠州给他的第一印象是温馨友善、生机盎然，这也让苏东坡少了很多异乡人的孤独凄凉之感。当地人见到他都很好奇，不知这位文坛盟主因为何故被流放此地。

说来也巧，时任惠州知州的詹范，与苏东坡年龄相仿，他不仅为人正直，政声很好，还是黄州太守徐君猷的朋友。苏东坡来到后，詹范关怀备至。苏东坡被安排住在东江和枝江交汇处的官舍合江楼。这里风景秀美，云水浩渺，登楼远眺，仿佛城在山水中，人在仙境里，苏东坡有感而发，写有《寓居合江楼》。

合江楼毕竟是三司行馆，非谪官久居之地，为防止授人以柄，不给知州詹范添麻烦，十五日后苏东坡便主动搬至对岸的嘉祐寺。该寺地处城郊，位于水东，条件简陋，破旧狭小，墙破屋漏，生活诸多不便。

苏东坡是个天生的乐天派，他在《和陶移居二首》（其一）中写道："昔我初来时，水东有幽宅。晨与鸦鹊朝，暮与牛羊夕。"[1] 由此看来，他对嘉祐寺周围的环境还是比较满意的。但儿子苏过的诗《送昙秀》对该寺的描写，则和他的描写形成鲜明的反差："来时野寺无鱼鼓，去后闲门有雀罗。"[2] "鱼鼓"，鱼形木鼓，寺院中击之以报时。

尽管嘉祐寺的条件很差，但经苏东坡拾掇之后，不仅居住条件有所改善，他还辟出了修炼养生之地，起名为"思无邪斋"，并给斋室作铭。苏东坡在《思无邪斋铭（并叙）》中，再次表达了其在《过大庾岭》诗中"浩然天地间，惟我独也正"的决心。

虽是贬官，但苏东坡在惠州的生活并不寂寞。知州詹范给予苏东坡的礼遇和

---

[1] 《和陶移居二首》（其一），《苏轼诗集》卷四十，第2192页。
[2] 《书过〈送昙秀〉诗后》，《苏轼文集》卷六十八，第2162页。

照顾，并不亚于当年的黄州知州徐君猷。每年重阳，他都邀请苏东坡共度佳节。绍圣二年（1095年）上元夜，詹范带上酒菜和厨子到嘉祐寺与苏东坡一同过节。平时詹范除了经常邀请苏东坡小酌外，还隔三岔五派家里的厨子带着酒菜来到嘉祐寺。苏东坡有时也会到詹范府上喝上几杯。

程乡县令侯晋叔对苏东坡非常友善，关怀备至。苏东坡也认为侯颇有文采气节，实为佳士。邻近惠州的一些文人雅士都慕名前来拜访结交这位文豪。惠州附近五县的官吏也是经常给他送来酒食。用苏东坡自己的话说，惠州很美，当地百姓对他也很善待，不久就"鸡犬识东坡"了。苏东坡更是以《惠州一绝》表达了自己旷达释然的心态："罗浮山下四时春，卢橘杨梅次第新。日啖荔枝三百颗，不辞长作岭南人。"[1]

正当苏东坡调整好心态，初步适应惠州的谪居生活后不久，绍圣二年（1095年）年初的一天，他忽然听到了一个令他焦虑不安的消息。

当年，因苏东坡姐姐八娘冤死的原因，苏洵发誓与程家断绝关系。不过，父亲去世后，苏氏兄弟二人还是和外婆家的其他表兄弟，保持着良好的关系。

章惇早就知道苏程两家为此事闹过别扭。现在苏东坡被流放到惠州，章惇觉得四两拨千斤、"借程整苏"的机会到了。他派程之才（正辅）南下任广南东路提刑。提刑，也就是人们常说的巡按大臣，代表朝廷巡察地方，有发奸擿伏、整肃官吏的大权，而惠州恰好在其管辖范围内。苏东坡是绍圣元年（1094年）十月到达惠州的，而程之才是次年正月任职广州的。四十二年过去了，程之才究竟如何看待过去发生的事情，当下又如何处理两家之间的关系，苏东坡心里着实没底。

苏东坡从一个朋友处得知，按照行程，程之才三月份要来惠州。该如何应对

---

[1]《惠州一绝》，《苏轼诗集》卷四十，第2194页。原诗题为"食荔支二首"。

呢？是福不是祸，是祸躲不过。他先是拜托与他同游大云寺的友人程乡县令侯晋叔代为致意，看看程之才的反应。确信程没有恶意后，苏东坡礼节性地给他写了一封短信。紧接着，苏辙来信说，在湖口县见到程之才的儿子和媳妇，知道这位表兄对苏家非但没有恶意，且颇为关心。

苏东坡忐忑不安的心，总算落地，接着又给程之才去了第二封信，约他见面畅叙：昔人以三十年为一世，今吾老兄弟不相从四十二年矣，念此，令人凄断。不知兄果能为弟一来否？程很快回信，表示对两家过往的恩怨，一直耿耿于怀，苦于没有机会沟通。苏东坡回信："承谕，感念至泣下。老弟亦免如此蕴结之怀，非一见，终不能解也。"1

显然，程之才也很想利用这次机会修补一下两家的关系，重新恢复起与这门贵亲的感情。三月初，程之才抵达惠州时，苏东坡派苏过前去迎接。次日，程之才就来嘉祐寺看望苏东坡，且馈赠颇丰。

程正辅在惠州住了十天，浓浓的乡情，久违的亲情，让这对表兄弟相谈甚欢，他们还交换了不少诗文。可能是仰慕苏东坡这位文坛盟主的名气，也许是为了更好地融洽两家的关系，他恳请苏东坡为他的曾祖父，也就是苏东坡的外曾祖父撰写墓志铭，苏东坡欣然答应。

当然，苏东坡对程之才也有请求，那就是希望凭借他的影响，协调官府关系，这样可以为当地百姓多做善事。苏东坡在《次韵正辅同游白水山》诗中写道："世间谁似老兄弟，笃爱不复相疵瑕。"2 这一次章惇算是偷鸡不成蚀把米，不仅借刀杀人的诡计落空，反而促成了苏程两家隔阂的消除。后来，苏东坡在惠州期间，利用程之才的影响，办成了不少利国利民、改善民生的好事。

1　《与程正辅七十一首》（五十四），《苏轼文集》卷五十四，第1614页。
2　《次韵正辅同游白水山》，《苏轼诗集》卷三十九，第2150页。

从自幼奋厉有当世志，到确立致君尧舜、以民为本的政治抱负，再到出仕后三十多年的为官经历，无论是在朝廷，还是在地方，也无论是在人生的高光时期，还是在"乌台诗案"后被贬黄州的低潮时期，苏东坡都忠君报国，济世安民，即便被贬黄州、惠州和儋州，无职无权，他也不忘初心，始终恪守对国家、社会和百姓的忠诚和责任，不遗余力地奔走呼号，多方协调，为当地百姓做了很多实事。苏东坡用自己的言行表明，穷不仅能独善其身，亦能兼济天下。显然，灵魂的高贵与身份和处境无关。

苏东坡的博爱无所不在，对社会公益总是非常热心。刚到惠州时，为了帮助当地百姓治疗瘴毒，他四处寻医，托人买药，熬成汤药，供民众免费服用。

程之才十天的惠州巡按结束了。苏东坡由于是戴罪之身，不便参与合江码头的官方送行。于是，他便雇了一叶小舟，沿东江顺流而下，在博罗县的码头追上了程之才。博罗县令林抃热情接待，盛邀他们一起游览了当地名胜香积寺。香积寺位于大北山、象头山和白水山交界的一处山谷里，距县城东北约七里远。寺前水流湍急，寺后山林葱翠，此寺风景秀丽，常年香火旺盛。

关注民生、精通水利的苏东坡，见寺前小溪水势很大，便建议县令林抃在此筑建一座长百步左右的堤坝，设置水闸，利用水的冲击力做碓磨，不仅可以帮助寺僧和百姓舂米、磨面，而且可以将檀香、樟木等研磨成粉，远销广州等地，这样可以大大减轻人们的劳动强度。林抃认为有理，采纳了这一建议。

为了减轻农民插秧的辛苦，提高插秧速度，苏东坡来到田间指导推广简便易行的插秧工具——"秧马"。这是黄州、武昌农民插秧时使用的一种工具，效果很好。"秧马"是用木头做的，用榆枣木做马腹，便于滑润，而用楸桐木做马背，因其质轻，"秧马"就好比水面漂浮的一条小船，马头用来放置秧苗，农民可以坐在上面插秧，用腿脚代替船桨，随走随插，不仅劳动强度大大降低，劳动效率也大幅提高。为了更好地宣传推广，苏东坡作《秧马歌》，详细介绍它的形状、制作、操作和功效。还是这位博罗县令林抃率先推广并加以改良，使得繁重的插秧劳作轻松了许多。

绍圣二年（1095 年）夏，惠州遭遇罕见的强台风袭击，风驰雨骤，大雨滂沱，东江和西枝江水位暴涨，惠州城内一片汪洋，被洪水淹死的人不计其数，大部分人都无家可归。苏东坡一方面向前来视察的程之才介绍灾情，呼吁加大救灾资金的投放；另一方面他与太守詹范商量，提议把曝尸野外、无人认领掩埋的尸骨，集中起来，造为丛冢，给逝者以尊严。这个建议在程之才的积极推动下，进展顺利。苏东坡不仅积极倡议，他还带头捐款，并撰写了《惠州祭枯骨文》。

绍圣二年（1095 年），惠州粮食丰收。由于官府征收捐税，只收钱不收粮，农民不得不贱卖自己的谷物，导致粮价大跌。而官府的捐税标准，依旧按照粮价高时的征收标准来计算，其结果是农民欠一斗粮税，却要卖掉两斗谷物才够缴纳。苏东坡两次给程之才写信呼吁，希望他协调税收等有关官吏，形成"纳钱与米，并从其便"[1] 的一致意见。

东江之水将惠州的归善与惠阳两地分隔为水东与水西，两岸百姓一向依赖简陋的竹排浮桥通行，江流原本峻急，竹排极易冲坏。此外，惠州西丰湖上的长桥也是常修常坏。此次强台风袭击，损坏更为严重。太守詹范对苏东坡建造两桥的建议高度重视，桥一旦建成，不仅可以抵御自然灾害，方便百姓出行，而且还可以将惠州的城池、山水连接起来。为了建造两桥，苏东坡亦给程之才去信，请求从中斡旋。

一座桥为东新桥，苏东坡认为采用罗浮道士邓守安的建议，将简陋的竹排浮

---

[1] 《与程正辅七十一首》（四十七），《苏轼文集》卷五十四，第 1608 页。

桥改为船桥，便可一劳永逸。具体方法是，用四十只小船连为二十舫，每两只为一舫，铁锁石碇，水涨船高，无论江水如何涨落，行人皆可通行。苏东坡先是会同程之才、漕使傅才元和太守詹范筹措资金，而当工程进展到一半，资金短缺无法正常施工时，他连自己朝服用的犀带都捐了出来。

另一座为西新桥，即在丰湖上建桥。先在湖的两岸各筑一段堤坝，中间以坚硬的石盐木造飞楼九间，连接桥面。建筑此桥时，苏东坡自己已囊中羞涩，无力捐助，可为了造福惠州百姓，他向同样被贬的苏辙的妻子史夫人劝捐，史夫人也是囊空如洗，不得已将以前内宫赏赐的若干黄金都捐了出来。桥建成后，两岸的堤坝被称为苏堤，丰湖也改名为西湖。苏东坡在诗作《赠昙秀》中，第一次将丰湖称为西湖。明代万历年间，曾任内阁中书、吏部郎中的博罗人张萱在《西湖歌》中写道："惠州西湖岭之东，标名亦自东坡公。"[1]

经过半年多的奋斗，绍圣三年（1096年）六月，两桥落成。苏东坡在《两桥诗》并引中记述了相关情况："惠州之东，江溪合流，有桥，多废坏，以小舟渡。罗浮道士邓守安，始作浮桥，以四十舟为二十舫，铁锁石碇，随水涨落，榜曰东新桥。州西丰湖上，有长桥，屡作屡坏。栖禅院僧希固筑进两岸，为飞楼九间，尽用石盐木，坚若铁石，榜曰西新桥。"[2] 两桥落成，百姓欢呼雀跃，苏东坡更是兴高采烈，在《两桥诗 东新桥》中写道："一桥何足云，欢传广东西。父老有不识，喜笑争攀跻。"[3] 他在《两桥诗 西新桥》中又说："父老喜云集，箪壶无空携。三日饮不散，杀尽西村鸡。"[4]

---

[1] （明）郭棐编撰，（清）陈兰芝增辑，王元林点校：《岭海名胜记增辑点校》，西安：三秦出版社2016年版，第975页。

[2] 《两桥诗并引》，《苏轼诗集》卷四十，第2199页。

[3] 《两桥诗 东新桥》，《苏轼诗集》卷四十，第2199页。

[4] 《两桥诗 西新桥》，《苏轼诗集》卷四十，第2201页。

然而，尽管苏东坡为惠州百姓做了这么多好事实事，但他从不贪功，也怕给朋友们带来不必要的麻烦。他对地方官吏总是千叮咛万嘱咐，谈及这些惠民工程，千万不要说是他的主意，因为他深知朝廷的当权派非常讨厌他。

被贬惠州的苏东坡，一无权，二没钱，要做成这些事，可不那么简单。据史料记载，苏东坡在惠州期间，给地方官吏的私信有二百三十二封之多，其中最多的是写给程之才的，多达七十五封。写给博罗县令林抃的也有二十四封。后人在研读这些信件时，发现了一个现象，苏东坡这些私信的相当一部分谈的是与百姓息息相关的民生和公益事业。

尽管远离京师，又是戴罪之身，苏东坡仍心系江山社稷，关注当地的民生和公益事业。绍圣二年（1095年）三月初四，苏东坡前往游览白水山佛迹岩后，来到荔枝浦上，见荔枝树上硕果累累，他有感而发，写下脍炙人口的讽谕诗篇《荔枝叹》。他以纪实手法，追思汉唐贡荔之害，对民众遭受之苦深表同情，对奸佞争相买宠予以痛斥，对统治者的荒淫无耻加以批判。《荔枝叹》既是对历史的批判，更是对现实的讽刺。

荔园主人是位年已八十五岁的老叟，老人告诉东坡，当下荔枝尚未成熟，"及是可食，公能携酒来游乎？"[1] 苏东坡愉快地答应了。这也就是后来人们所演绎的"我有荔枝，你有酒吗"的出处。

苏东坡回到家中，躺在榻上休憩，忽然听到苏过在诵读陶渊明的《归园田居六首》，特别是听到"误落尘网中，一去三十年"和"久在樊笼里，复得返自然"等句时，顿生感慨。他即刻起身，作《和陶归园田居六首》，并暗下决心，"要当尽和其诗乃已耳"[2]。

---

[1] 《和陶归园田居六首并引》，《苏轼诗集》卷三十九，第2104页。
[2] 同上。

苏东坡在惠州两年的时间里，作和陶诗近百首。据北宋惠洪《冷斋夜话》所记：远在黔南的黄庭坚，听此消息后，作偈颂说："子瞻谪海南，时宰欲杀之。饱吃惠州饭，细和渊明诗。渊明千载人，子瞻百世士。出处固不同，风味亦相似。"[1]

绍圣二年（1095年）九月，皇家举行祭祖大典。按惯例，朝廷都会实行大赦，而苏东坡和所有元祐大臣均没被列入此次的大赦之列。这个消息对苏东坡而言，既是坏事，其实也是好事。他在惠州居无定所，先后两居官舍合江楼，又两度迁往嘉祐寺。当下的情况已经明朗，既然济世安民的抱负暂时无法实现，就必须做在惠州长期生活下去的打算。苏东坡在给程之才的信中说："北徙已绝望，作久计矣。"[2] 他在《与南华辩老十三首》之五中也表达了"行馆僧舍，皆非久居之地"[3] 的意思。

后来，苏东坡选择在离嘉祐寺不远的归善县城东买地盖房，他买下了白鹤峰上几亩大的一块空地。此处面临东江，景色秀美，苏东坡甚是满意，称此地是："鹅城万室，错居二水之间；鹤观一峰，独立千岩之上。海山浮动而出没，仙圣飞腾而往来。"[4]

次年三月，苏东坡开始筹备盖房，房子占地约半亩，设计构思非常精致，共有房屋二十间，前面为小屋三间，作为门房，第二进为堂三间，起名为"德有邻堂"，源于《论语》中的"德不孤，必有邻"。宅地左侧是居室、庖房、厕所等，右侧是书房，题名为"思无邪斋"。房子上梁时，苏东坡作《白鹤新居上梁文》。

---

[1] （宋）惠洪撰，陈新点校：《冷斋夜话》卷之七，北京：中华书局1988年版，第54页。
[2] 《与程正辅七十一首》（二十），《苏轼文集》卷五十四，第1596页。
[3] 《与南华辩老十三首》（五），《苏轼文集》卷六十一，第1873页。
[4] 《白鹤新居上梁文》，《苏轼文集》卷六十四，第1989页。

房子落成后，苏东坡在庭院里栽了十几棵不同品种的大果树，还在屋后空地上种植了人参、枸杞、地黄、甘菊等中草药。

苏东坡的两位邻居是孝子翟秀才和酿酒的老妇林太太。他与这两家既是新邻，更是好友。苏东坡在院子里打了一口四丈多深的水井，供三家合用，他也常常去林太太家赊账喝酒。苏东坡被贬儋州后，还经常托人给林太太带礼品。苏东坡在诗文中把这栋房子称为白鹤峰或白鹤山新居。他去世后，人称"朝云堂"，现为"东坡祠"。

苏东坡为什么要在院中种植中草药呢？尝试酿酒和研究药方是他一生中乐此不疲的两大癖好。尝试酿酒是为了满足他的酒趣，而研究药方则是为了济世救人。苏东坡对药方的兴趣，最早可以追溯到仁宗时代朝廷编行的《惠民济众方》。

苏东坡在杭州、密州、惠州和儋州等地，不是遇到瘟疫流行，就是缺医少药。他研究孙思邈的《千金要方》、葛洪的《金匮药方》《肘后备急方》等，又与造诣很深的聋医庞安常等成为好友，并广泛收集民间的偏方和验方，进行尝试与整理。此外，他还收集很多练气养生的方法和经验。宋人将苏东坡的药方、偏方、验方和练气养生等方法汇编成"苏学士方"，后又将它与沈括收集的药方《良方》编在一起，合称《苏沈良方》。又因苏沈二人同为翰林学士，又称《苏沈内翰良方》。《苏沈良方》涉及中医基础理论及内科、外科等方方面面，对我国中医发展作出了积极贡献。

天有不测风云，人有旦夕祸福。正当苏家大兴土木之际，厄运再次降临。不知何故，侍妾王朝云染上了瘟疫，一说因误食蛇羹而患病。苏东坡焦心如焚，寻找药方，可人各有命，最终还是无力回天。绍圣三年（1096年）七月五日，敏而好义、忠敬若一的王朝云去世，年仅三十四岁，共陪伴苏东坡二十三年。

其实，王朝云的死是有先兆的。来到惠州的第二年深秋的一天，户外秋风萧瑟，景色凄凉，室内苏东坡和王朝云闲坐一起，可能是受到"元祐臣僚独不赦，终身不徙"诏令和天气的影响，气氛低沉。苏东坡一边备酒，一边提议王朝云唱一下《蝶恋花·春景》。苏东坡这首词的创作时间，虽然有所争议，但一致认为它是词史上最著名、最出色的《蝶恋花》之一。王朝云起身亮了一亮喉咙，却一个字也唱不出来，泪落如珠。苏东坡连忙安抚，问她为何，王朝云低声细语道："奴所不能歌者，是'枝上柳绵吹又少，天涯何处无芳草'那两句。"苏东坡佯装大笑，说："我正悲秋，怎么你却伤起春来了呢？"事后追忆，苏东坡认为这就是不祥之兆。

按照王朝云遗愿，苏东坡将她安葬在城西丰湖边的小山邱上，附近有一座佛塔和几座寺院。苏东坡兴建六如亭以示纪念，亭柱的对联为：不合时宜，惟有朝云能识我；独弹古调，每逢暮雨倍思卿。

苏东坡一生两任妻子、一名侍妾，与王弗是结发夫妻，与王闰之是患难夫妻，而王朝云则是红颜知己——她最懂苏东坡，陪他颠沛流离，吃的苦也最多。在她生前，苏东坡有不少诗文赞美她。去世后，苏东坡写有《悼朝云》《朝云墓志铭》《丙子重九二首》《西江月·梅花》等，表达自己的悼念和追思。王朝云去世后，苏东坡一直鳏居，没有再娶或纳妾，相传这是王朝云的遗愿。

绍圣三年（1096年）六月，长子苏迈被任命为韶州的仁化县令，即将举家南来。苏东坡在给湖州时的好友陈师锡复书中有云："长子已授仁化令，今挈家来矣。"[1]

绍圣四年（1097年）二月初，苏东坡搬入新居。苏迈也把苏过和他自己的家眷，一行七人南迁到了惠州。然而，由于仁化属于韶州，而韶州又与惠州相邻，根

---

[1]《与陈伯修五首》（四），《苏轼文集》卷五十三，第1558页。

据朝廷新制，责官的亲属不得在责地的邻县为官，苏迈尚未到任，就已经被罢官了。一大家子原本还指望苏迈那点微薄的俸禄养家，此时也化为了泡影。苏东坡对次子苏迨寄予厚望，希望他认真准备，迎接科举考试，因此苏迨一家仍然留在宜兴。

屋漏偏逢连夜雨，船迟又遇打头风。搬进白鹤峰新居大约两个月的光景，苏东坡满以为一大家子可以在惠州新宅安居之际，波澜再起，他突然接到了贬谪海南岛的诏令。都已贬过了大庾岭，在惠州也消停了三年多，咋还有人不依不饶，对他再下如此狠手呢？比较流行的说法，都是诗歌惹的祸。

南宋学者曾季狸在《艇斋诗话》中说："东坡《海外上梁文口号》云：'为报先生春睡美，道人轻打五更钟。'章子厚见之，遂再贬儋耳，以为安稳，故再迁也。"[1] 这句诗出自苏东坡的《纵笔》："白头萧散满霜风，小阁藤床寄病容。为报先生春睡美，道人轻打五更钟。"[2] 在欲加之罪何患无辞的人看来，你苏东坡已经被一贬再贬，从定州到英州途中五降职阶，仍不思悔改，贬至岭南，你还悠然自得，这分明是对朝廷的挑衅和嘲弄。看来大陆是不能待了，让你到海岛去"春睡美"吧！

因曾季狸为曾巩之弟曾宪之的曾孙，后人认为他的话可信度应该较高。受曾季狸的影响，后来很多学者便认为，苏东坡惠州再次被贬，与"春睡美"有关。清代学者汪师韩、纪昀也是这么认为的。

但也有不少学者对此说提出质疑，认为曾季狸所载并没有事实依据。据《宋史·哲宗本纪》卷十八载：绍圣四年，"二月己未，以三省言，追贬吕公著为建武军节度副使，司马光为清远军节度副使，王岩叟为雷州别驾，夺赵瞻、傅尧俞

---

[1] （宋）曾季狸撰：《艇斋诗话》，丁福保辑：《历代诗话续编》，北京：中华书局2006年版，第310页。

[2] 《纵笔》，《苏轼诗集》卷四十，第2203页。

赠谥，追韩维致仕及孙固、范百禄、胡宗愈遗表恩……癸未，以三省言，追贬吕大防为舒州团练副使，刘挚为鼎州团练副使，苏辙为化州别驾……黜韩维以下三十人轻重有差。"闰月甲辰，"苏轼责授琼州别驾，移昌化军安置。范祖禹移宾州安置，刘安世移高州安置"。[1]

由此可以看出，一是元祐大臣再遭贬谪是从二月份开始的，而苏东坡从嘉祐寺迁入白鹤峰新居的时间是二月十四日，有学者推断这首诗当作于二月上半月，可同年闰月，二月下旬，朝廷下旨苏东坡"责授琼州别驾，移昌化军安置"，可见从写诗到朝廷下旨，其间不到两个月。当时岭南与中原的交通极为不便，如此短的时间内章惇能否看到苏东坡的这首诗，很值得怀疑；二是即便章惇见到苏东坡的《纵笔》诗后非常不爽，欲置其于死地而后快，也应该是仅仅贬苏东坡一人，为何拉上数十人陪绑呢？何况其中大多数人被贬时间都早于苏东坡。

反倒是《宋史·吕大防传》有段记载可信度更高：绍圣三年年底，兄长吕大忠从渭州入朝，"哲宗询大防安否，且曰：'执政欲迁诸岭南，朕独令处安陆（湖北），为朕寄声问之。大防朴直为人所卖，三二年可复相见也。'大忠泄其语于章惇，惇惧，绳之愈力。绍圣四年，遂贬舒州团练副使，安置循州。"[2] 有人推测，也许是哲宗此言引起了章惇等新党的不安和恐慌，这才有了三省再贬之议，目的是不给"元祐党人"任何的翻身希望和喘息机会。

时为左司谏的张商英在奏文中竟肆无忌惮地说："愿陛下无忘元祐时，章惇无忘汝州时，安焘无忘许昌时，李清臣、曾布无忘河阳时。"[3] 章惇等新党骨干利

---

1 《宋史·哲宗本纪》卷十八，第346页。
2 《宋史·吕大防传》卷三百四十，第10844页。
3 《宋史·张商英传》卷三百五十一，第11096页。

用哲宗的逆反心理、意气用事和没有识别忠奸邪正的能力，挑拨煽动年轻皇帝的仇恨心理，置江山社稷于不顾，将皇权和朝堂变为他们复仇的工具。这也无怪时隔三十年，北宋落得灭亡的命运。

在所有元祐大臣中，章惇最忌惮苏东坡的名望及与皇帝的亲密关系、范祖禹的学问气节和刘安世的刚毅直言。他怎么会轻易放过这三个人呢？同年闰二月，章惇认为三人虽已贬谪岭南，但责轻罪重，于是便有再贬之命：范祖禹徙宾州，刘安世徙高州；苏轼责授琼州别驾，移昌化军安置。苏东坡因此也成为北宋高官中，被贬出海第一人。

友人变仇人，整治更折腾。章惇等人在苏家兄弟二人贬谪地的选择上，不仅大费周章，而且也显示出他们的"博学"和歹毒。据南宋陆游《老学庵笔记》和罗大经《鹤林玉露》记载：苏轼，字子瞻，谪儋州，"瞻"与"儋"谐形，把"目"字旁换上"人"字旁，让你目中无人；苏辙，字子由，谪雷州，"雷"字下有个田字，"由"和"田"也谐形，"田"字不出头，让你永无出头之日。

传说有算命先生说：子瞻谪儋州，"儋"有"人"字旁，有人相助，故苏东坡命不该绝儋州；子由谪雷州，雷州的"雷"，田上有雨，甘霖润泽万物生，"田"字当然能出头，"田"一出头，不就是"由"字吗？故子由还有出头之日。

四月十七日，贬谪诰命到达惠州。四月十九日，苏东坡离开惠州。在广州江边，苏东坡与长子苏迈及三个孙子告别，子孙泣不成声。苏东坡决定只带三子苏过前往儋州。这次离别非同寻常，苏东坡把它看成是生离死别。前一天，他已将后事对苏迈做了交代。

苏东坡在给好友广州知州王古的信中写道："某垂老投荒，无复生还之望。昨与长子迈诀，已处置后事矣。今到海南，首当作棺，次便作墓，乃留手疏与诸子，死则葬于海外……生不挈棺，死不扶柩，此亦东坡之家风也。"[1] 悲凉之中亦显豪气。

苏东坡提前安排好后事，不是没有道理的。"中原人去海南，十去九不还"，是当时人们的普遍共识。据《儋县志》记载："盖地极炎热，而海风甚寒。山中多雨多雾，林木阴翳，燥湿之气郁而不能达，蒸而为云，渟而在水，莫不有毒。"又说："风之寒者侵入肌窍；气之浊者吸入口鼻；水之毒者灌于胸腹、肠胃、肺腑，其不病而死者几希矣。"[2] 从上述文字中人们便可知道这里的生存环境是何等恶劣。

苏东坡从小立志以天下苍生为念，一生充满悯世情怀，他在《谢晴祝文》中说："政虽无术，心则在民。"[3] 苏东坡被贬岭南九百四十天，对其个人而言，此乃人生之大不幸，而他所办利民惠民之实事，一件件、一桩桩都彰显其忧民爱民之情怀。

第二节 | 九死南荒吾不恨

当时的海南，是典型的蛮荒之地，甚至是"人间炼狱"。据说在宋朝，贬谪海南是仅比满门抄斩罪轻一等的处罚，苏东坡是宋以来第一个被贬谪海南的三品以上的官员，且"元祐党人"中也只有他一人贬谪到此。应该说，苏东坡在惠州

---

[1] 《与王敏仲十八首》（十六），《苏轼文集》卷五十六，第1695页。
[2] 彭元藻等修：《（民国）儋县志》卷之八，民国二十五年铅印本。
[3] 《谢晴祝文》，《苏轼文集》卷六十二，第1922页。

再次被贬，是"享受"了"元祐党人"的同等待遇，但贬出本土，落户海南则是出于他的昔日朋友、当朝宰相章惇的"厚爱"。章惇是苏东坡前半生的挚友、后半生的噩梦。

苏东坡与苏迈等子孙广州江边诀别后，沿西江逆流而上，经新会，过新州，五月到达梧州。弟弟苏辙，此时也由高安向新的贬谪地雷州出发。五月十一日，苏东坡和苏辙在梧州附近的藤州相遇，自元祐八年（1093年）九月京师东府一别，已近四年未见。苏辙一大家子中，只有史夫人和苏远一房相伴，其他人都去了颍昌，因他家在那里有点田产，与苏东坡次子苏迨住在宜兴的情况有点类似。

六月初五，兄弟二人一同来到雷州。雷州太守张逢对苏家兄弟二人景仰已久，带领本州官吏衙前迎接，盛情款待，还送了不少酒食，极尽地主之谊。初八，苏东坡继续赶路，从雷州到海南，路程四百里，苏辙一直送到海滨，太守张逢也派专人相送。张逢的地主之谊和人之常情的表达，得罪了苏氏兄弟的政敌，也给自己日后带来了不小的麻烦。

绍圣四年（1097年）六月十一日，兄弟俩在雷州徐闻县递角场凄然离别。当时谁也没有料到此次一别，竟然成了这对兄弟的永诀。

经过一天一夜的海上颠簸漂流，借着北风，航行了四百里，苏东坡和三子苏过终于在琼州澄迈县登陆，琼州通判黄宣义在码头迎接。七月初二，苏东坡来到了昌化军贬所。昌化，古儋耳城，唐改为昌化郡，宋熙宁六年改为昌化军。

古儋州，位于海南岛的西北部，濒临北部湾，苏东坡当年被贬后的居住地，就是现在的儋州市中和镇。那时海南岛的居民大多数是黎族人，苏东坡被贬的西北部沿岸仅有少数汉人。当地没有医者，土著居民又很迷信，生病时不是请术士看病，就是到庙里祈祷，杀牛祭神。每年都要从内陆本土运进很多的牛，专供祭神之用。

更让苏东坡大跌眼镜的是，他本想一到海南就为自己准备一口棺材，可当地没有棺材。据宋周煇《清波杂志》卷七引《南海录》记载："南人送死者无棺椁之具，稻熟时理米，凿大木若小舟以为臼，土人名'舂塘'，死者多敛于舂塘中以葬。"1 意思是说，海南土著人在长圆的干木上凿出臼穴，平时用它存放稻米，人死了就安放尸体，最后连人带木一起下葬。也有野史说苏东坡是带着棺材去儋州的。

苏东坡在《到昌化军谢表》中写道："并鬼门而东鹜，浮瘴海以南迁。生无还期，死有余责……臣孤老无托，瘴疠交攻。子孙恸哭于江边，已为死别；魑魅逢迎于海外，宁许生还。念报德之何时，悼此心之永已。"2 凄凉之感，绝望无助之情，跃然纸上。

上岛后，苏东坡发现，这里几乎是要什么没什么。他在《与程秀才三首》（其一）中说："此间食无肉，病无药，居无室，出无友，冬无炭，夏无寒泉，然亦未易悉数，大率皆无耳。惟有一幸，无甚瘴也。"3 那时的儋州还真是要啥没啥，但苏东坡有的是他坚忍不拔、不屈不挠的精神和达观的人生态度。

尽管苏东坡被贬儋州时心情非常糟糕，生存条件也极其恶劣，基本生活资料根本没有保障，但经受过儒释道思想的滋养和跌宕起伏人生经历的磨炼，他的心理调适能力已大大增强。来儋州后不久，他及时调整好状态，以适应新的环境。

来儋州后不久，苏东坡便将在扬州所作《和陶饮酒二十首》及其后所作和陶诗共一百零九首，寄给子由，要他作"叙"，想单独编为一集。苏辙在《子瞻和

---

1 （宋）周煇撰，刘永翔校注：《清波杂志校注》卷第七，北京：中华书局1994年版，第302页。
2 《到昌化军谢表》，《苏轼文集》卷二十四，第707页。
3 《与程秀才三首》（一），《苏轼文集》卷五十五，第1628页。

陶渊明诗集引》中写道:"东坡先生谪居儋耳,置家罗浮之下,独与幼子过负担渡海,葺茅竹而居之,日啖荔芋,而华屋玉食之念不存于胸中。平生无所嗜好,以图史为园囿,文章为鼓吹,至此亦皆罢去。独喜为诗,精深华妙,不见老人衰惫之气。"1

《试笔自书》是苏东坡被贬儋州后的第二年,也就是元符元年(1098年)的九月十二日,与客人饮酒微醺状态下写下的感悟。这也从某个角度回答了为什么章惇和苏东坡的其他政敌,对他恨之入骨,却又无可奈何。

苏东坡在文中说:"吾始至南海,环视天水无际,凄然伤之,曰:'何时得出此岛耶?'已而思之,天地在积水中,九州在大瀛海中,中国在少海中,有生孰不在岛者?覆盆水于地,芥浮于水,蚁附于芥,茫然不知所济。少焉水涸,蚁即径去,见其类,出涕曰:'几不复与子相见。岂知俯仰之间,有方轨八达之路乎?'念此可以一笑。"2

苏东坡用哲理和寓言故事,表达了他面对逆境、苦难时的人生态度和处世智慧:在不同的时空中,每个人其实都很渺小,也都会面临不同的困难;面对苦难不要气馁,更不能绝望,也许俯仰之间苦难就会迎刃而解。

其实,苏东坡面对逆境、苦难时的人生态度和超越苦难的处世智慧,不仅是他人生的重要闪光点,更是一座灯塔,照耀着千千万万经受苦难的人们。

七月二日抵达儋州后,苏东坡父子二人举目无亲,无一熟人,暂时寄宿于官舍。而官舍破落不堪,年久失修,屋漏如麻。苏东坡写道:"如今破茅屋,一夕或三迁。风雨睡不知,黄叶满枕前。"3 即便条件如此之差,后来新党还不让他们

---

1 《子瞻和陶渊明诗集引》,《苏辙集》,第1110页。
2 《试笔自书》,《苏轼文集》佚文汇编卷五,第2549页。
3 《和陶怨诗示庞邓》,《苏轼诗集》卷四十一,第2271页。

在此安身，父子俩不得不在城外桄榔林中临时搭建几间茅庵居住。

苏东坡来昌化不到两个月，昌化军使换人。新任张中一到，即前来拜谒苏东坡，并带来了雷州太守张逢的书信。张中对苏东坡仰慕已久，看到苏东坡住宿条件之差，当即假借整修官舍伦江驿的名义，派兵修缮了苏东坡租住的官舍，自己也搬入邻近官舍的州衙，与苏东坡结为邻居。张中对苏东坡敬重有加，与苏过也成了莫逆之交和棋友，几乎无日不来。

张中对苏东坡的关心是多方面的。他知道苏东坡是个喜爱热闹之人，在哪里什么都可以没有，就是不能没有朋友。来到儋州后，经张中介绍，苏东坡很快认识了几个当地的朋友，如潮州人王介石，住在城东南的黎子云兄弟——苏东坡赞扬黎氏昆仲贫而好学，住在城南的老秀才符林——他被苏东坡称之为"儋人之安贫守静者"。苏东坡离开惠州时行色匆匆，仓皇渡海，当然带不了多少书籍，当他见到黎子云家有《柳宗元集》数册时，如获至宝，借回家后，整日玩诵。经张中介绍认识后，苏东坡经常串门，与几位新友聊天喝酒。"半醒半醉问诸黎，竹刺藤梢步步迷。但寻牛矢觅归路，家在牛栏西复西"[1] 这首诗，也再次让人们看到了豁达乐观、不拘形迹的苏东坡。

为方便大家聚会，苏东坡和昌化军使张中等提议，众人凑钱在黎子云家的祖宅边建房，并取《汉书·扬雄传》中"载酒问字"的典故，将其命名为"载酒堂"，后来成为苏东坡传道授业解惑的重要场所。

上岛后不久，熟人慢慢增多，苏东坡也渐渐恢复了到处随意逛逛的老习惯，了解当地的风土人情，他又一次与当地的百姓打成一片。北宋赵令畤《侯鲭录》记述：一天，苏东坡背着一个大瓢，行歌田野间，春风拂衣带，遇到一位七十岁

---

[1] 《被酒独行，遍至子云、威、徽、先觉四黎之舍，三首》（其一），《苏轼诗集》卷四十二，第 2322—2323 页。

的老媪，她对苏东坡说："内翰昔日富贵，一场春梦。"[1] 苏东坡认为她说得在理，后来大家就叫这位老妇为"春梦婆"。

然而好景不长，绍圣五年（1098年）二月，章惇、蔡京拟派吕惠卿的弟弟吕升卿和董必察访岭南。名为察访，实为对谪居的元祐大臣"赶尽杀绝"。吕、董二人都是凶狠狡诈的刽子手，且朝廷上下皆知吕氏昆仲对苏家兄弟有深仇大恨，苏东坡一旦落入吕氏之手，必死无疑。所幸曾布良知未泯，在哲宗面前进言：升卿兄弟与轼、辙兄弟乃切骨之仇，轼、辙闻其来，岂得不震恐？万一望风引决（自杀），岂不有伤仁政？吕升卿广南东路察访之命被废除，董必则由东路改为了西路。

当时广南西路的辖区为广西全境、广东的雷州半岛和海南岛，察访主要是巡察被贬谪大臣的情况，恰巧苏东坡所在的儋州和苏辙所在的雷州都在广南西路辖区。

为了讨好章惇，董必在巡察中不是无中生有，就是鸡蛋里面挑骨头，诬陷苏辙的住处是强占民房。而雷州知州张逢的罪名是厚待罪臣，善于照顾，当然也包括上一年对苏家兄弟的盛情款待和赠送酒食，结果张逢被弹劾撤职。

元符元年（1098年）七月，范祖禹徙化州，刘安世徙梅州，苏辙徙循州，距惠州约七百里。这些都是董必到岭南来巡察的结果。

据北宋王巩《甲申杂记》记载：董必本打算雷州的事情告一段落后，立即派人渡海到儋州彻查张中一案。据说就在董必的魔掌将要伸向苏东坡时，他的亲信随员彭子民流着眼泪劝说道："人人家都有子孙！"董必听从了规劝，只派了一个小随从过海。小随从只是根据政府贬谪之人不许占住官舍的命令，将苏东坡父子

---

[1] 《侯鲭录》卷七，第183页。

逐出官舍，并未作出其他处罚。而军使张中就没有这么幸运了，因对苏东坡父子非常优待，不仅安排他们住在官舍，还派兵动用公款修缮一番，而被革职。苏东坡重情重义，亦感内疚，三次作诗送张中。

苏东坡向来气量很大，很少记恨别人，但对这个为虎作伥的董必是例外。他对张中因为善待自己而受到牵连深感内疚，他得对那个落井下石的朝廷命官有所表示。苏东坡利用"必"和"鳖"的谐音，写了一则寓言《广利王召》，影射董必是鳖相公。鳖，俗称王八也。清代王文诰等学者分析，"鳖相公"之说是除了鳖和必谐音，喻董必外，相公暗喻的是章惇。

苏东坡被赶出了官舍，真正如他刚上岛时所说的"居无室"了。被逼无奈，他搭上仅有的一点积蓄，在城南的椰子林中买了一块地，在王介石、黎子云兄弟、符林和当地居民、学生的帮助下，很快盖好了五间简易的房子，还打了一口深水井。由于建在"竹身青叶海棠枝"的热带桄榔林中，故苏东坡给这栋房子取名"桄榔庵"，并作《桄榔庵铭》以记其事，以诗《新居》抒发情怀。这里不仅蚊虫多，野鹿也不少。清晨父子二人躺在床上，能听到黎民猎鹿的声音。有时早晨打开房门，新鲜的鹿肉已放置在门外。

苏东坡说："人间无正味，美好出艰难。"[1] 他始终认为自己动手种的蔬菜，吃到嘴里的感觉是不一样的。入住"桄榔庵"后，他又雇了三个当地人，帮他整出个菜园子，东边搞水源，西边挖粪坑，父子俩动手种些蔬菜。文人就是不一样，无论在什么情况下，情感总是那么丰富。眼看自己种的蔬菜长势喜人，他又舍不得下手入口了。在《和陶下潠田舍获》诗中，苏东坡写道："未忍便烹煮，绕观日百回。"[2]

---

[1] 《和陶西田获早稻》，《苏轼诗集》卷四十二，第 2315 页。
[2] 《和陶下潠田舍获》，《苏轼诗集》卷四十二，第 2316 页。

搬进"桄榔庵"后，苏东坡经常在"载酒堂"以文会友和给学生授课，传播中原文化，时常在"桄榔庵"给病人看病，有时在周边的菜地里劳作。父子俩的日子虽然有些清苦，但总体还是比较自在的。苏东坡与黎子云亦师亦友，平时常去他家盘桓。据南宋张端义《贵耳集》记载，一日天下大雨，他就借了一顶斗笠和一双木屐，模仿当地人的穿戴回来。后来有人以此情景画了一幅《东坡笠屐图》，而他自己则说："人所笑也，犬所吠也，笑亦怪也。"[1] 此处明显用的是柳宗元的句法。

此时的苏东坡，虽然流落海南，但无论何时何地，他始终都是人格独立、精神自由之人。他景仰陶渊明，而陶渊明的《归去来兮辞》则是他所向往的自然生活的蓝本。他以纯真朴素的梦想，勾画出隐逸生活的美妙情景，令人心旷神怡，为之神往。来到儋州的第二年二月，苏东坡作《和陶归去来兮辞》："归去来兮，吾方南迁安得归……怀西南之归路，梦良是而觉非。"[2] 他在《和陶渊明归去来兮辞（并引）》中首揭其由："子瞻谪居昌化，追和渊明《归去来辞》，盖以无何有之乡为家，虽在海外，未尝不归云尔。"[3] 此后不久，苏东坡还觉得意犹未尽，又把陶渊明的原作拆散，创作了《归去来集字十首》。

后来在儋州，苏东坡续有和陶诗若干，至北归离开海南前的最后一首《和陶始经曲阿》止，他共和陶诗一百二十四首，编辑成《和陶别集》。因《和陶归去来兮辞》不是诗，而《归去来集字十首》不是和作，故不在上述之列，只能算是附录。

元符二年（1099年）五月，惠州朋友郑嘉会托运的图书运到，父子二人大喜

---

[1] 《苏轼年谱》卷三十九，第1322页。
[2] 《和陶归去来兮辞》，《苏轼诗集》卷四十七，第2560页。
[3] 同上。

过望。有了参考书籍，苏东坡又开始了《易传》的修改和《书传》的撰写。至来年五月，他的《论语说》五卷、《易传》九卷和《书传》十三卷，已全部完成。

在儋州如此恶劣的生活条件下，完成繁重的写作任务，实属不易。苏东坡在《与侄孙元老四首》（其一）中曾说："老人住海外如昨，但近来多病瘦瘁，不复如往日，不知余年复得相见否……又海南连岁不熟，饮食百物艰难；及泉、广海舶绝不至，药物鲊酱等皆无，厄穷至此，委命而已。老人与过子相对，如两苦行僧尔。"[1]

夏秋多雨，台风高发时，广东、福建的船只停航，粮食供应不上时，父子二人也时有饥饿之虞。因为当地人只吃芋头喝水当饭食。岛上的海鱼，苏东坡又嫌腥味太大。当地人推荐的烤老鼠、烧蝙蝠等，父子俩又不敢吃。不得已时苏东坡又采用黄州时他发明的煮青菜的老办法，煮些苍耳充饥。

据清代查嗣瑮《查浦辑闻》记载：苏东坡在海南，食蚝而美，给叔党写信说："无令中朝士大夫知，恐争谋南徙，以分此味也。"[2] 意思是说，苏东坡在海南时，觉得生蚝味道鲜美，于是写信给儿子苏过（叔党）说：千万别让京城的士大夫们知道，不然的话，他们会争相南下，与我分抢。苏东坡在儋州的实际生活是"饮食不具，药石无有"。这则轶事，反映了苏东坡苦中作乐的幽默感和幽默中深藏的悲愤。《查浦辑闻》中的主人公之———苏过（叔党）应该是笔误。

这几年，苏过和父亲是形影不离，既是父子，也是伙伴。苏过随父南迁之初，才二十三岁。苏东坡对于苏过与妻儿遥遥无期的隔绝，心存愧疚。所幸过儿非常孝顺，任劳任怨。他不仅操持家务，也是父亲的好文员，自己还忙里偷闲读

---

[1] 《与侄孙元老四首》（一），《苏轼文集》卷六十，第1841页。
[2] （清）查嗣瑮著，李林、查玉强整理：《查浦辑闻》卷上，杭州：浙江古籍出版社2022年版，第400页。

书写作。苏过不仅刻苦，而且很有天赋，深得父亲真传，很快成了有一定影响力的诗人和画家，也是一位很有造诣的文学家，他的作品一直流传至今，有"小坡"之号。他在海南写下的《志隐》一文，崇尚安贫乐道的精神，苏东坡阅后颇为得意地说："吾可以安于岛矣。"

虽然越贬越远，生活条件也越来越艰苦，苏东坡仍然不忘其济世安民的初心，穷也要兼济天下。他与在惠州时一样，始终关注民生、民族和睦和文化教育事业。

苏东坡被贬海南前，这里不仅气候恶劣，生存环境糟糕，是典型的蛮荒之地，更是一片文化的荒漠。来后不久，苏东坡以其特有的人生态度和高超的人生智慧，很快将自己的状态调整为坦然面对、随遇而安和有所作为，他在这片蛮荒之地和文化荒漠上，甘当"拓荒牛"。

北宋时期的儋州，植物繁茂，海风苦寒，瘴疠和疟疾甚为流行。如前所述，这里不仅生存条件极差，还远离文明，迷信盛行。当地没有医药，更没有医生，百姓生病，求助于巫术。苏东坡在《书柳子厚牛赋后》中曾这样写道："病不饮药，但杀牛以祷，富者至杀十数牛。死者不复云，幸而不死，即归德于巫。以巫为医，以牛为药。间有饮药者，巫辄云：'神怒，病不可复治。'亲戚皆为却药，禁医不得入门，人、牛皆死而后已。"[1] 书写后，苏东坡将手稿交给琼州的僧人道赟，希望借助他的影响广为传播。

为了传播科学知识，改变当地百姓有病依赖巫术的陋习，苏东坡研究病症后，一面到荒野采摘中草药，为百姓开方治病，一面从广州好友王古那里要来黑豆，熬制成辛凉解毒的中药——淡豆豉，为百姓治病，药效甚好。后来，当地百

---

[1] 《书柳子厚牛赋后》，《苏轼文集》卷六十六，第 2058 页。

姓也纷纷种植黑豆，后人称它为"东坡黑豆"。

那时海南缺少淡水，当地百姓都取咸滩或沟塘的积水饮用，由于水质较差，百姓饮用后经常患病。为了改变当地自古以来不卫生的饮水习惯，苏东坡不顾年老体弱，勘探选址，带领大家在距桄榔庵约三百米处，挖了第一口深水井，百姓称之为"东坡井"。后来，当地和周边地区的百姓也都纷纷效仿，开挖水井。从此，海南的百姓用上了清洁卫生的井水，百姓的发病率也明显降低了。

由于地处海外，交通闭塞，仅靠少数船只与内陆相通，当地文化、生活方方面面都比较落后。当地百姓主要以狩猎、捕鱼和生产贩卖沉香为生，不事农耕，土地大面积荒芜。即便少量种植，也还停留在刀耕火种阶段。此外，由于语言不通，文化习俗不同，黎汉关系也并不十分融洽。为此，苏东坡创作诗歌《和陶劝农六首》，提倡民族平等，倡导农业生产，成功劝说黎族同胞改变了"不麦不稷""朝射夜逐"的落后生产生活方式，宣传"春无遗勤，秋有后冀"的农耕之理，引导百姓重视农耕，种植水稻，希望通过农耕，达到"其福永久"。

那时海南落后荒凉的原因很多，教育落后是其主要原因。为此，苏东坡在"载酒堂"开讲坛，办学堂，传播中原文化，以期尽快改变当地人愚昧无知的现状。他在《韩愈论》中指出："教之使有能，化之使有知，是待人之仁也。"[1] 在苏东坡开坛讲学之前，海南人一直与科举考试无缘，更没有一个海南人在中原地区为官。

"载酒堂"开坛后，当地的汉人和黎人踊跃参加，也有不少学子千里迢迢慕名而来。姜唐佐本是琼州当地学堂的一位老师，他一面教书，一面潜心苦读，只可惜屡试不第。得知苏东坡办学后，姜唐佐便带着老母亲赶来拜师求学。

---

[1] 《韩愈论》，《苏轼文集》卷四，第114页。

苏东坡利用"载酒堂",传播中原文化,没有教材,他就自己编。他在儋州续写完成的《易传》《书传》《论语说》三部著作,正好作为教材的部分内容。他的讲学,让海南这片蛮荒之地和文化荒漠,渐渐出现了书声琅琅、弦歌四起的文化景象。非常有趣的是,由于受到苏东坡口音的影响,时至今日,儋州地区的口音与海南其他地区都略有不同,其尾调颇似四川口音,儋州人幽默地称之为"东坡话"。

姜唐佐天资聪慧,勤奋好学,师从苏东坡后,学业突飞猛进,苏东坡对他的文才赞赏有加,寄予厚望。从学半年后,姜唐佐返回琼州,苏东坡书柳子厚《饮酒》《读书》二诗相赠。姜唐佐去广州应试前,苏东坡在其扇面上题写了"沧海何曾断地脉,白袍端合破天荒"的寄语,并鼓励他"子异日登科,当为子成此篇"[1]。

姜唐佐没有辜负苏东坡的厚望,崇宁二年(1103年),他成为海南有史以来第一个举人。苏辙便完成哥哥的遗愿,在姜唐佐的扇面上写下:"生长茅间有异芳,风流稷下古诸姜。适从琼管鱼龙窟,秀出羊城翰墨场。沧海何曾断地脉,白袍端合破天荒。锦衣他日千人看,始信东坡眼目长。"[2]

继姜唐佐成为海南历史上第一个举人之后,大观三年(1109年),儋州人符确成为海南历史上第一个进士,他和姜唐佐一样也是苏东坡的学生。苏东坡在儋州三年,重视教育,兴办学堂,传播文化,使一个原本"生不闻诗书,岂知有孔颜"的蛮荒之地,在文化教育上发生了翻天覆地的变化。据《海南岛古代简史》记载:从宋代到清代,海南共出举人767人、进士96人。《琼台纪事录》称赞,

---

[1] (宋)葛立方撰:《韵语阳秋》卷第十八,(清)何文焕辑:《历代诗话》,北京:中华书局2004年版,第634页。

[2]《补子瞻赠姜唐佐秀才并引》,《苏辙集》,第909页。

"宋苏文忠公之谪儋耳，讲学明道，教化日兴，琼州人文之盛，实自公启之"。[1]

三年时间，不算太长，但苏东坡对儋州却是满怀深情，在元符三年（1100年）六月北归离别之际，他意味深长地给黎子云写下了《别海南黎民表》："我本海南民，寄生西蜀州。忽然跨海去，譬如事远游。平生生死梦，三者无劣优。知君不再见，欲去且少留。"[2] 对于当地百姓对自己的关爱，苏东坡心存感激，而他也赢得了海南百姓千年的景仰和崇敬。

儋州一直把苏东坡奉为儋州文化的开拓者、播种人。为了缅怀他在儋州的功绩，将"载酒堂"更名为"东坡书院"。1595年，儋州知州陈荣选在东坡书院内修建了"钦帅堂"，钦帅之意是指后世学生钦佩老师。之所以用"帅"而没有用"师"，史料没有记载，民间有两种解读，一是苏东坡曾任兵部尚书，二是苏东坡在海南传播文化、兴办教育的成就太大，"师"顶破了天变成了"帅"。在儋州流传下来的东坡村、东坡井、东坡田、东坡路、东坡桥、东坡帽等，都表达了人们对他的敬仰之情。甚至还有"东坡话"。

在苏东坡开创的文化氛围的影响下，一代又一代儋州人尚德明礼，崇文重教，先后荣获"全国诗词之乡""中国楹联之乡"和"中国书法之乡"等荣誉称号。

如果说黄州见证了苏东坡的文学创作巅峰，惠州感受到了他体恤民情、关注民生的古道热肠，儋州则记录了他热心文化传播、兴办教育的千秋功德。

---

[1] （清）戴肇辰撰：《从公录》续录卷二《重建东坡书院并修洞酌亭记》，清咸丰二年刻戴氏杂著本。

[2] 《别海南黎民表》，《苏轼诗集》卷四十三，第2363页。

第三节 | 灵魂不朽，光照千秋

宋朝因有赵匡胤"勒石三戒"不杀士大夫的祖训，故宋朝官吏被贬往往成为他们羁束与自由的分水岭和转折点。元符三年（1100年）正月初九，喜好意气用事、坚持"独元祐臣僚不赦"主张的哲宗驾崩，年仅二十五岁。因无子嗣，哲宗的弟弟、神宗的第十一子端王赵佶继位，向太后摄政。

向太后在辨别人的善恶方面，要远远胜过她早逝的丈夫神宗。当时在朝为官的章惇、吕惠卿、蔡京等人，在向太后那里都是被划入"坏人"之列的。章惇很快就被罢免了宰相。四月，朝廷大赦天下，所有元祐老臣一律赦罪。苏东坡也因此迎来了他人生的最后一次转机。

章惇的相位丢得并不冤枉，一是宋朝换相频繁，北宋、南宋共三百一十九年，十八位皇帝，宰相有一百三十多位。二是章惇祸从口出。哲宗无后，为了保证哲宗"绍述"治国理政国策的延续，确保自己的相位，章惇极力主张由哲宗同父同母的弟弟继承皇位，遭到向太后的坚决反对。

向太后的反对理由是，哲宗虽是神宗的长子，但并非正宫皇后所生，而是朱太妃所生。向太后认为，朱太妃所生儿子与神宗的其他儿子在身份上是一样的，应该按照年龄的长幼顺序，由端王赵佶继承。向太后不便明说的反对理由是，如果再选朱太妃的儿子来继承皇位，朱太妃的地位自然水涨船高，有可能威胁到她的权威，而赵佶的生母已经去世，并不影响到向太后的地位，赵佶显然是向太后心中的最佳人选。

第十章 千古风流人物

章惇在提出反对意见时，脱口说出了一句让他后悔不已的话："端王轻佻，不可以君天下。"[1] 章惇言犹未尽，曾布呵斥道："章惇未尝与臣等商议。如皇太后圣谕极当。"[2] 蔡卞、许将也在关于继任者的争执中支持了向太后，皇位继承之争以章惇落败而告终。

端王继位，向太后垂帘听政。端王为神宗第十一子，是为徽宗。赵佶继位后，政局再一次发生逆转，朝着有利于"元祐党人"的方向发展。台谏陈师锡、陈次升等并言："惇轻率不思，而卞深阻寡言……蔡卞事上不忠，怀奸深阻，凡惇所为，皆卞发之。"[3] 谏官任伯雨八上章疏，论章惇之奸。九月，章惇罢相。为了打击章惇一派的政治力量，而被章惇一直迫害的"元祐党人"的境遇很快好转起来。

徽宗继位后不久，即大赦天下。元符三年（1100年）二月，朝廷诏令将苏东坡和苏辙分别移置廉州（今广西壮族自治区北海市合浦县）和永州（今湖南省永州市零陵区）。四月，苏辙接到诏令，即携家眷踏上北归之途。此前，他的家眷一直住在惠州苏东坡白鹤峰的宅子里。

五月中旬，苏东坡接到以琼州别驾、廉州安置，不得签书公事的诏令。苏东坡随即致函秦观，相约徐闻相见。

元符三年（1100年）六月二十日，六十五岁的苏东坡和三子苏过从澄迈渡海，惜别海南父老乡亲。夜半三更，船行大海，往事历历，感慨万千，他在《六月二十日夜渡海》诗中写道："参横斗转欲三更，苦雨终风也解晴。云散月明谁点缀，天容海色本澄清。空余鲁叟乘桴意，粗识轩辕奏乐声。九死南荒吾不恨，

---

[1] 《续资治通鉴》卷八十六，第2193页。
[2] 《宋史·徽宗本纪》卷十九，第357页。
[3] 《续资治通鉴》卷八十六，第2201页。

兹游奇绝冠平生。"1

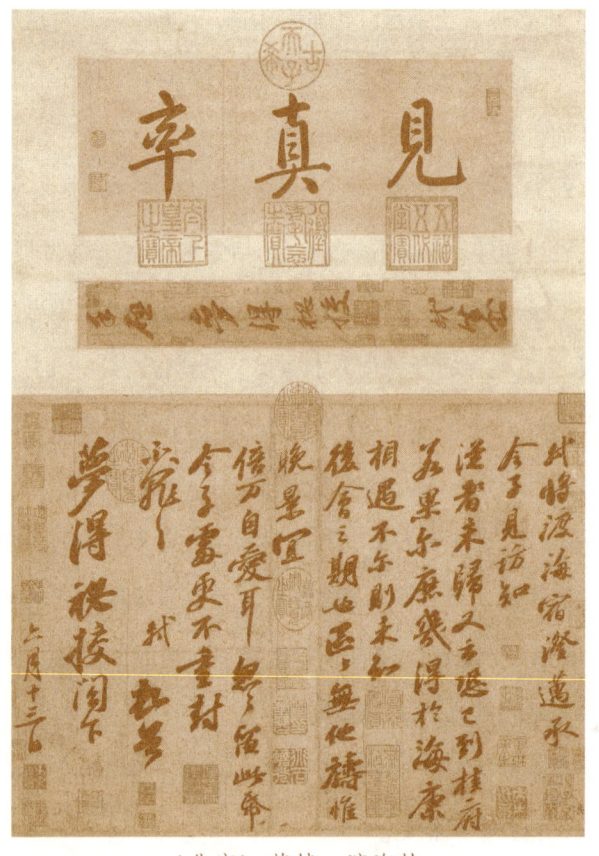

(北宋)苏轼 渡海帖

显然，三年蛮荒瘴疠之地的生活，非但没有打垮年过花甲、体弱多病的苏东坡，反而使他在落后贫穷的儋州与百姓打成一片，被当地人民视为知己，心灵又一次得到洗礼和升华，精神再一次获得超越和自由。

经过一天一夜的航行，苏东坡父子回到了当年渡海的出发地——雷州徐闻县

---

1 《六月二十日夜渡海》，《苏轼诗集》卷四十三，第2366页。

递角场码头。谪居此地的秦观和他的好友海康县令欧阳献早早在此迎候。

时局变化无端，人生起伏无常。在苏东坡被贬的同时，"苏门四学士"无一幸免，而比他小一旬的秦观贬得最远。此时，刚过知天命之年的他也接到了朝廷北移横州的诏令，但为了劫后余生的师生相逢，没有立即前去赴任。

多愁善感的秦观，或许是对残酷党争，一贬再贬、越贬越远的苦难经历心有余悸，似乎对未来比较悲观，分别时刻，他将《自作挽词》呈给恩师："婴衅徙穷荒，茹哀与世辞。官来录我橐，吏来验我尸。藤束木皮棺，槁葬路傍陂。家乡在万里，妻子天一涯。孤魂不敢归，惴惴犹在兹……殡宫生苍藓，纸钱挂空枝。无人设薄奠，谁与饭黄缁。亦无挽歌者，空有挽歌辞。"[1] 诗文满目凄凉，寒蝉凄切。

苏东坡当时并不以为然，他在《书秦少游挽词后》中说："予以谓少游齐死生，了物我，戏出此语，无足怪者。"[2] 谁承想秦观一语成谶，师生重逢，竟成永别。师徒二人六月海康分别，九月，苏东坡北归途中至郁林（今广西壮族自治区桂林市）时，噩耗传来，八月十二日，秦观在北归途中死于藤州（今广西壮族自治区梧州市藤县）的光华亭（一说华光亭）上，享年五十二岁。苏东坡肝肠寸断，哀恸不已，不仅因为他们有非常深厚的师生情谊，而且两人的命运也有诸多相似之处。

一是二人在求学之路上都有幸遇到了赏识提携自己的恩师，苏东坡参加科举考试时，遇到了鼎鼎大名的文坛领袖欧阳修，而秦观则遇到了苏东坡。元祐初，秦观因苏东坡推荐，就试贤良方正科，任太学博士，进入馆阁编修国史。二是二

---

1 周义敢、程自信、周雷编注：《秦观集编年校注》，北京：人民文学出版社2001年版，第755页。
2 《书秦少游挽词后》，《苏轼文集》卷六十八，第2158页。

人都受到新党的排挤陷害，双双被贬，苏东坡被贬儋州，而秦观则被贬雷州，师生二人隔海相望，惺惺相惜。三是元符三年（1100年）正月，哲宗去世，徽宗继位，向太后摄政后，所有元祐老臣一律赦罪，二人都在赦免之列，均死在北归途中。

秦观是通过苏东坡的挚友、黄庭坚的舅舅李常引荐，认识时任徐州知州苏东坡。那时的秦观，虽没有通过科举考试取得功名，但才华横溢，文采飞扬。他拜谒苏东坡时，在诗中写道："我独不愿万户侯，惟愿一识苏徐州。"1

噩耗传来，苏东坡日夜兼程，从郁林赶往藤州，不巧，秦观的女婿半个月前已载着灵柩启程，相信秦观如九泉有知，一定感受到了恩师的悲悯之心。苏东坡曾不止一次地发问，如果秦观不是他的门生，以他的学识和性格，怎么会遭受那么多打击，郁郁而终呢？苏东坡在给欧阳辟（晦夫）的信中说："闻少游噩耗，两日为之食不下咽。"2 不过，"苏门四学士"中，也只有秦观在苏东坡北归后，有幸与他见上了一面。

从雷州到廉州，陆路七百多里，连日大雨导致道路桥梁冲毁，苏东坡不得不改为海行。舟小浪大，颠簸剧烈，苏东坡在七月四日的《书合浦舟行》中记载了这段行程。与父子俩的生命安危相比，他似乎更在意他的《易传》《书传》《论语说》的安危。

四月，因皇子出生，朝廷再一次大赦天下。苏东坡改为舒州团练副使、永州居住，苏辙移岳州（今湖南省岳阳市）。其他元祐党人在此前大赦的基础上，也均有新授。

八月二十四日，苏东坡才接到了授舒州团练副使、永州居住的诏命，而此

---

1 《别子瞻》，《秦观集编年校注》，第43页。
2 《与欧阳晦夫二首》（其二），《苏轼文集》卷五十八，第1756页。

时，苏辙已经到达虔州。

九月底，苏东坡抵达广州，苏过、苏迨偕家眷已提前到达等候。从苏东坡被贬惠州时算起，一家人已有七年没有团聚了。此番广州相聚，庆幸之余，百感交集。由于旅途劳顿，加之秦观去世引发的过度悲伤，苏东坡在广州病倒了，逗留了一个多月，十一月上旬，才继续舟行英州。

苏东坡在广州的意外之喜，是结识了广州推官谢举廉（民师）。谢民师虽在政府任职，因其博学，亦乐于传道授业，在家置席讲学，远近从之问学者众。据南宋曾敏行《独醒杂志》记载：苏东坡来到后，谢民师未经他人介绍，就带着他撰写的书籍和旧作，前来拜谒。苏东坡览之，大为称赏，对他说："子之文，正如上等紫磨黄金，须还子十七贯五百。"[1] 离开广州前，苏东坡写下《与谢民师推官书》，称赞谢民师诗文的同时，阐述了自己文学创作的基本观点，如文章要"行云流水""常行于所当行，常止于所不可不止，文理自然，姿态横生"[2] 等。

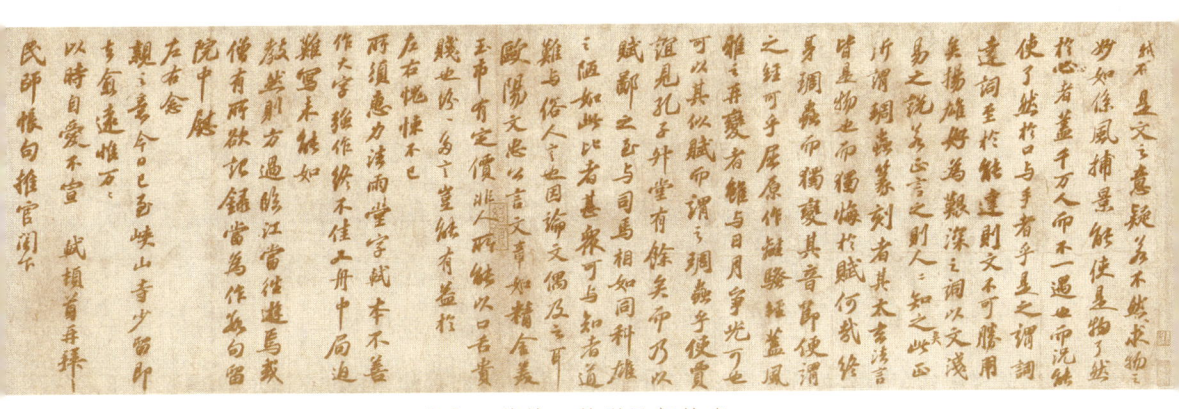

（北宋）苏轼　答谢民师帖卷

1　《苏轼年谱》卷三十九，第1357页。
2　《与谢民师推官书》，《苏轼文集》卷四十九，第1418页。

十一月十五日，就在苏东坡将要前往英州附近的浈阳峡之际，老友提举广东常平孙鼛和新识广州推官谢举廉，各派专人给苏东坡送来朝廷的最新消息："已乃复朝奉郎，提举成都玉局观，居从其便。"[1] 苏辙也被授太中大夫，提举凤翔府上清太平宫，外军州任便居住。自此，朝廷等于恢复了苏东坡和苏辙的行动自由，允许他们自主选择居住地点。

欣喜若狂的同时，苏东坡不无感慨地说：如果一开始就是任便居住的命令，兄弟二人便可以在广州会面，结伴北归了。苏辙在颍昌有田产，有的孩子先前已住在那里，此时苏辙已在北归颍昌的途中。

在英州，苏东坡偶遇志同道合、刚正不阿的郑侠。一幅《流民图》促成王安石辞去相位，新法大部分被废，但好景不长，新法又被全部恢复，郑侠也被贬英州，哲宗时期，被起用为泉州教授。绍圣元年（1094 年）苏东坡被贬惠州时，郑侠又被贬至英州。苏、郑相见，感慨良多，多有唱和，相互勉励。

元符三年（1100 年）十二月初七，苏东坡离开英州，经韶州、南雄后，改为陆路。次年正月，苏东坡再次翻越大庾岭，经过赣州前往宜兴或颍昌。他在大庾岭上一家小店歇息时，一长者知道是苏东坡时，上前说道："我听说有人千方百计地陷害您，而今北归了，真是天佑善人。"苏东坡有感而发在店壁题诗："鹤骨霜髯心已灰，青松合抱手亲栽。问翁大庾岭头住，曾见南迁几个回。"[2]

建中靖国元年（1101 年）一月下旬，元宵节前，苏东坡一家来到虔州。因为赣江水枯，不能通航，一家子在山北赣县（今江西省赣州市赣县区）停留了七十多天。由于瘟疫，苏东坡一行中很多大人孩子都生了病，仅仆人就死了六个，瘟疫的严重程度可想而知。停留期间，苏东坡非常忙碌，不是给人看病，就是给市

---

1 《亡兄子瞻端明墓志铭》，《苏辙集》，第 1126 页。

2 《赠岭上老人》，《苏轼诗集》卷四十五，第 2424 页。

镇上的人抓药，还要忙里偷闲给人题字。

苏东坡在赣县的所为，恰好印证其在《书东皋子传后》中所说："或曰：'子无病而多蓄药，不饮而多酿酒，劳己以为人，何也？'予笑曰：'病者得药，吾为之体轻；饮者困于酒，吾为之酣适，盖专以自为也。'"[1] 推人及己，与他人同甘共苦，体现了苏东坡关爱苍生、心忧黎民的崇高精神境界。

天有不测风云，就在苏东坡到达虔州后不久，京师传来消息，垂帘听政的向太后病逝。她的去世，标志着徽宗原有采用新旧两党之间的中间路线——"建中靖国"国策的终结。新党骨干又很快权倾朝野。由于颍昌离京师太近，为避免不必要的麻烦，苏东坡也不得不改变前去颍昌与苏辙一家团聚的计划。

太后去世，徽宗亲政，宰相换人，苏东坡预感山雨欲来风满楼。他给苏辙去了一封长信，说明了不去颍昌的缘由，并把他们不能相聚归于天意。自朝廷批准北归后，兄弟二人鬼使神差地错过了两次聚首的好机会，铸成了他们终生的遗憾。

三月下旬，苏东坡一行离开虔州。四月，来到豫章（今江西省南昌市）。五月一日，抵达金陵。

言而有信，是苏东坡的一贯风格。他此次来到金陵，就是为了兑现他被贬岭南之初，来崇因禅院礼拜宗袭长老所造观世音像时，许下的"吾北归当复过此，而为之颂"的心愿。

因此，苏东坡这次再来金陵，就是到崇因禅院还愿，作《观世音菩萨颂》。如今，南京牛首山北部景区圣象广场两边岩壁刻有十二幅经变故事浮雕，其中第七块上讲的就是这个故事。

在金陵时，苏东坡接到至交钱世雄的来信，已为他借到常州顾唐桥孙氏的房

---

[1] 《书东皋子传后》，《苏轼文集》卷六十六，第 2049 页。

屋。常州濒临太湖，风光秀丽，而苏东坡在常州辖县宜兴又有田产，可以自给自足。苏东坡渡江离开金陵时，让苏迈和苏迨先去常州打个前站，待家里安排妥当后，来仪真与他们会合。苏东坡在仪真置有几间门面房，原打算收租糊口，当下缺钱，想要变卖，来到仪真，目的在此。

在仪真期间，苏东坡和程之元、钱世雄相约在润州金山寺会晤。他一生曾多次游览金山寺，与佛印等多位法师交往甚密。这次北归途中，故地重游，感慨万千。苏东坡在李公麟为自己所画的肖像画前驻足片刻，在画像上写下"心似已灰之木，身如不系之舟。问汝平生功业，黄州、惠州、儋州"[1] 的诗句，为自己多舛飘零的一生做了一个令人深思的总结。此画《按藤杖坐盘石像》为李公麟十年前所绘。黄庭坚认为这幅画像最像苏东坡本人，他在《跋东坡书帖后》中说："庐州李伯时（公麟），近作子瞻按藤杖坐盘石，极似其醉时意态。"[2]

回到仪真，真州太守傅质邀同行的程之元一同设宴为苏东坡饯行。晚宴结束后，程之元曾拿出纹银二百两，资助苏东坡作为盘缠，说是他与程之才、程之邵兄弟三人的馈赠，但被苏东坡婉拒了。待程离舟后，苏东坡即在舟中挥汗给苏辙去信，对程氏兄弟三人感念无限。

苏东坡从儋州出发后，跋山涉水，行程万里，耗时近一年，一路上，船既是他的交通工具，也是他的居住之处。行至仪真，停泊于东海亭下。那年的夏季热得要比往年早，五月下旬就已烈日炎炎，船就好比一个硕大的蒸笼和烤箱，白天烤，晚上蒸。一家老小，多因中暑而病倒。而江边水草多，湿气重，聚蚊如雷，更让人难以入眠。苏东坡在给米芾的信中抱怨道："昨夜通旦不交睫，端坐饲蚊

---

[1] 《自题金山画像》，《苏轼诗集》卷四十八，第 2641 页。
[2] （宋）黄庭坚著，刘琳点校：《黄庭坚全集》正集卷第二十八，北京：中华书局 2021 年版，第 702 页。

子尔。不知今夕如何度。"1 为了躲避船舱中的酷热，苏东坡白天就去白沙的东园歇歇脚。

获悉苏东坡已到仪真，六月初一，在仪真创办西山书院的米芾前来东园谒见。第二天，苏东坡与米芾一同来到西山书院。米芾请他为自己珍藏的《太宗草圣帖》和《谢安帖》题跋。由于年事已高，舟车劳顿，休息不好，加之为了解热，苏东坡又喝了很多凉饮，六月三日午夜，苏东坡腹泻不止。第二天，瘴毒又忽然发作，大大加重了腹泻病情。

由于连续腹泻，苏东坡感觉整个人有气无力。他精通医术，自认为需要补气，就让家人到药房抓了点黄芪煮水。黄芪水服下后，似乎有所好转，但因消化系统出了问题，加之瘴毒并发，病情渐渐加重。米芾听说苏东坡病倒后，冒着高温前来看望，并送来中药麦门冬汤，苏东坡甚为感动，欣然命笔："一枕清风直万钱，无人肯买北窗眠。开心暖胃门冬饮，知是东坡手自煎。"2

苏东坡自感大限将至，他一边准备取道润州赶赴常州，一边给苏辙写信交代后事："即死，葬我嵩山下，子为我铭。"3 病情稍许稳定一点，苏东坡便告别米芾，六月十二日，从仪真过江去润州。

苏东坡二伯苏涣的女儿"小二娘"嫁给柳仲远后，一直住在润州。苏东坡与堂妹小二娘感情深厚，在杭州任通判时，曾在润州堂妹家住过一些时日。流放期间，获悉小二娘去世的噩耗时，苏东坡悲痛欲绝，他在写给儿子的信中用"心如刀割"来表达自己的心情。到达润州的当日，苏东坡在极度虚弱的情况下，由堂妹的儿子、外甥柳闳当向导，带着迈、迨二子来到堂妹及其丈夫的墓前祭祀，并

---

1 《与米元章二十八首》（二十四），《苏轼文集》卷五十八，第1782页。
2 《睡起，闻米元章冒热到东园送麦门冬饮子》，《苏轼诗集》卷四十五，第2458页。
3 《亡兄子瞻端明墓志铭》，《苏辙集》，第1117页。

写下情真意切的祭文。

苏东坡在润州期间还有一个小插曲，也足以反映他的人品、气量和胸襟。大约三年前，将苏东坡、苏辙贬往儋州、雷州的章惇，因反对端王赵佶继位而丢了相位，也被贬到了雷州半岛。章惇要在当地租房时，老百姓就拿他的手下董必当初诬陷苏辙强占民房一事羞辱他说，谁敢把房子租给你呢？

章惇的儿子章援在前往雷州半岛探望父亲的途中，恰巧与苏东坡同时都在润州。除去父亲章惇与苏东坡的这层关系不说，章援和苏东坡还真是有缘。大约九年前，章援参加科举考试，作为主考官的苏东坡曾亲自以第一名的成绩录取了他。按照宋朝的习惯，章援也就是苏东坡的门生了。章惇的另一个儿子章持，也是元祐初苏东坡知贡举时所录取的门生。章援本想在润州当面拜见苏东坡，但碍于两个原因，还是选择了写信。原因之一是苏东坡病重，家人几乎谢绝了所有拜访；原因之二是父亲大权在握时对苏东坡兄弟俩的所作所为，见面多少会有些尴尬，也难以启齿。

章援为这封长达七百字的书信，可谓绞尽脑汁，斟酌再三。他首先坦陈由于父亲的原因，不敢贸然登门拜谒。接着章援又非常委婉地提及恩师若有机会再次辅佐皇帝之时，望能不计前嫌，网开一面，放他父亲一马，因为当时传言苏东坡有可能登上宰相的宝座。

这个传言倒也不是空穴来风，据北宋赵令畤《侯鲭录》云：黄庭坚蒙赦后曾有诗写道："阳城论事盖当世，陆贽草诏倾诸公。翰林若要真学士，唤取儋州秃鬓翁。"[1] 其实，这不仅仅是门生对老师的赞许，这也几乎是当时士大夫阶层的热门话题，真州太守傅质最早向苏东坡问过此事，大江南北的百姓也热切希望朝

---

[1] 《山谷盼东坡复用》，《侯鲭录》卷八，第 204 页。

廷能像当年重用司马光一样，重用苏东坡。时为谏官的张廷坚曾上疏请求召用苏东坡兄弟俩。岂料徽宗对他人过往攻击苏东坡的诬词中毒太深，片面认为苏东坡是元祐党争中一派的领袖，怀疑张廷坚的疏请是受了朋党中人的唆使。张因此受到连累，被贬为陈州通判。

其实，章援多虑了，他对老师的胸襟和人品知之太少。苏东坡在北归途中听到章惇被贬雷州半岛的消息后，不但没有幸灾乐祸，反倒有几分惆怅和沮丧，在第一时间他以"同是天涯沦落人"的胸怀，给苏、章两家的共同亲戚黄寔写信。黄寔是苏辙的亲家，他的女儿嫁给了苏辙的三子，而黄寔的母亲是章惇的姐姐。苏东坡在给黄寔的信中说："子厚得雷，闻之惊叹弥日。海康地虽远，无瘴疠。舍弟居之一年，甚安稳。望以此开譬太夫人也。"[1] 苏东坡不仅说那里没有瘴疠，苏辙在那儿住过一年，一切安好，希望黄寔开导和宽慰自己的母亲。

苏东坡对章援信中的担忧虽不认同，但对自己门生的文采却赞不绝口：斯文，司马之子之流也。很快，他以大度和仁爱之心给章援回信："某与丞相定交四十余年，虽中间出处稍异，交情固无所增损也。闻其高年，寄迹海隅，此怀可知。但以往者，更说何益？惟论其未然者而已。主上至仁至信，草木豚鱼所知也……某在海外，曾作《续养生论》一首，甚欲写寄，病困未能。到毗陵，定叠检获，当录呈也。"[2]

苏东坡告诉章援，他不仅不会记恨，而且还会给他父亲寄去养生秘方。同时，他在信的结尾也通报了自己的病情："又见今病状，死生未可必。自半月来，日食米不半合，见食却饱，今且速归毗陵，聊自憩。此我里，庶几且少休，不即

---

[1] 《与黄师是五首》（三），《苏轼文集》卷五十七，第 1743 页。
[2] 《与章致平二首》（一），《苏轼文集》卷五十五，第 1643—1644 页。

死。书至此,困惫放笔,太息而已……六月十四日。"[1] 其实,苏东坡在信中透露自己的病情,是为了进一步宽慰章援之心,当然也可能是深知自己的大限将近。这封回信的日期是六月十四日,离他去世的七月二十八日不足一个半月。

林语堂在《苏东坡传》中认为,这一封信,连同他在黄州给朱寿昌的那封反对溺婴恶俗的信,以及他于元祐七年(1092年)在扬州上书请求宽免贫民欠债的那封信,可以作为苏东坡撰写的三大体现人道精神的文献。

章援收信后羞愧难当,他没想到苏东坡竟如此宽宏大量,同时也为自己在父亲构陷恩师时没有挺身相劝,在恩师被贬后也没写过只言片语安慰而感到羞愧。据说章家将这封回信视为传家之宝,若干年后章家后人还给来客展示过苏东坡给章援的回信。

六月十五日,苏东坡一行从润州向常州出发。文坛领袖劫后归来的消息,在运河两岸引起不小的轰动。据南宋邵博《邵氏闻见后录》记载:"东坡自海外归毗陵,病暑,着小冠,披半臂,坐船中。夹运河岸千万人随观之。东坡顾坐客曰:'莫看杀轼否?'"[2] 这样热情,真是折煞我也。

船到常州奔牛埭时,好友钱世雄已在码头迎候,并很快将苏东坡一行引入东门附近预先租好的孙氏宅院。孙氏院内长满紫藤,因此又称"藤花馆"。苏东坡之所以选择常州作为自己的终老之地,南宋无锡人费衮《梁溪漫志》中的这句话或许可以帮助我们理解其原因:"盖出处穷达三十年间,未尝一日忘吾州者。"[3]

七月的江南,酷热难耐,又逢当地久旱不雨,苏东坡虽已致仕,且在病中,

---

[1] 《与章致平二首》(一),《苏轼文集》卷五十五,第1644页。
[2] 《邵氏闻见后录》卷二十,第256页。
[3] (宋)费衮撰,金圆整理:《梁溪漫志》卷第四,郑州:大象出版社2019年版,第46页。

仍然不忘忧国忧民，他嘱咐家人找出五代十国时期巴蜀画家黄筌画的一幅龙，挂在中堂，他每夜亲自上香祈雨，这是他为州郡官吏时的习惯。

回到常州后，大约有二十来天，苏东坡的病情仍不见好转，他隐隐约约地预感到死期将至。钱世雄几乎每隔一天就来看他，可这次来他发现苏东坡已经坐不起来了。苏东坡对钱世雄说："我能从万里迢迢的海外，生还中原，乃人生一大幸事也。非常遗憾的是，北归之后，始终没有见到子由。上一次见面，还是在雷州海边。"

由于当时的政治形势又趋严峻，苏东坡郑重其事地叮嘱钱世雄说："我前在海外，写的《易传》《书传》《论语说》三部书稿，今天想要全部托付给你，希望不要拿给别人看，三十年后，会有知者。"

苏东坡死后不久，朝廷对他进行全面封杀，凡石碑上刻有他的诗文或题字的，都须销毁，他的著作也被严禁印刷发行，他在世时一切官衔也全被剥夺。但崇宁五年（1106年）正月的一天，也就是苏东坡逝世后四年半时，文德殿东墙上的"元祐党人碑"突遭雷击。

雷击发生后，苏东坡的名气暴涨。徽宗放松了对苏东坡等人的禁锢。一时之间，从官方到民间争相收集苏东坡的手稿，价格也迅速飙升，此时他的《易传》《书传》陆续有刻本问世。到了南宋初年，高宗喜爱苏东坡的诗文，曾经被明令禁止的苏东坡的诗文，大量刊行面世，《书传》《易传》《论语说》也常常被引于南宋同类经注之中。

七月十日前后，有几天，苏东坡似乎是回光返照，他能提笔写些短文、题跋等。十二日，他为钱世雄书写了惠州时所作《江月五首》。十三日，他又为惠州时寄给钱世雄的小字《桂酒颂》题跋。

十四日，苏东坡彻夜高烧，牙龈出血，四肢无力，病情再度恶化，十五日又热毒大作。他认为唯一的办法就是让病毒力尽自消，药物干预是无效的。因此，他既不吃饭，也不吃药，只喝人参、茯苓、麦门冬熬制的浓汤，他是想以身体自身的抵抗力来治病。

后世从病象研究，认为苏东坡患的是阿米巴痢疾。古代论医疗，有"不药为中医"一说。但用"不药为中医"的办法来对付细菌性的疾病，可以说是无效的。

七月十八日，苏东坡觉得大限将至，他把三个儿子叫到床边，交代后事："吾生无恶，死必不坠。"又说："慎无哭泣以怛化。"[1] 他相信自己这辈子没做过任何坏事，死后自然是不会进地狱的。最后，他又重申死后葬嵩山下，由苏辙作墓志铭。

二十三日，苏东坡醒来见到径山寺长老维琳的名片，知道他冒暑从杭州赶来探视，惊叹不已，修书请他晚上来对榻卧谈："某卧病五十日，日以增剧，已颓然待尽矣……某扶行不过数步，亦不能久坐，老师能相对卧谈少顷否？晚凉，更一访，怠甚，不谨。"[2]

二十五日，病危，苏东坡又手书与维琳道别："某岭海万里不死，而归宿田里，遂有不起之忧，岂非命也夫！然死生亦细故尔，无足道者。惟为佛为法为众生自重。"[3] 此语道出了他的生死观，诚如庄子所云："故善吾生者，乃所以善吾死也。"[4] 苏东坡的一生，仰不愧于天，俯不怍于人，忠君报国，忧国忧民，善事其生，无怨无悔，所以才能有"死生亦细故尔"的感悟。

---

1 《亡兄子瞻端明墓志铭》，《苏辙集》，第1126页。
2 《与径山维琳二首》（一），《苏轼文集》卷六十一，第1884页。
3 《与径山维琳二首》（二），《苏轼文集》卷六十一，第1885页。
4 （清）王先谦撰，沈啸寰点校：《庄子集解》卷二，北京：中华书局1987年版，第59页。

苏东坡很愿意与方丈聊天，所以维琳一直在他屋里陪伴。二十六日，方丈多次和他交流今生与来世，劝他念几首偈语，也就是佛经中的唱词，苏东坡笑了笑，写下了他一生中最后的一首诗，《答径山琳长老》："与君皆丙子，各已三万日。一日一千偈，电往那容诘。大患缘有身，无身则无疾。平生笑罗什，神咒真浪出。"[1] 苏东坡早已大彻大悟，临死前依然旷达不羁，明知大限将至，却心态平和，看淡生死。

七月二十八日，苏东坡弥留之际，神志依然清醒。这时维琳方丈在他耳边大声说："端明宜勿忘西方。"苏东坡轻声地说："西方不无，但个里着力不得。"钱世雄在旁也凑近耳边大声说："先生平时践履，至此更须着力。"

"着力即差。"[2] 这是苏东坡在人世间说的最后一句话。

苏迈俯身询问遗嘱，无语。建中靖国元年（1101年）七月二十八日，苏东坡与世长辞，享年六十六岁。

苏东坡离世后，朝野上下一片哀思。正如苏辙在《亡兄子瞻端明墓志铭》中所说："吴越之民，相与哭于市。其君子相吊于家，讣闻四方，无贤愚皆咨嗟出涕。太学之士数百人，相率饭僧慧林佛舍。呜呼！"[3]

"苏门四学士"中，黄庭坚将苏东坡像挂在住宅中，每天晨起，整理好衣冠，在像前上香，恭敬地拱手行礼，奉之终身。张耒时为颍州知州，因自出俸钱在荐福禅寺做了一场佛事，不料被人举报，被贬房州别驾、黄州安置。而"苏门六君子"之一李廌的祭文，寥寥数语，道尽景仰："道大不容，才高为累。皇天后土，

---

[1] 《答径山琳长老》，《苏轼诗集》卷四十五，第2459页。
[2] （清）姚莹著，欧阳跃峰整理：《康輶纪行》卷之十二，北京：中华书局2014年版，第330页。
[3] 《亡兄子瞻端明墓志铭》，《苏辙集》，第1117页。

鉴平生忠义之心；名山大川，还千古英灵之气。识与不识，谁不尽伤。闻所未闻，吾将安放。"[1]

崇宁元年（1102年）闰六月二十日，苏东坡与继室王闰之合葬于汝州郏城县（今河南省平顶山市郏县）的小峨眉山。

苏东坡的一生是跌宕起伏、命运多舛的一生，是精彩传奇、光耀千秋的一生。有人曾用"八三四一"归纳总结苏东坡的一生："八"是指他先后任八州知州，分别是密州、徐州、湖州、登州、杭州、颍州、扬州和定州；"三"指他曾担任过朝廷的吏部、兵部和礼部尚书；"四"是指他先后被贬到黄州、汝州、惠州和儋州；"一"是指他曾经做过一任"皇帝秘书"，在"翰林学士、知制诰"的职位上两年多的时间，为皇帝草拟了八百多道诏书。

苏东坡去世后不久，崇宁元年（1102年）七月，蔡京被任命为宰相，"元祐党人"的厄运再度降临。同年九月，蔡京等人将元祐时期一百二十四名（一说一百一十九名）官吏纳入黑名单，并请徽宗御笔书写这批元祐圣贤的"罪行"，刻在石碑上，立于端礼门旁，史称"元祐党人碑"，亦称"元祐党籍碑"。宰执以文彦博为首恶，而苏东坡为待制以上官吏的首恶，苏洵、苏辙和"苏门四学士"等均赫然在列。崇宁三年（1104年）六月，蔡京重刻"元祐党人碑"，这次将人数扩大到三百零九人，宰执改为以司马光为首恶，苏东坡仍为待制以上官吏的首恶，苏过也"榜上有名"。御书刻石，此碑置于文德殿门东壁。

蔡京又书写碑文，昭告天下，全国各县都要竖立同样的石碑。所有"元祐党人"及其子孙不得留在京师，子孙不得参加科举考试，永远不得为官，皇家子女亦不得与此名单上的诸臣之后代通婚，等等。然而，事与愿违。此后一百多年

---

[1] 《李方叔祭东坡文》，《曲洧旧闻》卷五，第158—159页。

间，被列入黑名单的人的子孙，都以他们的祖先为荣耀。崇宁五年（1106年）正月，发生雷电击毁文德殿东壁"元祐党人碑"事件后，徽宗立即诏令毁碑。在高宗给"元祐党人"昭雪后，"元祐党人"的子孙为了再现历史、彰显荣耀，参照拓片重刻"元祐党人碑"。如庆元四年（1198年），梁焘曾孙梁律重刻"元祐党人碑"，十三年后，嘉定四年（1211年），沈千曾孙沈昕亦参照家藏拓本重刻此碑。这是后话。

（北宋）佚名　元祐党籍碑

为了消除苏东坡的影响，朝廷下令，所有苏东坡的文学作品和所书碑碣榜额一律除毁。然而，苏东坡的英名岂是奸臣所能轻而易举清除的？据宋代朱弁《风月堂诗话》记载："是时朝廷虽尝禁止，赏钱增至八十万，禁愈严而其传愈多，往往以多相夸。士大夫不能诵坡诗者，便自觉气索，而人或谓之不韵。"[1] 就连金国攻克北宋后，都刻意搜寻苏东坡的字画作为战利品，与所虏徽、钦二帝一并运回金国，这也说明苏东坡的名字早已响彻九州四海。

北宋王朝灭亡后，南渡人士认为思想风气混乱，导致人心"失正"，是北宋灭亡的重要原因之一。偏安一隅的南宋王朝顺应民意，重新评估苏东坡的政治品德和文学艺术成就。建炎二年（1128年）五月，高宗下诏：苏轼立朝履历最为显著，追复端明殿学士，尽还合得恩数。绍兴元年（1131年）八月，特赠苏东坡为资政殿学士。孝宗皇帝尤爱苏东坡，从不直呼其名，每每言及，必称"子瞻"。乾道六年（1170年）八月，"赐苏轼谥文忠"[2]，北宋谥"文忠"者仅欧阳修和苏东坡二人。乾道九年（1173年）二月，"特赠苏轼为太师"[3]。

林语堂在《苏东坡传》的序中写道："我们未尝不可说，苏东坡是个秉性难改的乐天派，是悲天悯人的道德家，是黎民百姓的好朋友，是散文作家，是新派的画家，是伟大的书法家，是酿酒的实验者，是工程师，是假道学的反对者，是瑜伽术的修炼者，是佛教徒，是士大夫，是皇帝的秘书，是饮酒成癖者，是心肠慈悲的法官，是政治上的坚持己见者，是月下的漫步者，是诗人，是生性诙谐爱开玩笑的人。可是这些也许还不足以勾绘出苏东坡的全貌。"[4]

---

1 （宋）朱弁撰，陈新点校：《风月堂诗话》卷之上，北京：中华书局1988年版，第106页。
2 《续资治通鉴》卷第一百四十二，第3784页。
3 《续资治通鉴》卷第一百四十三，第3828页。
4 《苏东坡传》原序，第1—2页。

仅从古代社会官员的角度来看，苏东坡的伟大在于他有以民为本、致君尧舜的初心，忧国忧民、为世所用的情怀，悲天悯人、为民务实的坚守，夙夜在公、履职尽责的操守，严于律己、清正廉洁的品德，宁为玉碎、不畏强权的勇气，随遇而安、自我调适的智慧，凡此等等，都来自家庭的熏陶、文化的涵养和"虽千万人，吾往矣"的勇气。而上述所列诸端，还远不足以概括苏东坡的胸怀、抱负、操守与功绩。作为一个高尚的人、大写的人，作为一种精神标杆，作为一个在立德、立功、立言诸方面均表现卓著的历史存在，苏东坡留下的精神遗产，永远值得后人汲取与借鉴。

参考文献

1. （汉）班固著，（唐）颜师古注：《汉书》，中华书局1962年版。

2. （南朝宋）范晔撰，（唐）李贤等注：《后汉书》，中华书局1965年版。

3. （后晋）刘昫等撰：《旧唐书》，中华书局1975年版。

4. （宋）欧阳修、（宋）宋祁撰：《新唐书》，中华书局1975年版。

5. （宋）杨仲良撰，李之亮校点：《皇宋通鉴长编纪事本末》，黑龙江人民出版社2006年版。

6. （宋）李焘撰：《续资治通鉴长编》，中华书局2004年版。

7. （元）脱脱等撰：《宋史》，中华书局1985年版。

8. （明）陈邦瞻撰：《宋史纪事本末》，中华书局2015年版。

9. （清）毕沅撰：《续资治通鉴》，中华书局1957年版。

10. （清）黄以周等辑注，顾吉辰点校：《续资治通鉴长编拾补》，中华书局2004年版。

11. （宋）詹大和等撰，裴汝诚点校：《王安石年谱三种》，中华书局1994年版。

12. 刘成国著：《王安石年谱长编》，中华书局2018年版。

13. 孔凡礼撰：《三苏年谱》，中华书局 2023 年版。

14. 孔凡礼撰：《苏轼年谱》，中华书局 1998 年版。

15. 曾枣庄著：《苏辙年谱》，巴蜀书社 2018 年版。

16. 徐培均著：《秦少游年谱长编》，中华书局 2002 年版。

17. （宋）苏轼撰，王松龄点校：《东坡志林》，中华书局 1981 年版。

18. （宋）苏辙撰，俞宗宪点校：《龙川别志　龙川略志》，中华书局 1982 年版。

19. （宋）王辟之撰，吕友仁点校：《渑水燕谈录》，中华书局 1981 年版。

20. （宋）孔平仲撰，杨倩描、徐立群点校：《孔氏谈苑》，中华书局 2012 年版。

21. （宋）方勺撰，许沛藻、杨立扬点校：《泊宅编》，中华书局 1983 年版。

22. （宋）叶梦得撰，徐时仪整理：《避暑录话》，大象出版社 2019 年版。

23. （宋）赵令畤撰，孔凡礼点校：《侯鲭录》，中华书局 2002 年版。

24. （宋）何薳撰，张明华点校：《春渚纪闻》，中华书局 1983 年版。

25. （宋）朱弁撰，孔凡礼点校：《曲洧旧闻》，中华书局 2002 年版。

26. （宋）邵伯温撰，李剑雄、刘德权点校：《邵氏闻见录》，中华书局 1983 年版。

27. （宋）邵博撰，李剑雄、刘德权点校：《邵氏闻见后录》，中华书局 1983 年版。

28. （宋）王铚撰，汤勤福、白雪松整理：《默记》，大象出版社 2019 年版。

29. （宋）洪迈撰，孔凡礼点校：《容斋随笔》，中华书局 2005 年版。

30. （宋）叶寘撰，孔凡礼点校：《爱日斋丛抄》，中华书局 2010 年版。

31. （宋）周煇撰，刘永翔校注：《清波杂志校注》，中华书局 1994 年版。

32. （宋）费衮撰，金圆整理：《梁溪漫志》，大象出版社2019年版。

33. （宋）赵彦卫撰，傅根清点校：《云麓漫钞》，中华书局1996年版。

34. （宋）罗大经撰，王瑞来点校：《鹤林玉露》，中华书局1983年版。

35. （宋）王应麟撰，孙通海整理：《困学纪闻》，大象出版社2019年版。

36. （宋）黎靖德编，王星贤点校：《朱子语类》，中华书局1986年版。

37. （清）梁廷枏著，汤开建、陈文源点校：《东坡事类》，暨南大学出版社1992年版。

38. （唐）李白撰，安旗等笺注：《李白全集编年笺注》，中华书局2015年版。

39. （唐）白居易撰，谢思炜校注：《白居易诗集校注》，中华书局2006年版。

40. （宋）欧阳修著，李逸安点校：《欧阳修全集》，中华书局2001年版。

41. （宋）司马光撰，李之亮笺注：《司马温公集编年笺注》，巴蜀书社2009年版。

42. （宋）王安石著，戎默整理：《王安石全集》，复旦大学出版社2016年版。

43. （宋）苏颂著，王同策等点校：《苏魏公文集》，中华书局1988年版。

44. （宋）苏洵著，邱少华点校：《苏洵集》，中国书店2000年版。

45. （宋）苏轼著，张志烈等校注：《苏轼全集校注》，河北人民出版社2010年版。

46. （宋）苏轼撰，（明）茅维编，孔凡礼点校：《苏轼文集》，中华书局1986年版。

47. （宋）苏轼著，李之亮笺注：《苏轼文集编年笺注》，巴蜀书社2011

年版。

48.（宋）苏轼撰，（清）王文诰辑注，孔凡礼点校：《苏轼诗集》，中华书局 1982 年版。

49.（宋）苏轼著，邹同庆、王宗堂校注：《苏轼词编年校注》，中华书局 2007 年版。

50.（宋）苏轼著，龙榆生笺注：《东坡乐府笺》，上海古籍出版社 2009 年版。

51.（宋）苏辙著，陈宏天、高秀芳点校：《苏辙集》，中华书局 1990 年版。

52.（宋）苏辙撰，蒋宗许等笺注：《苏辙诗编年笺注》，中华书局 2019 年版。

53.（宋）秦观撰，周义敢、程自信、周雷编注：《秦观集编年校注》，人民文学出版社 2001 年版。

54.（清）查慎行著，王友胜校点：《苏诗补注》，凤凰出版社 2013 年版。

55. 钱仲联、马亚中主编：《陆游全集校注》，浙江教育出版社 2011 年版。

56.（宋）何汶撰，常振国、绛云点校：《竹庄诗话》，中华书局 1984 年版。

57.（宋）惠洪撰，黄宝华整理：《冷斋夜话》，大象出版社 2019 年版。

58.（宋）胡仔纂集，廖德明校点，周本淳重订：《苕溪渔隐丛话》，人民文学出版社 1993 年版。

59.（清）何文焕辑：《历代诗话》，中华书局 2004 年版。

60. 丁福保辑：《历代诗话续编》，中华书局 2006 年版。

61. 吴文治主编：《宋诗话全编》，江苏古籍出版社 1998 年版。

62. 程毅中主编，王秀梅等编录：《宋人诗话外编》，中华书局 2017 年版。

63. 唐圭璋编：《词话丛编》，中华书局 2005 年版。

64. 曾枣庄、刘琳主编：《全宋文》，上海辞书出版社 2006 版。

65. 曾枣庄主编：《宋代序跋全编》，齐鲁书社 2015 年版。

66. 丁传靖辑：《宋人轶事汇编》，中华书局 2003 年版。

67. 周勋初主编：《宋人轶事汇编》，上海古籍出版社 2014 年版。

68. 祝尚书编：《宋集序跋汇编》，中华书局 2010 年版。

1. 邓广铭著：《宋史十讲》，中华书局 2015 年版。

2. 王水照主编：《宋代文学通论》，河南大学出版社 1997 年版。

3. 曾枣庄、吴洪泽著：《宋代文学编年史》，凤凰出版社 2010 年版。

4. 沈松勤著：《北宋文人与党争》，人民出版社 1998 年版。

5. 祝尚书著：《宋代科举与文学》，中华书局 2008 年版。

6. 方健著：《北宋士人交流录》，上海书店出版社 2013 年版。

7. 陈植锷著：《北宋文化史述论》，中华书局 2019 年版。

8. 刘尚荣著：《苏轼著作版本论丛》，巴蜀书社 1988 年版。

9. 曾枣庄等著：《苏轼研究史》，江苏教育出版社 2001 年版。

10. 王水照、朱刚著：《苏轼评传》，南京大学出版社 2011 年版。

11. 林语堂著，张振玉译：《苏东坡传》，湖南文艺出版社 2016 年版。

12. 曾枣庄著：《苏洵评传》，巴蜀书社 2018 年版。

13. 曾枣庄著：《苏轼评传》，巴蜀书社 2018 年版。

14. 曾枣庄著：《苏辙评传》，巴蜀书社 2018 年版。

15. 朱刚著：《苏轼苏辙研究》，复旦大学出版社 2019 年版。

16. 王水照、崔铭著：《苏轼传》，人民文学出版社 2019 年版。

17. 朱刚著：《苏轼十讲》，上海三联书店 2019 年版。

18. 祝勇著：《在故宫寻找苏东坡》，人民文学出版社 2020 年版。

19. 李一冰著：《苏东坡新传》，四川人民出版社 2020 年版。

20. 张君民著：《一蓑烟雨任平生　苏东坡生平游记》，大有书局 2022 年版。

21. 方志远著：《何处不归鸿　苏轼传》，广西师范大学出版社 2023 年版。

后记

在体制内工作近四十年，一直与公文打了四十年的交道。因工作原因，其间也曾策划、编著出版过几本图书，但基本都属于命题作文一类。临近退休，和许多同龄人一样，如何安放这颗老而躁动的心，成了无法回避的课题。

与所从事的工作有关，退休前，在酒文化研究方面曾投入了一些精力，研究心得也曾形诸文字。从夏桀写到商纣王，从周朝的《酒诰》写到汉朝的榷酒酤，从李白、杜甫写到李清照、陆游……伴随着研究和写作的深入，作为凡人、伟人、圣人的苏东坡的形象在我心中立了起来，矗立成一座高山，让我无法不时时仰望。于是，之前的写作告一段落，一个新的思路隐然成形——那就是这本书写作的缘起。

东坡先生传奇、丰富、跌宕起伏的一生，给世人留下了难以尽数的宝贵的文化遗产、精神财富，特别是他以民为本、济世安民的抱负和执着的实践，令我景仰。

近年来，东坡热经久不衰，研究他的专著、传记俯拾皆是，各种史料、吟咏之作更是浩如烟海。进入信息化时代后，网络上关于东坡先生的文字、视频更是铺天盖地。再写苏东坡，该从哪里下手？在研读的过程中我发现，作为文人、才

后 记

子乃至生活家的苏东坡，古往今来已广受关注，而官员苏东坡这个视角，却鲜少有人深入挖掘。作为一名官员，为官理政是他的本职工作，这方面研究的匮乏，不能不说是一种缺憾。从这个角度做梳理、挖掘的工作，对于今天的读者来说，不仅可以丰富对苏东坡作为一个完整的人的认识，同时也有着现实的参考价值。基于以上理解，本人在耳顺之年，开始了一场自我挑战，希望通过自己的努力，为填补这一研究空白略尽绵薄之力。

理想是美好的，过程却是充满艰辛的。这艰辛包括架构确立、史料的收集，当然，也包括语言的打磨：人过六十，要从过去习惯了的公文写作的桎梏中突围，改变文字习惯、话语方式，真犹如经历了一次脱胎换骨。是东坡先生的济世安民之心和他的人格魅力，深深感染了我，激励着我去面对所遇到的困难和挑战。如今回头看自己的选择，借用东坡先生的词句，真有点"老夫聊发少年狂"的意思；但回味陪伴东坡先生的这一千多个日日夜夜，我更深感庆幸，庆幸中华民族的历史上曾经出现过这么一座精神的富矿，取之不尽，用之不竭。时隔千年，能与一代伟人通过文字结缘，那种充实和美好的感觉，是语言所无法尽述的。

本书主线聚焦作为官员的苏东坡敬业精业勤业、为民爱民惠民的品德与功绩，试图再现他良吏、能吏、廉吏的形象，也兼顾到他跌宕起伏的一生不同时期的生活，同时对相关的文学艺术生活也有一定的涉猎，旨在给读者提供一个立体的苏东坡的形象。真诚希望我微末的文字工作，可以有益于读者诸君对东坡先生的认识和理解，从东坡先生身上汲取有益的精神营养。

写作过程中，始终坚持以史料为支撑。全书内容不敢说每一句话都达到了黄庭坚《答洪驹父书》中所说的"无一字无来处"，但全书内容基本做到了无一事无出处。书中吸收、借鉴了前人和今人的诸多研究成果，在此谨表谢意。

本书写作过程中得到了诸多专家、学者和挚友的鼓励与帮助。数年来，无数次请教与叨扰，无数次得到大家的勉励与指教，在拙作付梓之际，一并向他们致以诚挚的谢意！他们的帮助于我具有同等重要的意义，难有孰轻孰重之分，感谢之情也难分先后，兹按姓氏笔画为序，他们是：于奎潮、王烈、仁青青、刘锋、朱永贞、朱华明、戎文敏、张小波、杨建平、胡钰、葛庆文、黄小初、韩潮、蒋李楠、程杰、潘杰。

限于水平，书中差错与不当之处在所难免，敬请读者方家批评指正。

图书在版编目（CIP）数据

千载浩然苏东坡/汪维宏著．—北京：中国方正出版社；南京：译林出版社，2024.6

ISBN 978-7-5174-1338-7

Ⅰ.①千… Ⅱ.①汪… Ⅲ.①苏轼（1036—1101）—评传 Ⅳ.①K825.6

中国国家版本馆CIP数据核字（2024）第093665号

千载浩然苏东坡

汪维宏 著

责任编辑：	刘彦彩　张　黎
责任印制：	李惠君
责任校对：	周志娟

出版发行：中国方正出版社
　　　　　（北京市西城区广安门南街甲2号　邮编：100053）
　　　　　发行部：（010）66560933　门市部：（010）66562755
　　　　　编辑部：（010）59594709　印制部：（010）59594625
　　　　　网址：www.lianzheng.com.cn
经　　销：新华书店
印　　刷：北京中科印刷有限公司
开　　本：787毫米×1092毫米　1/16
印　　张：23
字　　数：275千字
版　　次：2024年6月第1版　2024年8月北京第3次印刷
（版权所有　侵权必究）

ISBN 978-7-5174-1338-7　　　　　　　　　　　　　　　定价：89.00元

（本书如有印装质量问题，请与本社发行部联系）